结构性思维

王琳 朱文浩 著

中信出版集团 | 北京

图书在版编目（CIP）数据

结构性思维：让思考和表达像搭积木一样有序省力 / 王琳，朱文浩著 . -- 北京 : 中信出版社，2016.5（2025.6重印）
（华商基业版权课程同名系列图书）
ISBN 978-7-5086-6112-4

Ⅰ . ①结… Ⅱ . ①王… ②朱… Ⅲ . ①思维训练 Ⅳ . ① B80

中国版本图书馆 CIP 数据核字 (2016) 第 077242 号

结构性思维：让思考和表达像搭积木一样有序省力

著者：　　王琳　朱文浩
出版发行：　中信出版集团股份有限公司
（北京市朝阳区东三环北路 27 号嘉铭中心　邮编　100020）
承印者：　北京通州皇家印刷厂

开本：787mm×1092mm　1/16　　印张：20.75　　字数：260 千字
版次：2016 年 5 月第 1 版　　印次：2025 年 6 月第 44 次印刷
书号：ISBN 978-7-5086-6112-4
定价：55.00 元

服务热线：400-600-8099
投稿邮箱：author@citicpub.com

序

以互联网为代表的科技高速发展，每个人都身处历史上前所未有的信息爆炸中。在信息爆炸的时代里，新技术从发明、投产到大规模应用的时间日益缩短，产业调整瞬息万变。如何从纷繁的信息中提取有效数据以高效地传播与应用，实现内在知识能力的迭代更新，需要我们有更科学的思维和工作方法。

科学方法有三大要素：有用、好学、可持续。“有用”是科学方法成立的基础，不仅逻辑上成立，更要被实践验证真实有效；“好学”是科学方法传播的必要条件，掌握了若干简单的规则就能演绎出万千变化，正如武功招式都源于几条心法秘籍一样；“可持续”则是科学方法的通用性要求，是“术”，能够处理具体情况，解决实际问题，更是“道”，掌握后就可以触类旁通。

几年前第一次接触到王琳老师的“结构性思维”版权课程，深感结构性思维正是这样的科学方法。思维是人类与外在世界连接的纽带，我们通过思考来认识、感知环境中的客观存在，又在思想的指导下作用、改变着外部事物。而结构性，正是为思维赋予科学属性，让其高效运转的前提和保证。近年来，

“结构性思维”课程在招银大学管理者领导力项目中的广泛实践，更证明了结构性思维的“有用”，从日常对话、工作汇报到研究报告、项目设计，都能提升学员对信息分析与表达的有效性；“好学”则体现在四大原则、两大结构朗朗上口，简单易学；“可持续”体现为结构性思维帮助学员更清晰地进行思考，帮助管理者在日常繁杂工作中，更高效地提炼有效信息，并加以分析判断。然而课堂容量毕竟有限，如果能让更多迫切需要科学方法的人们了解、掌握结构性思维，对于高效提升个人、企业工作效率大有裨益。

近日喜闻王琳老师完成《结构性思维》一书，它能够突破地域与时间限制，帮助更多有需要的读者了解、掌握这一科学方法，于是欣然受邀为此书作序。尽管已在课堂上领略了结构性思维的魅力，细品书中每一章节，仍不禁产生很多新的感叹，感叹结构性思维的提炼之精，构思之妙，应用之广；更感叹王琳老师投入的心血，不仅更准确地描述了结构性思维的本质，而且结合近年来的教学经验，增加了更生动的案例、更丰富的场景应用，这本书本身就是对结构性思维最好的诠释。翻开本书，各位读者即将开始一场结构性思维的学习之旅，如果大家不仅精读此书，更能将这一科学方法应用于工作与生活中，相信一定会不虚此行，在信息纷杂、变化迅速的时代大潮中乘风破浪，更有成效。

是为序。

招银大学总经理、国际绩效改进协会（ISPI）中国区主席

2016年3月

前言

20年前，我走入培训领域，在壳牌中国的润滑油学院工作，希望通过培训来改变一线销售员工的技能，提升销售绩效。为了设计更有效的培训体系和课程，我们对绩优员工和绩差员工进行了比较研究，希望通过比较绩优员工和绩差员工销售技能的不同，找到有效的销售方法，然后让绩差员工通过这种方法来提高业绩。但是经过一番研究却发现两类员工在销售技能上并没有显著的差异，真正影响销售人员业绩的最大因素是他的主管能否对他的工作进行有效的指导。这种指导体现在销售会议、指令传达上，换句话说，直接管理人员的沟通能力成为决定普通员工业绩的最大因素。

此项研究结论在我后来工作的诺基亚学院和摩托罗拉大学的领导力项目的培训中也得到了有效的验证，这让我有机会更全面、深入地理解管理者行为背后的动因。在领导力项目中，我们试图教会领导者采用正确的领导行为，如进行恰当的沟通。但是发现多数不胜任领导者，总是重复一些错误的行为，而他们根本不知道也不认为这种行为是错误的，因此无法得到改善。

他们在一遍遍不断重复这些错误的行为中，期待正确的结果，而结果也是意料之中的让人失望。

实际上，人的行为不同是因为背后的思维方式不同。人的思维模式一旦形成，就会产生巨大的惯性来主导他的行为。表面上的表达不清，实际上是思维混乱，没有逻辑也没有结构。思维决定了行为，而行为决定了结果。所以，当我们想要改变一个结果的时候，先要改变达成这个结果的行为，而要改变这个行为，就要从改变思维入手。也就是说，如果想要得到正确的结果，就得先纠正行为后面的错误思维。这样就形成了V模型（如附图1所示）。

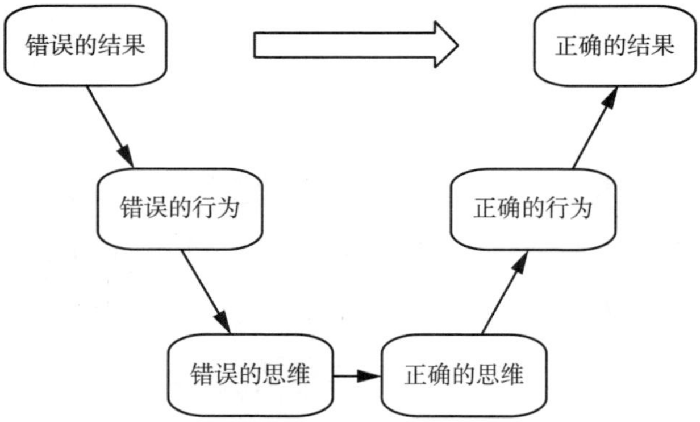

附图1 V模型

我大概在10年前理解了这个道理，也按照V模型来帮助他人改变。曾帮助过领导者提升演讲水平，也帮助过员工减轻压力；既帮助过合伙人明晰战略，也帮助过孩子提高语文学习成绩。我的经验告诉我，完善或改变思维不仅是改变结果的一个好方法，而且可以达成持久的改善。而在我们的思维中，最大的问题也最容易改善的是结构性思维。我们善于整体性思考，但逻辑性较差，所以很多表达是混乱的、模棱两可的，是偏感觉而轻论证的。这样一来，常常使听者感到困惑。结构性思维的本质就是要在许多人最擅长的感性思维中加入理性的思考方式，从而使管理和沟通变得更加清晰有序，提高效率。

这些改变思维的训练以“结构性思维”培训课程的方式，培训了数百家企业的十万多名学员，得到大家的认可，并成为许多企业的全员必修课，从而在不断的实践打磨中，在教学相长的过程中逐步完善。有越来越多的人加入结构性思维的训练和传播中，使这种课程能够帮到更多的人。

我期待用结构性思维的内容“五年服务中国一亿人”，也期待通过书本的形式使培训不能覆盖的人也有机会学习使用，从而使更多的人受益。因此，我撰写了《结构性思维》这本书，其特点在于：它是一本科学读物，书中运用大量脑科学、逻辑学、哲学等学科的知识对基础和概念性内容进行阐述，使读者能够更全面地了解什么是结构性思维；它是一本工具书，书里给出了实际工作中许多常用的工具、模型和方法，使得读者能够更方便地运用结构性思维；它是一本实践指南，书内包含来自各行各业、丰富翔实的案例，可以启发读者更有效地结合自身情况，做出结构性思维方面的改变；它更是一本历练思维之书，从改变思维的高度，使得读者改变行为，达成绩效。

对于在校学生来说，本书是一种延伸，可以帮助他们在课后进一步训练思维，更好地进行自我学习和认知；对于走上工作岗位的人来说，本书是一盏明灯，可以帮助他们照亮前路，让思考更系统，表达更准确；对于一名基层工作者来说，本书是一种工具，可以帮助他们在最短时间学会整理、总结、汇报等，让工作和沟通更轻松；对于一名管理人员来说，本书是一个方向标，可以帮助他们在进行决策时有更明确的思考方向。

最后要感谢在本书撰写过程中很多给予我帮助的人。感谢中信出版社的王宏静老师从本书策划到出版上市的全流程中提出的很多中肯的、有建设性的意见和建议。感谢中国银联支付学院院长付伟、副院长武光，河北省通信建设有限公司的高生董事长、陈琦副总经理等公司领导对结构性思维学员及相关案例的关心和指导。感谢付贝嘉、豆玉贤、丹宁、邵啸等朋友积极为本书提供稿件和案例等内容，其中，河北省通信建设有限公司的高级工程师付贝嘉和工程师豆玉贤撰写了本书第十章第三节，舒泰神制药有限公司企业大学副院长狄永强撰写了第十一章第一节，全球职业规划师丹宁撰写了第十一章第二节，华商基业认证讲师邵啸撰写了第十一章第三节。

王琳

2016 年 2 月

目录〔CONTENTS〕

4 CHAPTER 117

第四章 再探结构性思维

引言

3 分钟看完 81 集《芈月传》

不知道你对“结构性思维”了解多少，或许你已经很熟悉了，或许你是第一次听说；或许你正在工作和生活中运用结构性思维，或许你已经在运用，却不知道它就是结构性思维。不管你属于哪一种情况，我都想告诉你，结构性思维不仅没有那么深奥，而且已经融入生活的方方面面，只是你没有发现它，或者没有发现它的优点而已。所以在引言中，我并不想笼统地说结构性思维有多好，这本书有多好，而是想运用结构性思维的一些方法与大家一起回顾一下不久前很热门的电视剧《芈月传》。

《芈月传》一开播，微信朋友圈就被它刷屏了，这部剧比《甄嬛传》更加复杂，不仅有宫斗，还涉及大量政治、军事方面的历史，如果不了解战国的历史，很可能第一集就看不懂。

一、芈月所处的历史背景

故事发生在战国时期，战国在中国上下五千年的历史上，所处的位置如图0–1所示。

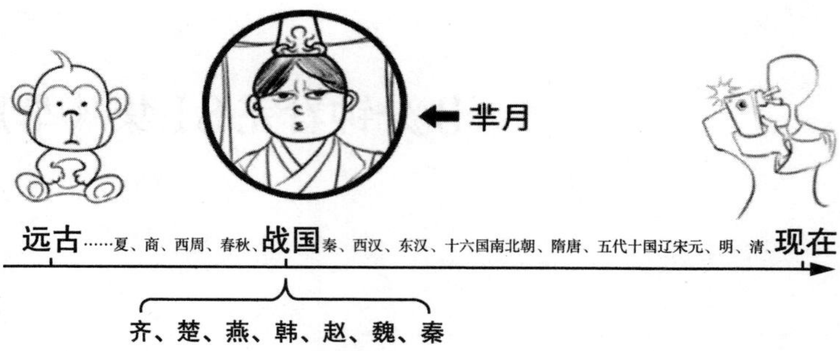

图0–1　战国时期在中国五千年历史上的位置示意图

接下来，女主角就可以出场了，她叫芈月，为秦国姬妾/太后，在秦国掌权当政，推行商法，增强了国力……

在这部剧之前，也许你并不知道芈月，不知道秦惠文王，但是你一定听说过秦始皇，那么秦始皇和芈月又有什么关系呢？这里可以看一张结构图（如图0–2所示）。

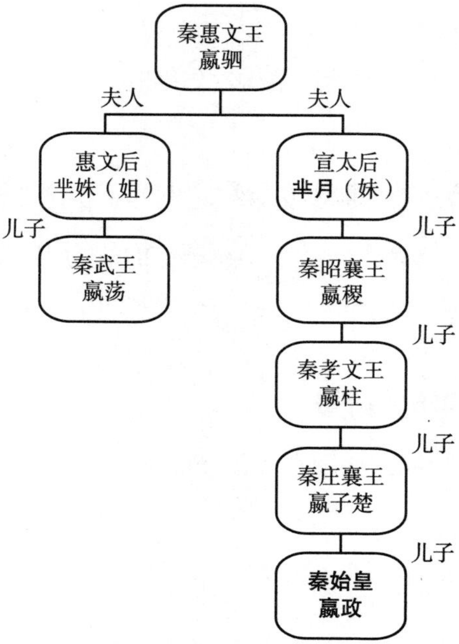

图0–2　芈月与秦始皇关系结构图

从这个关系图来看。芈月是秦始皇的高祖母。现在这个关系理清了，你也知道芈月在历史中大概生活在什么时期了。下面就正式进入《芈月传》的剧情当中。

二、芈月是政治联姻的陪嫁品

芈月原本是楚威王非常疼爱的公主，但是因为楚威王去世，芈月和她妈妈向氏便过上了颠沛流离的生活。后来，由于楚国和秦国政治联姻，楚国的嫡公主芈姝嫁到了秦国，芈月作为芈姝的陪嫁也到了秦国。当时，诸侯间流行“媵（yìng）妾婚”，就是娶1个正夫人会有8个陪嫁，芈月就是8个陪嫁中的其中一个。而正夫人和陪嫁，按照地位高低编进后宫。秦国后宫分为8个等级，芈月排第五，如图0–3所示。

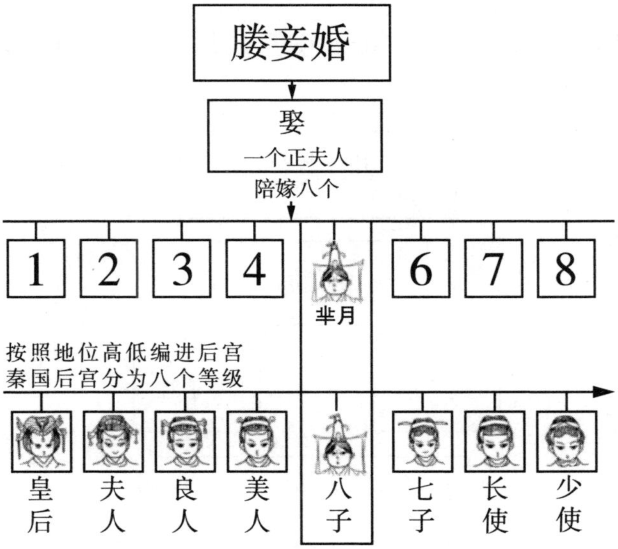

图0–3　芈月为什么称为芈八子

虽然芈月的地位并不高，但是秦惠文王很喜欢她，因为她给惠文王一连生了3个儿子。秦惠文王一去世，惠文后芈姝就开始秋后算账，把芈八子的大儿子嬴稷派到燕国做人质，芈八子的人生算是跌入谷底。

三、芈月是秦国公关技能最强的

芈姝的儿子秦武王嬴荡在22岁的时候意外死了，而且死的时候还没有儿子，于是芈月的机会就来了。

秦武王死后，秦国的公族势力分为两大派：一派可以称为“芈姝党”，另一派可以称为“芈月党”。“芈姝党”以惠文后芈姝为首，包括武王后、公子壮（芈姝过继的魏长使的儿子）等人，他们得到了秦国大多数诸侯、公子和大臣的支持，如图0–4所示。“芈月党”以芈月的弟弟魏冉为首，包括芈月的另一个弟弟芈戎、外甥向寿，此外就是芈月的3个儿子——公子稷、公子芾、公子悝。在他们背后，有赵国、燕国等诸侯国的支持，如图0–5所示。

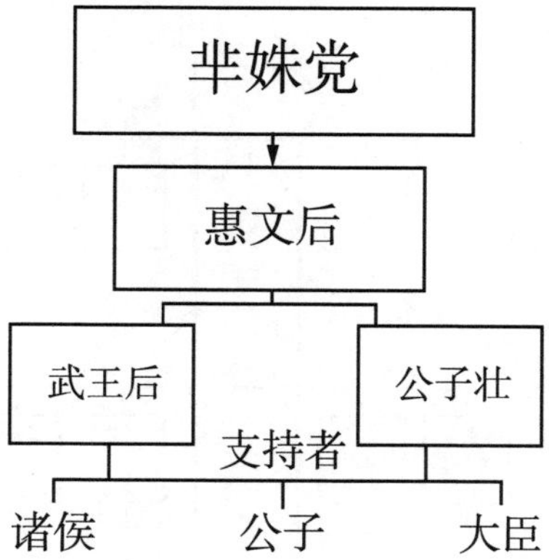

图0–4 “芈姝党”结构图

从这两大阵营的实力看，“芈月党”显然不敌“芈姝党”。可是事情往往有变数，在两方阵营的中间地带，有一位不可忽视的人物——樗里疾。樗里疾军权在握，一言九鼎，可以说他站在了哪一边，哪一边就能取得胜利。本来，樗里疾是支持正统派“芈姝党”的，可是因为芈月的公关技能实在太强，她成功策反了樗里疾，让他按兵不动。赵武灵王出面成功地干预了秦国内政，将在燕国为人质的公子稷送回秦国，拥立其为新君，他就是后来的秦昭襄王。

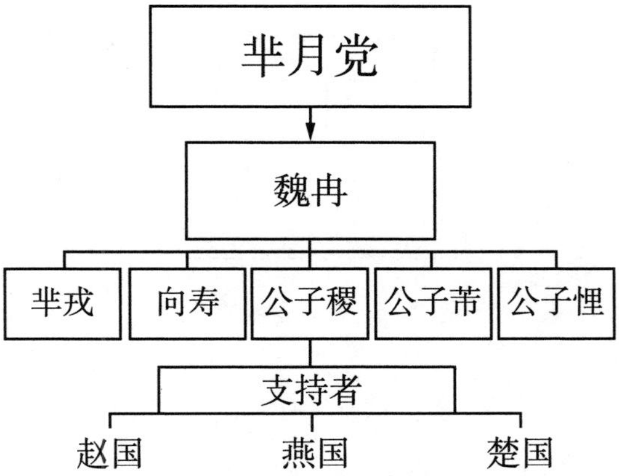

图0–5　“芈月党”结构图

芈月成功策反樗里疾的公关技能突出地体现了在她卓越的表达能力上，至于她是怎么表达的，这里卖一个关子，在本书的第八章“结构性思维与说”中会详细介绍她的一场公众演讲，以及其中的结构。

四、芈月是千古主政太后第一人

秦昭襄王一上台，芈月就成了宣太后，“芈月党”也各居要职，如芈月的弟弟、昭襄王的舅舅魏冉就当了将军，负责卫戍咸阳。而芈姝自然不服，毕竟她才是秦国名义上的太后，但芈月还是赢了芈姝，稳住了局面。

后来，芈月以宣太后名义临朝称制。什么是临朝称制呢？古时候，后妃是不能上厅堂的，那么后妃要掌权就叫“临朝”，同时皇帝的命令专称“制”，后妃掌权之后其命令自然也要上升到皇帝的级别，于是就叫“称制”。临朝称制正是由芈月所开创。

临朝后的芈月专权40年，成为中国历史上第一个主管朝政的太后。历史上还有哪些太后专权呢？她们分别是：吕雉、武则天、慈禧，如图0–6所示。

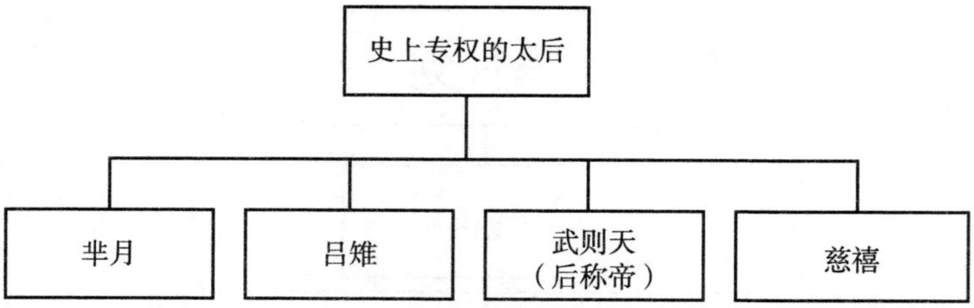

图0–6 史上专权的太后

上文中插入了许多结构图，这样一来既容易理解，又方便记忆；也用了一些结构性思维之中的方法，如通过自上而下的询问和回答的方式，来引出知识点，通过自下而上的概括和总结，来介绍剧情等。了解以上内容，即便你没有看过《芈月传》这部电视剧，仍然可以和那些芈月迷们畅聊一番了。而且你比他们了解了更多的历史知识。其实这篇引言本身也是按结构性思维的方法来布局的，这会在本书的第九章当中详细解释。

不知道这样的引言能不能让你对结构性思维的具体内容产生兴趣？如果你想在看完一部电视剧以后也写出这样的文章，画出结构图，如果你想深入了解结构性思维，用系统的知识武装自己，如果你想让自己的思考更加清晰有序，让自己的表达更加逻辑有力，如果你想把平时工作和生活中的思考和表达都利用结构性思维包装起来，让别人更容易理解和接受，那么，请你不要放下这本书，把它带回家，继续往后看！

第一章
初识结构性思维

第一节　结构的魅力

结构故事

春秋战国时期，我国有一位发明家叫鲁班。两千多年来，他的名字和有关他的故事，一直流传至今，后世工匠都尊他为祖师。

鲁班大约生于公元前507年，本名公输般，因为“班”与“般”同音，而且他是春秋战国时代鲁国人，所以人们称之为鲁班。他主要从事木工工作。那时人们要使树木成为既平又光滑的木板，还没有什么好办法。鲁班在实践中留心观察，模仿生物形态，发明了许多木工工具，如锯子、刨子等。鲁班是怎样发明锯子的呢？

相传他有一次进深山砍树木时，一不小心，脚下一滑，手被一种野草的叶子划破了，渗出血来。他摘下叶片轻轻一摸，原来叶子两边长着锋利的齿，他用这些密密的小齿在手背上轻轻一划，居然割开了一道口子。他还看到在一棵野草上有只大蝗虫，两个大板牙上也排列着许多小齿，所以能很快地磨碎叶片。鲁班就从这两件事上得到了启发。他想，要是有这样齿状的工具，不就可以很快地锯断树木了嘛！于是，他经过多次试验，终于发明了锋利的齿状工具，大大提高了工效。鲁班给这种新发明的工具起了一个名字，叫作“锯”。

资料来源：每日科技网（www.newskj.org）

以上是一则自然界中结构在生活中得到应用的故事。从这则故事中就可

以看出结构的魅力所在了，但是结构的魅力不仅局限于此。

一、什么是结构

对于“结构”一词，其实并不需要进行过多解释，因为这个词对大家来说并不陌生。在学生时代，我们就接触过各种各样的结构，如地理学科中的地质结构，生物学科中人体骨骼的结构，政治学科中关于社会的结构，还有化学学科和物理学科中的物质结构、分子结构、原子结构等。

“结构”可以定义为：事物的各个组成部分之间的有序搭配或排列。实际上，“结构”所关注的就是整体与部分的关系。

二、结构无处不在

因为世界上万事万物都是由部分组成的整体，都离不开部分和整体这两个概念，所以可以说世界上的万事万物，大到宇宙，小到原子，包括物质的、非物质的，都有其自身的结构。

自然界中有很多美妙的结构，如蜜蜂的蜂巢、蜘蛛的蛛网、雪花，以及我们人体的骨骼（如图1-1所示）。

图1-1　蜂巢、蛛网、雪花、人体骨骼的示意图

这些结构并不是偶然形成的。蜂巢的结构坚固，节省材料，通风透气；蛛网的网状结构尽可能地扩大了蜘蛛捕食的面积；雪花的结构是大气中水结晶的形状，是大自然美丽的杰作；而我们人体的骨骼结构更是历经上万年进化而来的，每一块骨骼都有着重要的作用。不仅如此，骨骼与骨骼间形成的结构也具有重大作用。略呈S形的脊柱，既能分散外来的冲击力给脊椎带来的负担，又能保持脊髓神经的正常运转。

大自然中形形色色的结构也给我们带来了无限的遐想空间和创造灵感。在日常生活中，存在大量受到自然界中经典结构启发而创造的新事物，这些事物是美妙结构的延伸。本章开头所提到的鲁班发明的锯子就是一个很好的例子。我们熟悉的国家体育场“鸟巢”和国家游泳中心“水立方”也是特别典型的代表（如图1–2所示）

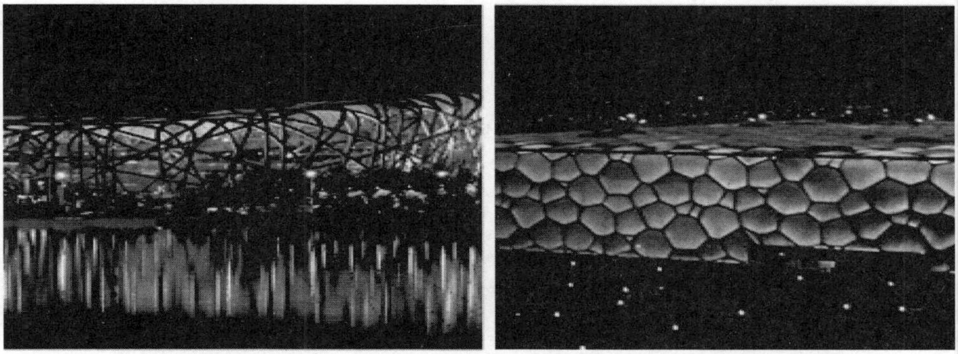

图1–2 鸟巢和水立方夜景图

对于鸟巢，通过其名字就可以知道它的灵感从何而来了；而对于水立方，从图1–2中可以看出其特别像蜂巢。

除了建筑方面的应用，自古以来，自然界的各种结构一直是人类各种技术思想、工程原理及重大发明的源泉。鱼儿在水中有自由来去的本领，人们就模仿鱼类的形体造船，以木桨仿鳍。相传早在大禹时期，我国古代劳动人民根据对鱼在水中通过摇摆尾巴而游动、转弯的观察和模仿，在船上架置了橹和舵，从而增加了船的动力，掌握了使船转弯的方法。类似的例子还有鸟和飞机、鱼鳔和潜水艇等。现代的仿生学也是基于同样的原理。

结构除了在自然界中随处可见外，在社会领域中也无处不在。小到家庭，有老人、有孩子，有结构；中到企业，有领导、有员工，有结构；大到社会，有顶层、有基层，有结构。

三、结构至关重要

无论是自然界还是人类社会，“结构”都在其特定的位置发挥着重要乃至决定性的作用。在自然界，相同的物质由于不同的结构而具有不同特性的现象就处处可见。

“一颗恒久远，钻石永流传”是一句我们耳熟能详的广告语。晶莹剔透的钻石（如图1–3所示），让很多人都对它欲罢不能。古代，钻石一直被达官显贵用来展示其财富、权势、地位，到了现代社会，更是成为男士向女友求爱的常用之物。

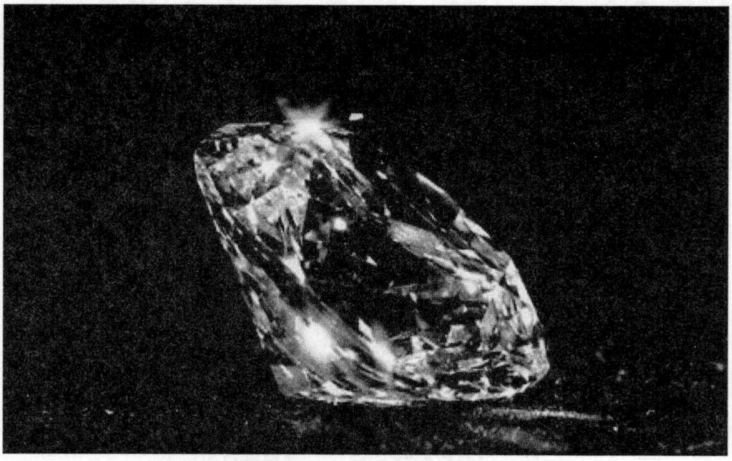

图1–3　璀璨的钻石

然而，尽管钻石的价值不菲，但它实际上就是碳的一种结晶体，是由碳原子按照一定结构排列组合而成的（如图1–4所示）。

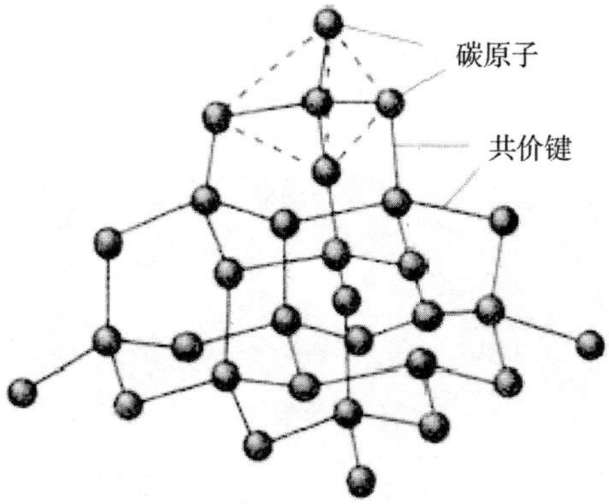

图1–4　钻石的原子结构

同样是碳原子的组合，因结构不同所形成的物体也大相径庭。例如，同样是碳原子组成的晶态单质碳，换一种结构就变成了石墨（如图1–5所示）。

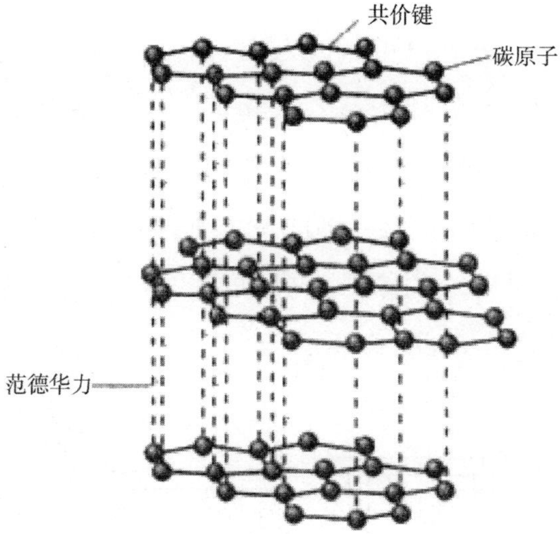

图1–5　石墨的原子结构

不一样的结构导致钻石和石墨的性质有着天壤之别。钻石是世界上最坚硬的物体之一，通常情况下是透明无色的，有一定的光泽，能够切割玻璃；而石墨则较软，一般情况下都是黑灰色的（见图1–6），有油腻感，会污染纸张。

图1–6 石墨

钻石和石墨的对比，让我们不禁感叹大自然造物之奇妙，也感受到自然界中“结构”的重要性——结构对性质和功能都有重大影响。其实不仅仅在自然界物体的内在结构如此重要，在社会领域，结构也同样具有关键作用：一家企业的人员结构关乎企业的运行与效率，一个国家的人口结构可以影响国家的发展。

在非自然界，对结构重要性最明显的体现是在设计上。

用同样的制作材料，做出来的结构不同的小凳，就会有不同的特性，有的稳定，有的却不稳定（如图1–7所示）。

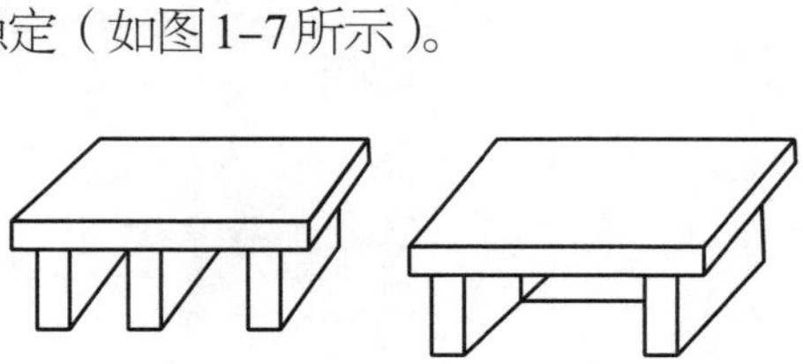

图1–7 不同结构的小板凳

同样的三根棍，首尾相连，就成了武术器械“三节棍”，而将三根棍的一端连在一起就变成了可用来照相和测量的“三脚架”（如图1-8所示）。

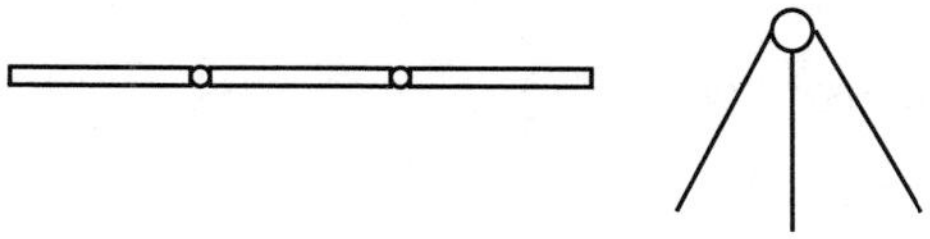

图1-8　三节棍和三脚架

结构的重要性还体现在，如果结构方面存在一个小问题也许就会导致重大事故的发生。

结构故事

位于加拿大的魁北克大桥是一座宽29米、高104米的桥。因其177米的悬臂支承着195米长的中间段构成主跨，迄今为止，该桥仍保持着世界第一的悬臂梁桥跨径纪录。但是该桥最初建造的时候，却命途多舛。

魁北克大桥兴建于20世纪初期，当时桥的建设速度很快，施工组织也很完善。正当投资修建这座大桥的人们开始考虑如何为大桥剪彩时，随着一阵震耳欲聋的巨响，大桥的整个金属结构垮了，19 000吨钢材和86名建桥工人落入水中，只有11人生还。

大桥坍塌的原因是设计师在没有对桥梁的关键部位做相应加固的情况下，擅自将原来500米的桥长延长到了600米，造成了大桥南端制动臂上的压力索发生弯曲，从而导致整个上层结构的倾塌。

为了记住这一教训，所有毕业于加拿大工程界大学并参加“工程师冠名典礼”的毕业生都会有一个铁指环，这些铁指环是由那座坍塌的魁北克大桥上的金属制成的（现在的指环由不锈钢制造）。它们时刻提醒这些工程师，进行结构设计要具有高度的责任感。

资料来源：百度百科（www.baike.baidu.com）

上面花了很多篇幅来介绍“结构”，旨在说明，无论是自然界的事物，还是人类社会的方方面面，“结构”都有其独特的魅力和重要的作用，它往往赋予了物体不同的属性和价值。既然结构无处不在，那么是不是思维中也有结构呢？结构在思维中的作用又是什么呢？下文会对此一一进行解答。

第二节　思维也有结构

结构游戏

下面有一组英文字母，请大家在3秒之内进行记忆，要求3秒之后把这些字母一个不少地写下来：

E U O L I Y O V

是不是几乎不太可能？那么给大家10秒呢？ 20秒呢？即使短时间记住了，是不是一会儿也会忘记？

上文中提到，结构是部分有序的组成，那么如果现在把这些英文字母有序组合一下，变成这种形式：

I LOVE YOU（中文为：我爱你）

是不是变得好记很多？根本不用3秒，1秒就可以了！

这个小游戏可以表明，结构对于记忆来说也很重要。

那么记忆是思维吗？到底什么是思维？思维能不能也有结构呢？

一、什么是思维

“思维”这个词虽然和“结构”一样常见，可是却不如“结构”那样容易解释。它毕竟是无形的。有研究者这样定义：

思维是具有意识的人脑对客观的反映。[①]

在这个定义中，有一些词汇需要着重理解。

首先，需要理解什么是有意识。我认为这里的有意识是人脑主动对客观事物加工的过程，包括思考、推理、想象、选择、记忆等。

其次，“人脑”和“客观”都相对容易理解。这两者都是客观存在，一个特指人类的大脑，一个是其他客观存在的事物。

最后，“反映”是一个很动态的词汇，通常所说的“反映”一般是指客观事物作用于人的感官，而使人以观念的形式对客体及其规律和特性摹写、复制和再现的过程。从这一定义看，这个过程包含了输入——作用于人的感官，输出——摹写、复制、再现。也就是说，通过看到、听到、摸到、嗅到、尝到等方式感知客观事物，再表现出来。这种表现可能只是存在于大脑中的思想认识，也可能通过说、写、画等方式外在表达出来。

综上所述，思维是大脑对通过各种感知方式对输入的客观事物的信息进行主动加工，并最终在大脑中形成认识，或表达出来的一种过程。

如果用一张图直观地展示出来，即如图1–9所示。

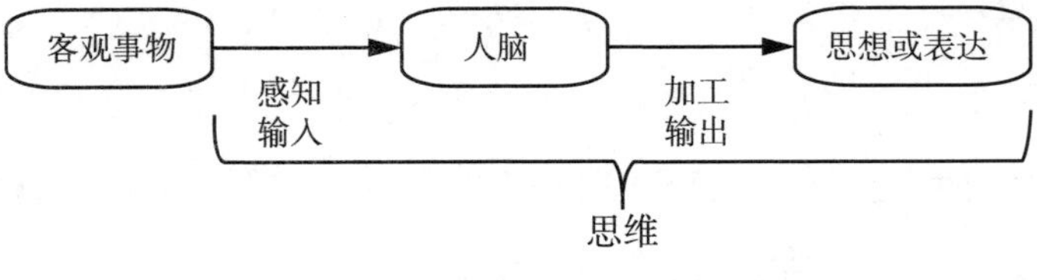

图1–9　思维的直观展示图

二、为什么思维也有结构

从上面的解释中不难看出，思维是一个从输入到输出的动态过程。

① 周艳玲，冯婕，韩雅青.逻辑学与思维方法训练［M］.北京：化学工业出版社，2012.

那么这个动态过程也有结构吗？答案当然是肯定的。这里不妨研究一下这个过程中所涉及的三个方面，即客观事物、人脑和表达。

本章第一节里提到，世界上万事万物都是有结构的，结构在其中也起到了至关重要的作用，所以思维输入的客观事物本身当然是有结构的。

如果大脑不对客观事物进行加工，而是原封不动地输出，那么输出的东西也一定是有结构的。这就好像镜子前的物体和镜子中的成像。即使大脑进行了加工，输出的时候也是有结构的，如文章的结构就是一种输出的结构。

人脑的加工有结构吗？答案当然也是肯定的。每个人的大脑中，大约有1万亿个脑细胞。其中，负责思考的脑细胞（称为神经元）就有1 000亿个。[①]大脑每一次的加工动作就在这些脑细胞中进行，每一个或者每一些脑细胞都掌控着不同的加工动作。虽然现在对人脑的认识还很有限，但是人们已经知道左脑和右脑分别掌管着不同的领域，由此至少可以推导出左脑的脑细胞和右脑的脑细胞所掌管的加工动作并不一样。第一节曾提到，结构是各个组成部分之间的有序搭配或排列。在这里，如果把每一个进行加工动作的脑细胞看作部分，只要这些脑细胞的加工过程能够有序排列，那么大脑的加工就是有结构的了。

回到本节开篇的那个小游戏。“I LOVE YOU”这个英文句子本身在人们的大脑中就是一个有序的结构。当人们看到“E U O L I Y O V”这些字母时，它在输入大脑的过程中并没有结构，所以很难记忆。但是，如果大脑在加工的过程中，把它按照已有的“I LOVE YOU”的结构重新排列，那就变得很容易记忆了。这就是思维的结构的一种表现形式。

如果用一个公式来表现有结构的思维的形成过程，即如图1–10所示。

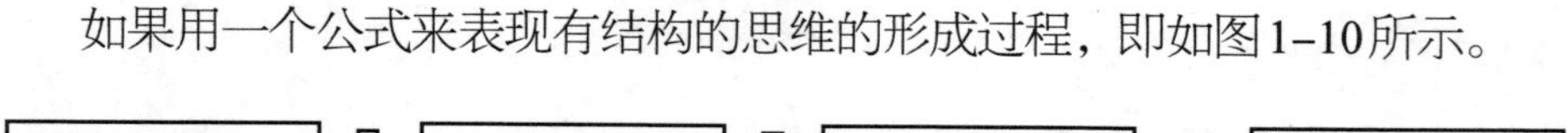

图1–10 有结构的思维的公式

---

① ［英］东尼·博赞，巴利·博赞．思维导图［M］．卜煜婷，译．北京：化学工业出版社，2015.

很多时候，客观事物的结构是已知的、确定的，而有结构的大脑加工和有结构的输出表达却是变量。所以本书的重点会放在后两个方面，即关注怎么样的加工和表达才是更有结构的。

与此同时，本书为“有结构的思维”起了一个名字——“结构性思维”。下面就先具体介绍一下，到底什么是结构性思维。

第三节　什么是结构性思维

通常，在对一件事物进行全面了解的时候会从是什么（What）、为什么（Why）、怎么样（How）这三个方面来展开，俗称2W1H。第二节已经从什么是思维和有结构的思维的公式，简单介绍了结构性思维。而第三节意图通过简洁的语句来说明，到底什么是结构性思维。现在市面上不乏讲解结构性思维的书籍，不过其中大都存在一个问题：虽然阐述了很多关于结构性思维（或者类似的概念）的原则、方法、案例，但是没有对结构性思维进行明确统一的定义。这就使得即使专业人员也很难简单明了地说清楚什么是结构性思维。

例如，在写这本书的过程中，就有朋友问我：“最近在忙什么？”我回答：“写书呢。”对方紧接着问：“哪方面的书？”我说：“结构性思维。”我看对方愣了一下，又马上补充道：“就是帮助你思考、表达、决策等更加清晰，更有逻辑的一本书。”对方马上笑逐颜开道：“这样的书好，写出来了我一定要买一本。”类似的场景发生了不止一次，可是我每次都没有清楚说明到底什么是结构性思维，只是在简单阐述结构性思维的作用和意义。

那么，到底什么是结构性思维呢？

一、拆解关键词下定义

从字面上看，结构性思维（Structural Thinking）由结构性（Structural）和

思维（Thinking）两部分组成。

“结构性”本身在词典当中找不到相应解释，但是它可以看作“结构”的形容词形式，进而从“结构”的意思中推导出其含义。既然“结构”是指事物的各个组成部分之间的有序搭配或排列，那么“结构性”就是指整体的各个组成部分之间的搭配或排列是有序的。而“思维”的定义在上文中已经提及，即其是具有意识的人脑对客观的反映。

把两者结合起来，结构性思维可以定义为：客观在人脑中有序搭配或排列的反映（如图1–11所示）。相对于客观事物的结构，此定义特别强调这种反映是有序的。

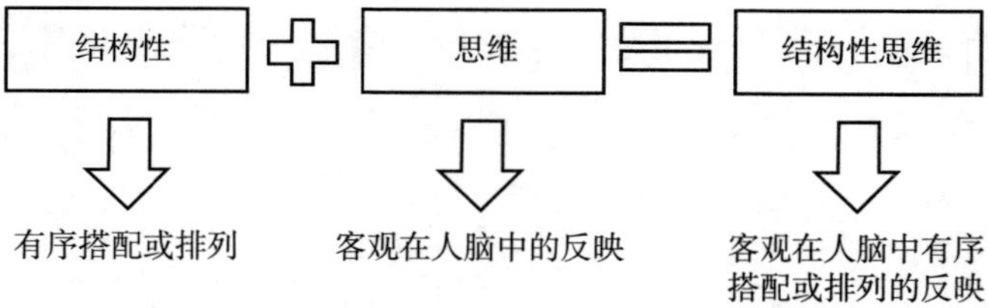

图1–11　拆解关键词下定义得出的公式

二、找规律下定义

拆解关键词是一种下定义的方式，但是这样的定义方式可能不太严谨。那么不妨先来看一下其他一些思维是如何定义的。

逻辑思维：人们在认识事物的过程中，借助于概念、判断、推理等思维形式能动地反映客观现实的理性认识过程，又称抽象思维。

形象思维：主要是指人们在认识世界的过程中，对事物表象进行取舍时形成的，只用直观形象的表象，去解决问题的思维方法。

资料来源：百度百科（www.baike.baidu.com）

从这两个定义中，不难发现它们的结构是一样的，即“干什么用+怎么用+用的结果”，如图1–12所示。例如，在“干什么用”方面，两者都是为了认识世界、认识事物；“怎么用”上两者有点分歧，逻辑思维讲究理性思考，形象思维强调直观形象；最后，两者在“用的结果”方面虽然表述大相径庭，但其实都是在对客观事物进一步认识的基础上更有效地解决了问题。

图1–12　一般思维定义的结构

那么，基于“干什么用+怎么用+用的结果”这个结构，也可以为“结构性思维”下定义。

首先，在“干什么用”这方面，因为思维是对客观事物的有意识的反映，所以人类的思维多数都是用来帮助认识世界的。结构性思维的作用当然也是认识世界。除了认识世界之外，结构性思维还有一个作用，就是翻译世界。上一节中提到，有结构的输出表达也是结构性思维的关键环节之一，所以，结构性思维还有一个作用就是告诉别人你看到的世界是怎样的。

其次，在“怎么用”方面，因为“结构”这一概念不同于“逻辑”和“形象”，所以“怎么用”是“结构性思维”区别于“逻辑思维”和“形象思维”的关键。上文提到“结构性思维”包含“有结构的大脑加工”，这里着重解释一下“有结构的加工”。它实际上就是从输入的客观存在的整体与部分的有序结构出发，以同样有序的方式在大脑中进行分析加工，简言之就是有序地思考。在实际应用过程中，“有序地思考”既需要逻辑思维那样依靠理性的思维模式，也不能缺少形象思维的简洁、直观。

最后，在“用的结果”方面可以表述为：清晰地表达，有效地解决。即在认识世界的过程中能够更清晰地表达，遇到困难和问题时可以更有效地解决。下文也将对这两方面进行详细的论述。

综上所述，结构性思维，是指人们在认识世界的过程中，从结构的角度出发，利用整体和部分的关系，有序地思考，从而更清晰地表达，更有效地解决问题的思维方式。

三、通过案例再理解

以上两种定义方法中，都离不开一个词“有序”。无论哪一种定义，大部分都很好理解，唯有一处表述不太常见，即“从结构的角度出发”。为了解释这一概念，可以先看两个简单的例子。

第一个例子，就是上文中为“结构性思维”下定义的过程。首先并没有罗列结构性思维的种种案例，而是运用了两个方法，一个是拆解关键词，另一个是找规律。其实这两个方法都是先从结构出发的。在拆解关键词的方法中，将“结构性思维”拆解为“结构性”和“思维”，这两个词就是结构中所谓组成整体的部分。确认这两个“部分”的解释，也就不难给“整体”下定义了。在找规律的方法中，先给出其他两个思维的定义，从中找出“××思维”的定义中共有的规律，这种规律就是定义中的“结构”。在这种结构的基础上，找到相应的三个部分——干什么用、怎么用和用的结果。将这三个部分相对应的表述组合在一起，就形成了结构性思维的定义。这样，本来感觉毫无头绪的工作，因为找到了某种结构而变得简单起来。

第二个例子，追本溯源，看看“从结构的角度”是怎么来的。抛开哲学和文化领域中的结构主义、解构主义、重构主义，现今有据可查的、最早提出“从结构的角度”的是麦肯锡公司。艾森·杜塞尔在其所著的《麦肯锡方法》[①]一书中提出，做咨询有这样三个基本思路，第一个是以事实为基础，第二个是

① ［美］艾森·杜塞尔．麦肯锡方法［M］．张薇薇，译．北京：机械工业出版社，2010.

以假设为前提，第三个就是严格的结构化。同时艾森·杜塞尔认为，严格的结构化是解决问题的关键。那么麦肯锡公司具体又是如何运用“结构化”的呢？这就不得不提到另一位在麦肯锡公司工作过的芭芭拉·明托。她所著的《金字塔原理》①就是麦肯锡结构化最好的代表。《金字塔原理》旨在阐述写作过程的组织原理，提倡按照读者的阅读习惯改善写作效果。因为主要思想总是从次要思想中概括出来的，文章中所有思想的理想组织结构就必定是一个金字塔结构——由一个总的思想统领多组思想，如图1-13所示。在这种金字塔结构中，思想之间的联系方式分成了纵向和横向两种。在纵向中，任何一个层次的思想都是对其下面一个层次思想的总结；在横向中，多个思想因一个共同的逻辑而被并列组织在一起。

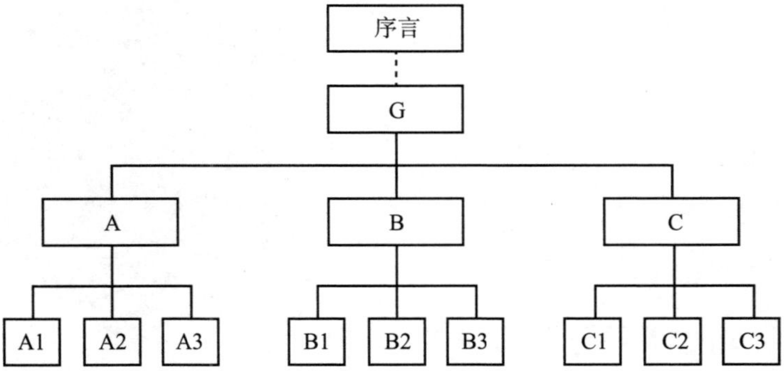

图1-13　金字塔结构

关于金字塔原理，后文会把它作为结构性思维中的一个标准结构进行详细阐述，但是结合简单的描述和图示，就可以看出，它属于一种典型的结构性思维方式，通过把文章所涉及的各个方面按照一定的结构进行排列，从而有序、清晰地呈现出来，可以使读者更容易把握文章中心思想，理解文章内容。

---

① ［美］芭芭拉·明托．金字塔原理［M］．汪洱，高愉，译．海口：南海出版公司，2013.

以上两个例子就是“从结构的角度出发”，其实做到“从结构的角度”并不难，因为人们于日常生活中一直都在应用，如春夏秋冬、东西南北、酸甜苦辣，都是一种结构，所以做到结构性思维并不难。

第四节 让思维像搭积木一样

前不久，给不到3岁的外甥女儿买了一套乐高积木，在陪她玩耍的同时自己也感触良多。积木是多少人小时候的玩具，简单的圆柱柱子、尖尖的圆锥屋顶、方块式的房屋甚至没有所谓的风格，但是饱含着曾经的憧憬以及美好梦想。对于积木，我们从零开始，时而温馨的小屋，时而宏伟的城堡，一块块积木搭建起儿时的欢乐，垒砌出心中的家园（如图1-14所示）。相信时至今天，很多人依然对积木情有独钟，虽然当年的砖瓦结构可能早已被演化成钢筋混凝土结构，曾经的老土样式可能已被转变为欧亚风情的古堡风格。

图1-14 积木玩具

如果说，了解排序的概念是从学习数数开始的，那么了解几何的、结构的、空间的概念就是从搭积木开始的。

既然了解结构的概念是从搭积木培养起来的，那么结构性思维是不是也可以像搭积木一样呢？如果真是如此，那么未来我们在运用结构性思维的时候，就可以像搭积木一样简单。要想回答这个问题，就必须先看一下结构性思维和搭积木之间存在哪些共同之处。

一、都是整体与部分的关系

本章第一节曾提到，结构可以定义为事物的各个组成部分之间的有序搭配或排列。事实上，积木就是这样的，起初只是很多大小不一、形状各样、颜色不同的小积木，有正方形、圆形、圆柱形、三角形、半圆形等（如图1–15所示），这些都是搭建房子、桥梁、小人、动物等的基础。有了这些组成部分，才能搭建起想要的整体。

图1–15　积木玩具的基础部分

在结构性思维方面也是如此，以标准结构金字塔（如图1–13所示）为例，这个图形就像是搭起来的积木，可以把A1、A2、B1、B2这样的小模块看作小积木。而在之前给结构性思维下定义之时，曾提到两张图（如图1–11和图1–12所示），虽然这两张图都是以等式的形式呈现的，可是如果变换一下呢？把等号右边的方框都移到顶端，把等号左边的内容放在下面（如图1–16和图1–17所示）。

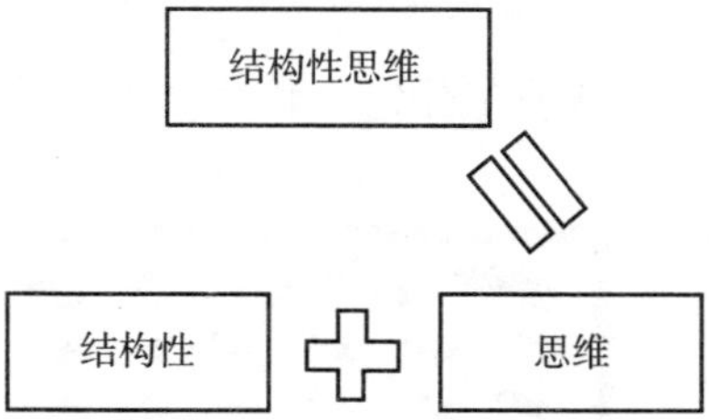

图1–16　拆解结构性思维得出的公式

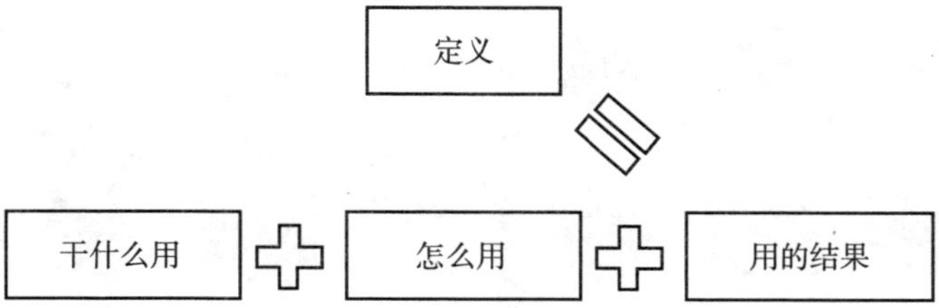

图1–17　一般对思维下定义的结构

这样是不是就很像搭积木了？在这里，完全可以把最顶层方框里面的内容看作整体，把下面一层每一个方框看作一个模块，是整体中的部分。如此一来，只要找到能够组成整体的部分，就可以得到想要的整体，也就是得出思维过程后的结果了。

二、从无序到图纸再到创造

有人质疑，结构性思维是否会束缚思维：如果思考需要按照“金字塔”这种标准结构来进行，就容易形成思维定式，没有发散性。对于这样的质疑，首先仍以搭积木为例来进行说明。

一般情况下，所购买的积木里面都是有图纸可以参照的，按照图纸，一步一步拼接，就可以呈现出一个相对完美的结果。积木越多越小，可能拼接的难度就越大，对于结果呈现的要求也就越高，于是就更需要图纸的帮忙，否则面对那么多的小积木（如图1-18所示），只能面露难色，束手无策。

小孩子在开始搭积木的时候即使有图纸，也不懂得去看，只会按照自己

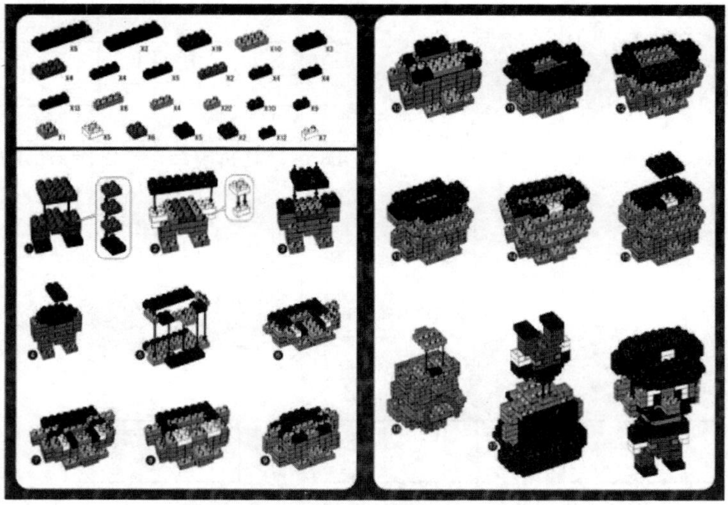

图1-18　有很多小零件的积木

的想法随意堆砌，最后的效果当然没有图纸上的好。后来，懂得看图纸的时候，就开始按照图纸上的要求来搭积木，最后搭出了与图纸上一模一样的东西，还会沾沾自喜。再后来，随着见识越来越广，思维越来越开阔，就开始抛开图纸。这个时候，他们对每一块积木的运用已经非常熟悉，什么形状的积木放在哪里会有一个什么样的结果了然于胸，所以就可以按照自己的想象去搭积木，虽然搭出来的东西有时候不如图纸上的好看，但多数情况下会比图纸上的更有想象力一些。

实际上，思考的过程也是如此。最初，并不知道该怎样思考才是有序的，在开始写文章的时候也没有逻辑，没有结构。那怎么办呢？就是照着老师教的方法去做嘛。再比如在分析企业竞争力的时候，该从哪些方面去着手？开始时只能依照自己的想法，东一榔头西一棒子，分析的维度对不对，有没有用，自己也不知道，完全没有标准。但是如果掌握了波特五力模型（如图1–19所示），那就完全不一样了。这个模型其实就是一种结构，按照这个模型的各个部分去分析，至少有了一个正确的方向和标准。在这个结构的基础上，再去看还有没有什么需要补充的，一定会比自己没有方向的分析要好。

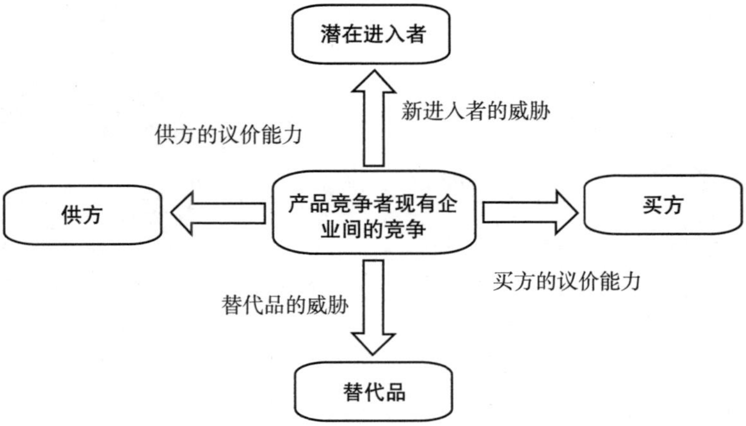

图1–19　五力模型

回到结构性思维上来，本书所讲的内容，即可以看作搭积木时的图纸、管理课程里的模型。在没有这张图纸，没有学习模型之前，思考更多时候是无序的、混乱的，这样所得出的结果当然也是不尽如人意的。而一旦有了图纸，有了模型，就有了方法和标准，而思考也会变得清晰很多，这样就可以得出更好的结果。

第五节 为什么需要结构性思维

很多人也许会问：前面说了这么多关于结构性思维的基础概念，那么它到底好在哪里呢？为什么要用结构性思维呢？其实上文中的有关例子已经能够体现出结构性思维的优势所在了，这里再详细地阐述一下。

一、被验证的名家名作

在之前已经提到过，最早提出“结构化”的是麦肯锡公司，而麦肯锡公司中在结构化方面做得最好的一个代表是芭芭拉·明托（见图1-20）的金字塔原理。同时，“金字塔”也是本书中关于结构性思维的标准结构。首先来看一下芭芭拉·明托是如何总结出金字塔原理的。1961年，明托进入哈佛大学商学院学习，成为那时哈佛大学商学院录取的为数不多的女学员之一。1963年，明托被国际知名管理咨询公司麦肯锡聘为该公司有史以来第一位女性咨询顾问。作为咨询顾问，在写作方面的特长让明托脱颖而出，她于1966年被公司派往英国伦敦，负责提高麦肯锡公司欧洲员工的写作能力。

图1-20 芭芭拉·明托

咨询公司的产品是什么？就是主要以文字形式呈现的报告，而作为在咨询业排名第一的麦肯锡公司，其写作由明托来培训，那么明托的写作方法一定值得借鉴。

在明托去欧洲之前，麦肯锡公司认为，那些用非母语写作的顾问们会遇到特殊的困难，所以他们呈现的报告并不理想。但是在欧洲，明托很快发现，德国杜塞尔多夫和法国巴黎的员工在写作方面遇到的困难同美国纽约和克利夫兰的员工完全一样：主要的问题不在于如何正确地使用语言，而在于如何清晰地进行思维。这一发现促使明托致力于探索条理清晰的文章所必需的思维结构，后来终于总结出了金字塔原理。

1973年金字塔原理提出后不久，就被众多国际知名公司用来进行员工培训。迄今，明托已为美国、欧洲、澳大利亚、新西兰和中东等国家和地区的绝大部分主要的管理咨询公司和许多大公司讲授过与“金字塔”相关的内容，金字塔原理还被引入到哈佛大学商学院、斯坦福大学商学院、芝加哥大学商学院、伦敦大学商学院以及纽约州立大学等知名高等学府。它已经被公认为即便对于最有经验的管理者来说也是非常实用的思维工具。运用金字塔原理能够在相当短的时间里，学会如何有效沟通，如何富有逻辑地进行思考，如何简明扼要地进行写作。

不仅国外在用，其实我们国内也一直在用，而且行政级别最高的部门都在使用。以下节选自中国国家主席习近平《坚持实事求是的思想路线》的重要讲话，看看其是不是也有结构。

坚持实事求是，就是坚持一切从实际出发来研究和解决问题，坚持理论联系实际来制定和形成指导实践发展的正确路线方针政策，坚持在实践中检验真理和发展真理。

坚持实事求是，就必须坚持一切从实际出发。为什么想问题、做决策、办事情必须从实际出发，而不能从本本出发呢？因为实际事物是具体的，而本本是对实际事物研究、抽象的结果，不能成为研究问题和做决策的出发点，出发点只能是客观实际。要了解客观实际，就必须深入群众、深入实践进行调查研究，把客观存在的事实搞清楚，把事物的内部和外部联系弄明白，从中找出能够解决问题、符合群众要求的办法来。所以，调查研究是从实际出发的中心一环。没有调查就没有发言权，没有调查也没有决策权。

坚持实事求是，就必须坚持理论联系实际。为什么理论与实际必须联系而不能互相脱离呢？因为理论是从实践中产生的，理论是否正确还要接受实践检验并要在实践中得到丰富和发展；同时，理论只有与实际紧密联系，才能发挥对实践的指导作用，实现自身的价值和意义。理论如果脱离了实际，就会成为僵化的教条，就会失去其活力与生命力。理论家如果脱离了社会实践，只是从书本上来到书本上去，就会成为空洞的理论家，而不可能成为党和人民所要求的实际的理论家。党和人民希望我们的理论工作者，能够对当今中国和世界的经济、政治、文化、社会等领域的重大问题给予科学的理论说明，能够提供解决问题的正确方案，真正成为理论联系实际的理论家。对待马克思主义经典著作和世界社会主义运动的历史经验，要坚持学习和运用，但决不能脱离中国具体实际而盲目照抄照搬。在这方面，我们党的历史上是有过沉痛教训的。对待西方经济学、政治学等方面的理论著作和资本主义经济发展的经验，要注意分析、研究并借鉴其中于我们有益的成分，但决不能离开中国具体实际而盲目照搬照套。

现在，在我们党内，贯彻执行实事求是思想路线的状况总体是好的。各级党组织自觉坚持以实事求是的思想路线指导工作，积累了不少新的经验。广大党员和干部解放思想、实事求是、与时俱进、开拓创新，展示了共产党人追求进步、追求真理的科学态度和良好形象。同时也要清醒地看到，一些党员和干部在坚持实事求是的思想路线方面还存在一些必须引起注意的问题。比如，有的常年坐在办公室，很少下基层，很少接触群众，对下情若明若暗，接“地气”不够；有的一切从本本出发，唯上、唯书、不唯实；有的故步自封、因循守旧，思想和工作落后于客观形势的要求；有的不按客观规律办事，急功近利，急于求成以至蛮干、瞎干；有的为了迎合或满足某种需要，说假话、大话、空话，甚至弄虚造假；有的怕担风险，明哲保身，明知是错的，却听之任之，不批评制止；有的不喜欢听真话、实话，不愿意修正错误、择善而从。凡此种种，都违背了实事求是的要求，虽然不是主流，但如果不重视、不警惕、不纠正，其消极影响和后果不可低估。

资料来源：习近平同志2012年5月16日在中央党校春季学期第二批入学学员开学典礼上的讲话

虽然现在还没有对金字塔结构进行详细阐述，但是这里可以先说明一下，这篇节选是完全结构化的。第一段就是主题，后面每一段的第一句话都是该段内容的主题句。如果就这篇节选画一张结构图，即如图1–21所示。

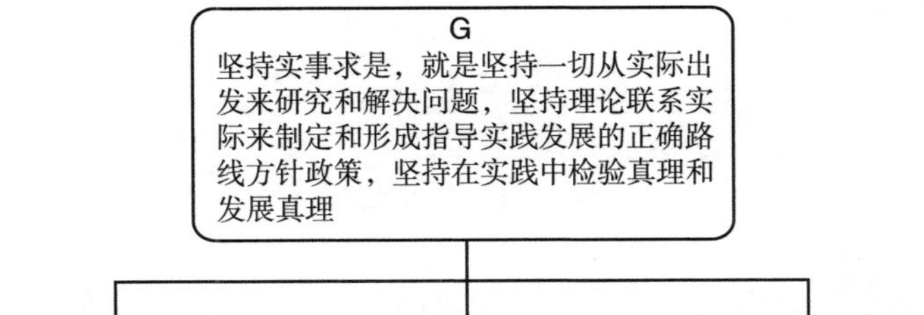

图1–21 《坚持实事求是的思想路线》讲话节选的结构

从以上内容中可以看出，结构性思维的标准结构“金字塔”是被验证的名企名家之作，确实有助于清晰思考与进行写作，所以需要认真学习它。

二、解决沟通不畅问题

结构性思维也能帮助人们有效沟通，那么它是如何解决沟通问题的呢？沟通是有巨大成本的，可以描述为“沟通漏斗”（如图1–22所示）。

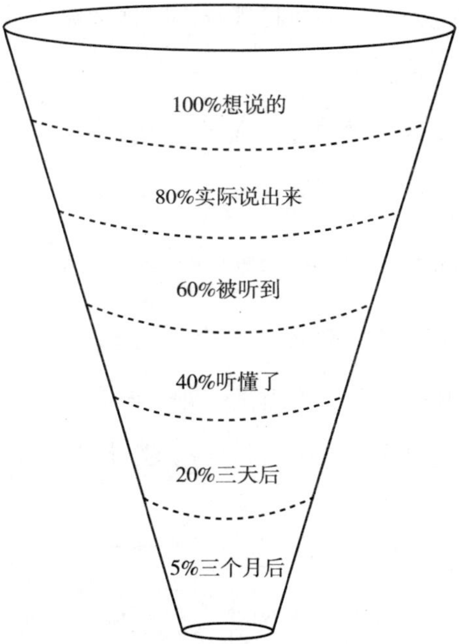

图1–22　沟通漏斗

如果所希望表达的是100%，在与团队成员沟通的时候一般只能讲出80%，而且由于各种原因，对方听到的最多只是60%，能听懂的部分只有40%，真到执行时就只剩下20%了，等到三个月后再问某位成员之前跟他说过什么，他可能已经完全忘记了。概括地讲，在A和B两个人一对一的沟通中，存在这样一个关键步骤图（如图1–23所示）。

图1-23　一对一沟通中的关键步骤

根据图1-22和图1-23这两张图，再回到结构性思维当中，仍以搭积木为喻，想要表达的100%的内容，就好比一整套积木的各个小块，结构性思维就等于提供了一张图纸。这时候参照图纸搭积木，就可以把各个小块都用上。同样，在运用结构性思维把想说的内容进行有序组合时，如果对方心中同样也有这么一张图纸，那么他就可以把你所说的每个内容都有序地安放在他头脑中，这样他所接收和理解到的信息就不会大打折扣了。因此，结构性思维是一门每个人都应该学会的课程。不仅表达信息的人需要结构性的表达，减少遗漏，接收信息的人同样也应该有结构性的概念，这样在接收信息时才不会遗漏，确保双方在同一个频道进行沟通。

三、解决思绪混乱问题

上文中在对“结构性思维”下定义时，用了两种方法，一是拆解关键词，二是从其他定义中找规律，并且提到，这两种方法其实都是在运用结构性思维的思考方法，都是从结构入手。拆解关键词实际上是从结构性思维这个词组本身的结构入手，而找规律的方法就是从定义本身的结构入手。无论从哪一种结构入手，最终都成功地为“结构性思维”下了定义。可是如果不这样去思考，那该怎么做？这让人感到无所适从。因此，结构性思维提供了一个思考问题的路径，让我们不会在遇到问题时毫无头绪，思维混乱。

在表达之前，应该想清楚怎么表达。同样，在做事情之前，要想清楚这件事情的多个方面，那么具体包括哪些方面呢？在第二次世界大战中，美国陆军兵器修理部推出了一套方法，它简单、方便，易于理解、使用，被广泛应用于企业管理之中，对于决策和执行很有帮助，也有助于弥补考虑问题时的疏漏，这套方法就是5W2H：

· Why——为什么？为什么要这么做？
· What——是什么？做什么工作？
· Where——何处？在哪里做？从哪里入手？
· When——何时？多久能完成？什么时间做？
· Who——谁？由谁来承担？谁来完成？谁负责？
· How——怎样做？如何提高效率？如何实施？方法怎样？
· How Much——多少？做到什么程度？数量如何？质量怎样？投入产出如何？

这套方法分类清楚，考虑周全。其实它也是符合结构性思维的。不妨用5W2H来做一个填空题，把它放进标准结构图里（如图1–24所示）。

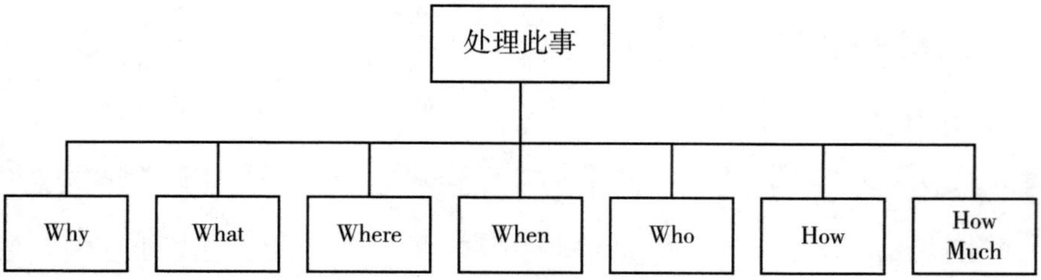

图1–24　用标准结构图表示的5W2H

如果把图1–24的结构看作处理事情时的标准结构，那么我们在准备处理某件事前，就能够更好地制订计划了。有人会说："5W2H是前人总结好的，你只是把它填到你的结构里，但是当你的结构是空的时候，我怎么运用呢？"别着急，后文会讲到标准结构如何具体应用，结构性思维的作用就是使得思考更有序，更周全。总之，结构性思维之于思考，就好像搭积木时的图纸一样，在人们思绪混乱时，把隐形的思维显性化，让思考有章可循，同时也可以呈现出哪里存在问题。

四、解决写作头疼的问题

在平时的工作中，常常遇到这样的问题：领导给了一个题目或者方向，让我们去写一篇报告；或者手头有很多素材，需要整理出一份报告向领导汇报。一旦遇到这类问题，既有可能无从下笔，又有可能担心给领导汇报或者将报告上交给领导的时候，领导不满意，甚至自己觉得写得很好，领导却看不懂。其实写作遇到的问题和沟通、处理事情时遇到的问题是一样的，只是写作的呈现方式不同而已。

首先，如果领导给了一个题目让我们去写报告，可以想想，这是不是特别像遇到一件事情要怎么处理。根据标准结构图，报告的题目就是标准结构中的G。接下来，只要想办法去找下一层级中的A、B、C，找到A、B、C之后再考虑其中的A1、A2、B1、B2等就好了。至于怎么找A、B、C，后文会进行详细说明。

而在手头有一堆素材，需要向领导汇报时，可以想到，它与沟通时遇到的问题很像。想写的有100%，真到写的时候却发现有200%的素材，如何进行筛选呢？等写出来交给领导，可能领导只看进去了一部分，其余的要么忽略了，要么没看懂。实际上，在结构性思维的标准结构中，这种情况可以描述为有太多A1、A2、A3，B1、B2、B3等，甚至都不知道已有的素材哪个是A1，哪个是B1。因此，需要先分类并总结出A、B、C来，最终给领导一个明确的G，以及一份观点清楚、内容翔实的报告。至于如何筛选分类，如何总结，本书后面的章节会进行详细阐述。

五、解决记忆力差的问题

本章第二节里提到，思维就是指，大脑对通过各种感知方式输入的客观事物的信息主动进行加工，并最终在大脑中形成认识，或表达出来的一种过程，可以用图直观地展示出来。

从这个对思维的解释中，可以发现，任何思维都需要以输入的客观事物的信息为前提，而且它首先应储存在大脑中，所以记忆非常重要。记忆的准确性与否，甚至可以决定思维结果的正确与否。要想增强记忆力，就必须知道大脑是如何存储记忆的，这一点后文也会进行详细阐述，这里可以简单地说明一下。大脑的记忆功能不像左右脑那样分工明确。客观事物的信息进入大脑之后，会存储在大脑皮层的每一个部分。也就是说，大脑皮层存储了各种各样的信息，等到需要的时候，再从中调用相应的内容。越是熟悉的、常用的，就调用得越快，而且记忆越深刻。所以，可以有结构地进行记忆，为存储的东西事先进行分类，把它们放在熟悉的、常用的那些区域里。

例如，在那个“I LOVE YOU”的小游戏中，其实“I LOVE YOU”本身就是在我们脑海中已有的、常用的结构，我们把之前毫无规律的字母组合成有规律可循的结构之后，记忆起来就特别容易了。和“I LOVE YOU”这个小游戏一样效果的游戏还有很多，这里再看一个。

结构游戏

以下是我家保险箱的密码，给大家15秒的时间记忆，看看15秒内，你能记住多少位？

密码：149162536496481

好的，都记住了吗？如果都能记住，那10分钟后你还能记住，过一天还能记住吗？

对于上面这组密码，只要掌握了其中的规律，或者说是结构，其实就很容易记住，而且终生不会忘记，因为这组密码实际就是“$1^2 2^2 3^2 4^2 5^2 6^2 7^2 8^2 9^2$”。

再比如，我们都知道处理一件事情的整个过程按照时间排序可以分为事前、事中和事后。这样的结构在脑海中是已有的概念，那么就可以把它变成标准结构图（如图1–25所示）。

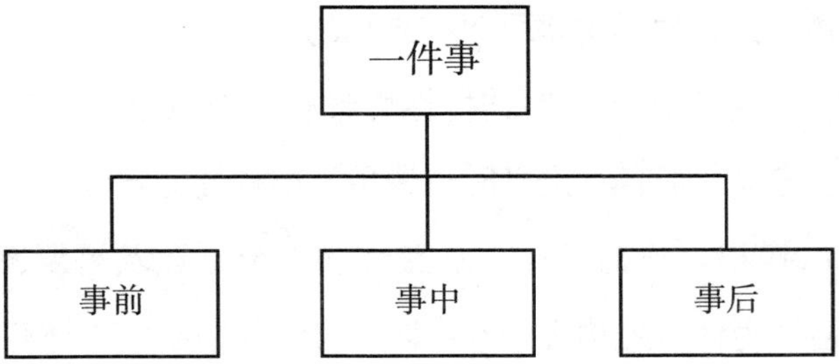

图1–25 事情时间排序的标准结构

如此一来，在记忆一件新的事情的时候，可以把整个事情的经过按照事前、事中和事后的结构去记忆，这样就等于把相关信息放在了常用的、熟悉的区域，从而更容易记住。

本章小结

第一章以导入性的概念性的内容为主，共分为五个小节。

第一节说明了，万事万物都是有结构的，结构也在事物中起到了相当重要的作用。

第二节阐述了人的思维也是可以有结构的。

在第三节里，为了让大家对结构性思维有一个抽象的、概括的认识，为结构性思维下了定义，而且下定义时也使用了结构性的方法。

第四节，以搭积木作为类比，从整体和部分，以及需要图纸作为标准，这两个方面阐述了为什么结构性思维可以让思考像搭积木一样有序。

第五节，从可以解决沟通、思考、写作、记忆中的问题这4个角度，阐明了为什么要学习和使用结构性思维。

这一章旨在让读者对结构性思维建立一个初步的、概念上的认识。下面一章将重点介绍结构性思维的标准结构——金字塔，以及结构性思维的四大原则。

第二章
了解结构性思维

第一节　标准结构：金字塔

一、为什么是金字塔

在第一章中，已经不止一次提到了金字塔结构，并且把它作为结构性思维的标准结构。其实在认定它是标准结构之前，我一度很犹豫，因为它毕竟是别人的思考成果，我就这样拿过来使用，合适吗？但是在对结构性思维一次又一次不断深入、研究和运用的过程中，我发现金字塔结构几乎无法超越。我也在心里一再暗示自己，站在巨人的肩膀上，没有什么不对的。经过这样一番挣扎之后，我最终还是决定将金字塔结构作为结构性思维的标准结构。

二、什么是金字塔结构

图2–1是一张标准的金字塔结构图，也可以说是结构性思维的标准结构图。在这种金字塔结构中，思想之间的联系方式分成了纵向和横向两种。在纵向中，任何一个层次都是对其下面一个层次的总结；在横向中，多个部分因一个共同的逻辑，而被并列组织在一起。标准结构从上至下有四个层级，由少到多，上尖下宽，像一个三角形的金字塔。那么这四个层级分别代表什么呢？

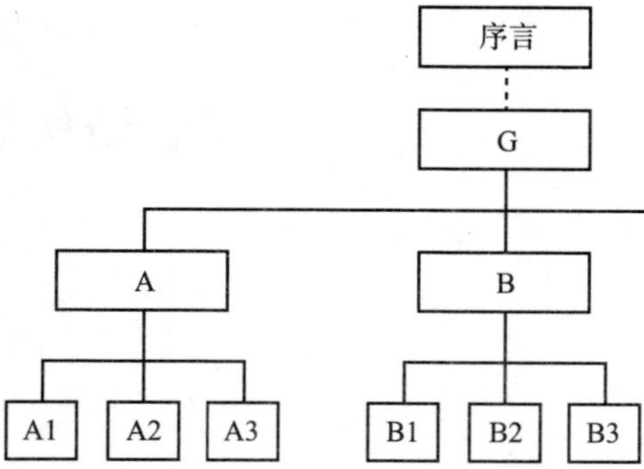

图2-1 结构性思维标准结构——金字塔结构

第一层级是序言。无论是写作还是演讲，都需要在正式内容前面，加上一段开场白，这样的开场白起到了激发兴趣、引入主题的作用。但是，这样的序言并不是必需的，而且我们在处理某件事或者进行某些思考的时候，往往会省略序言，所以在标准结构图中，序言和下面的连接线使用了虚线。

第二层级用G来表示，实际上它代表的是中心思想（Governing Thought），或者说是一个最终目标。对于中心思想，我们很容易理解，无论是议论文还是记叙文，都需要表达中心思想，哪怕是散文，也有形散而神不散的要求，所以中心思想是必需的。而对于处理某件事情来说，G就是最终目标。例如，要去超市购物，这里的G可能就是“买齐所有需要的物品”；而各类商品广告的G就是“买我吧”；第一章中提到要给结构性思维下定义，这件事的G就是“明确结构性思维的定义”。

第三层级用A、B、C等代表不同的意思。这里提到A、B、C三个字母，“三”在我国的语义中通常不是实指，而是虚指，即“三”并不实际代表三个，而是很多个。那么A、B、C这三个框里可以填些什么呢？上面提到过，横向结构的各个部分之间存在一种逻辑联系。之前也画过一张处理事情的结构图，这一层级填的是5W2H。其实5W2H就是以处理事情需要考虑的各个维度这一逻辑联系在一起的。如果这个例子不太容易理解，那么可以以议论文的结构为例。在议论文的结构图中，这里的A、B、C可能就是各个分论点，这些分论点因为共同支撑结论这一逻辑联系，而被放在了一起。

我们来看一个具体的例子。以下是一段社论的节选，你能从中看出它的G和A、B、C分别指什么吗？

差异互补、错位发展、承接辐射，浙江积极推进长三角地区共同发展

按照差异互补、错位发展、承接辐射的思路，浙江省正积极推动长三角地区合作交流，携手沪、苏，努力把长三角地区建设成为科学发展、和谐发展的示范区。

优势互补，取长补短，进一步优化合作环境。充分借助上海、江苏在人才、技术、外资等方面的先发优势，围绕完善长三角区域统一市场体系的目标，营造良好政策环境和发展条件，促进各类要素无障碍流动。

沪苏并重，均衡发展，进一步增强合作实效。加强在综合交通、能源供应、土地利用、环境保护、产业发展、人力资源开发、政策法规衔接等领域的合作交流，形成“区域效应”“同城效应”，推进区域合作不断取得新成效。

共同发展，实现多赢，进一步深化合作机制。抓住国家编制实施长江三角洲区域规划的契机，在发展战略、重大决策上充分考虑“上海因素”“江苏因素”，科学确定功能定位和发展战略，扬长补短，着力构建政府主导、企业主体、社会助力的新型区域合作模式。

据介绍，长三角地区将继续定期举办两省一市高层会商、副省(市)长级合作座谈、十六市交流会晤、长三角区域合作论坛。

资料来源：鲍洪俊.差异互补、错位发展、承接辐射，浙江积极推进长三角地区共同发展.人民日报，2007-09-25

读完这段社论，你能够想出来怎么画出结构图，填上G和A、B、C吗？其实这段社论和之前习主席关于“实事求是”的重要讲话一样，是符合标准结构的，图2-2是其相应的结构图。

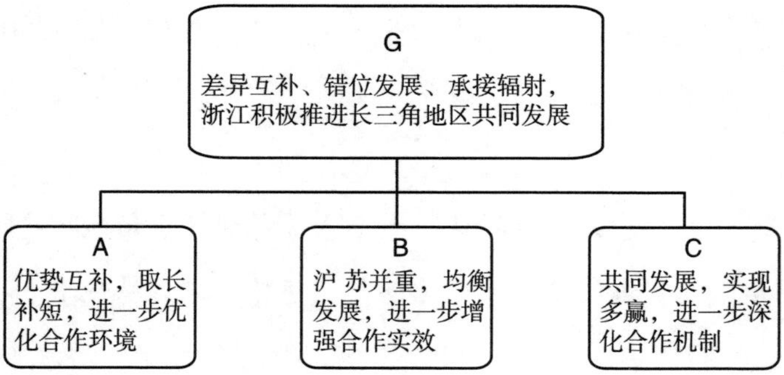

图2-2 社论节选的结构

G就是文章标题，A、B、C就是下文3个分段的第一句话。A、B、C这3个论点因为共同支撑上面G这个结论，而被列在了一起。这里是让大家感受一下A、B、C这一级的目录在整个结构之中的位置和作用，后文还会详述如何设计A、B、C。这篇社论和之前关于“实事求是”的重要讲话一样，严格按照结构性思维的观点进行布局，并且同样是每段的第一句话就是可以填进结构图的内容，至于为什么，后文会进行解释。

至于第四层级的内容，那就很明了了。其实就是对上一层级内容的具体描述或者是上一层级思想的具体表现。如果是议论文，那么A1、B1、C1这一层级就是具体的论据，用来具体论证相应的论点，这从上面那篇社论的例子中就能看出。那么，为什么仍然区分出A1、A2、A3呢？因为在情况相对复杂，或者层级比较多的时候，这一层级也不能随意搭建，而需要做出相应的结构。设计这一层级的逻辑和A、B、C那一层级是一样的。

这一节简单概述了结构性思维的标准结构图，但只是就图讲图。后面几节的内容将介绍结构性思维的四大核心原则。

第二节　四大原则之结论先行

从本节开始介绍结构性思维的四大核心原则，分别是结论先行、分类清楚、排序逻辑及上下对应。现在首先从“结论先行”开始阐述。

一、什么是结论先行

所谓结论先行，就是在进行表达的时候需要把结论放在前面，就像在结构性思维的标准结构图中，要把中心思想G放在首位一样。在之前习主席关于“实事求是”的重要讲话和《人民日报》社论的节选中，每一小段的第一句就是这一段的结论或是这一段想要表达的中心思想，即是结论先行的典型代表。大标题，也就是中心思想G，是放在最前面的。每一段的段首句其实就是这一段的中心思想G，也是整体结构中的A、B、C。这样的结构安排可以让文章的整体结构看上去非常整齐、有序。而在日常沟通和处理事情的时候，也应该把结果或最终目标放在前面。例如，在通知同事们更改会议时间的时候，肯定要把最终的会议时间放在最前面说，至于更改时间的原因，或许太多太杂，或许不必进行解释。

二、为什么要结论先行

结论先行之所以要作为一个结构性思维的原则进行特别交代，是因为它有违人们平时思维的顺序。仍以更改会议时间这件事为例，一般都是先知道各种各样的更改原因，如董事长临时改了时间、会议室使用冲突、会议内容没能准备好等。然后，才得出需要更改会议时间的结论。因此，平时思维的顺序是因在前，果在后的。既然结论先行是违反思维顺序的，那么为什么要结论先行，先说中心思想呢？以那篇《人民日报》社论的节选为例，稍加分析，即可发现，遵循结论先行的原则之后，能够更好地记忆和理解文章内容。

在工作中常常有这样的痛苦经历：当向主管进行工作汇报时，还没汇报完，就被他直接打断了，提了几个问题，然后就有些不耐烦，要求重新整理；而当下属向我们汇报工作时，他往往讲了半天，仍没有切入主题，我们也不清楚他所阐述的核心内容是什么，到底想要说明什么。实际上，这种情况大量存在于各种各样的汇报和会议中，问题没有说清楚，就没有办法做出决策，更谈不上有效地执行，从而造成大量的人力和物力等资源的浪费。因此，就实际应用而言，遵守结论先行的原则就是为了解决上述的类似问题。①

至于为什么会出现这些问题，其实与大脑记忆和思考的极限有关。乔治·A·米勒博士在20世纪50年代就为我们找到了答案。米勒博士是美国国家科学奖的获奖者之一，1956年他在《心理学评论》杂志上发表了一篇名为《神奇的数字7±2》的文章。这篇文章中提出的观点，至今仍然被广泛引用。米勒的观点基于这样一个实验：给被试一组数据（或颜色、声音、气味等），结果发现多数人只能记住7样左右，而且通常是开头和结尾记得比较牢，中间的部分被忘得很快。所以米勒在论文中提出：多数人的短期记忆一次只能记住7个左右的信息模块，有的人能记住9个甚至更多，有的人只能记住5个，当然这些都是少数。同时，米勒也指出，大脑比较容易记住的是3个，当然最容易记住的是1个。

在日常工作和生活中，人们所要沟通、交流、分享的素材、模块、内容特别多，远远超过在短时间内所能记住的范畴。因此，必须遵循结论先行原则，把结论放在开头说，这样对方才更容易记忆你想要表达的主题，并理解后面所表达内容的目的。

---

① 曲智男.图谋职场——思维导图实战手册［M］北京：电子工业出版社，2010.

三、什么时候必须结论先行

结论先行是结构性思维的四大原则之一，非常重要，但是在我们的生活当中，必须结论先行吗？其实，很容易举出种种反例来证明不需要结论先行。那么到底什么时候应该结论先行呢？在这里也为大家进行了总结，即在信息复杂、时间紧迫和受众需要这三种情况下，必须结论先行。

（一）信息复杂

关于这一点，上文已经具体讲述过了，大脑的记忆是有极限的，如果信息太多就很难抓住重点并记住，特别是在口头沟通的时候。毕竟在阅读的时候，如果没有记住或没有理解，还有机会返回去再看，但在口头沟通的时候就很难做到这点。而在平时的生活和工作中，最常见的恰恰为口头沟通。下面以实际工作和生活中的案例来具体说明一下。

结构案例

假设需要向领导申请调入一个成熟的设计人员，以保证项目按时完成，这中间有这样一些信息会出现：

1. 客户刚才又来电话询问项目的进展了，这次的设计项目时间紧，压力很大，恐怕下个月完不成，要延期了。

2. 老孙是项目组年龄最大的，和客户也熟悉，但技术水平一般，也常出些小错，我不放心。

3. 张泽是项目经理，经验最多，但刚刚结婚，下周就要休婚假了，也得十多天。

4. 我也问了HR（人力资源部门的工作人员），部门要招的人目前还是没有合适的候选人，其实即使招到了，在这个项目上也来不及了。

5. 新毕业的小王很努力，但在项目上的经验确实不足。

针对以上这些信息，应该如何跟领导汇报呢？

很显然，这个时候如果把前面的五点信息都先给领导说一遍，领导很可能在中途就会打断："你到底想说什么？"所以必须先给领导说结果："为保证项目按时完成，能不能再派来一个成熟的设计人员？"然后再向领导说明原因，这样效果会更好。

（二）时间紧迫

其实时间紧迫也是基于对记忆和理解的要求。因为记忆和理解的时间有限，表达者没有充分的时间去说明，接收者也没有充分的时间去记忆和思考。这就需要做到结论先行，省去说明和思考的时间。可能很多人都知道"电梯原则"，但也许有人不太清楚，这里不妨再了解一下。

结构故事

假设你是某个咨询公司的经理，为了一个重要的项目，你们团队日夜工作了3个月，准备了厚达300页的报告，包括7个建议、36个改进措施和8套详细的实施方案。为了证明这些结论，你们还准备了5本数据分析和调研报告的附录，当然还有几箩筐的原始资料。

客户对提案也非常重视，安排了公司所有的高管出席，并请到了CEO（首席执行官）和董事会的主要成员，你们当然更加兴奋，又将报告打印成彩色文稿，并刻录了光盘以便发给与会者。

汇报提案的前一个晚上，你们团队再次检查了所有的文字以确保拼写无误，然后早早睡觉，以便保证足够的精力。

提案当天，你们神采奕奕，准时到达客户会议室，做好一切准备工作。CEO和高管们也已经落座，他们将目光投向你，期待着你精彩的报告，你也清清嗓子，开口说："女士们，先生们，尊敬的CEO×××先生，今天我们……"

突然董事会秘书匆匆走进办公室，对CEO耳语几句，他对你点头表示歉意后离开会议室，5分钟后，他回来说道："非常抱歉，今天的报告不得不终止，因为我们有一个非常紧急的事情，我必须马上去纽约。"

在你们无奈的眼神中，他们匆忙离开。然而，就在CEO冲进电梯的那一刻，“等一等”，他当住电梯门，对你招手，“能否利用我到停车场的时间，说说你们报告的主要内容？”

就这几分钟？你必须说出报告的主要观点，还要争取他的认可和支持？你感觉血一下子冲上脑门，然而，没有第2次机会了，马上冲进电梯，门一关上，你就转过身对着这一群人说：“我们认为……”

资料来源：知乎网（www.zhihu.com）

这属于时间紧迫的极端情况，也是最经典的例子。在这个时候，你无论是说明报告内容，还是要引起对方兴趣，或是要激发对方思考，都需要高度浓缩，并且把结论放在前面讲，不然在这么短的时间内，说些无关紧要的内容，对方根本无法理解。

（三）受众需要

无论通过口头还是书面方式，要想让对方理解我们表达的内容，都应该站在对方的角度去思考我们应该怎么表达。如果你是听众，你是希望对方把十分复杂的情况都交代一遍，却没有个主题或结论，还是希望对方把结果先说清楚，再慢慢交代背景呢？应该都希望是第二种情况吧。即使你没有结论，而是希望领导给一个结论，那么这个希望就是此刻的主题。假设你是普通员工，敲门进了领导的办公室，向领导汇报：“×××的产品降价了2%，我们的市场占有率下降了，但是销售成本却比以前高了0.5个百分点。”如果仅仅把话说到这里，领导会是什么反应？他可能会想：这个员工到底想要说什么？是让支持降价，还是需要自己调查一下销售成本升高的原因，或者仅仅告知一个现状？

按照结论先行原则，应该怎么做？你应该想好结果或目标是什么，比方说你需要领导支持你降价2%，但是你不确定可不可以。那么在走进办公室，陈述现状前，你应该先告诉领导，今天想请领导确定是否可以让产品售价下降

2%。然后再陈述理由，因为竞争对手的产品降价了2%，直接导致我们的市场占有率下降了，虽然销售成本会上升0.5%，但是你觉得降价势在必行，所以想来征求领导的意见。这样表述之后，领导才会清楚你的需求，而你已经也把要陈述的内容都说清楚了。

这个例子其实不但说明了对于受众而言结论先行的必要性，而且体现了结论先行的重要性。

第三节　四大原则之分类清楚

上节说明了结构性思维四大原则中的第一个原则——结论先行。在大脑存在极限的情况下，应该把结论放在前面进行阐述，特别是在信息复杂，或时间紧迫，或受众需要的时候。现在继续介绍第二个原则——分类清楚。

一、什么是分类清楚

在标准结构图中，存在一些横向排列的模块，这些模块之间可能存在分类，如A、B、C之间可能存在分类，A1、A2、A3之间也可能存在分类。

要了解“分类清楚”这个概念，首先得学会分类。俗话说：“物以类聚，人以群分。”分类是一种重要的科学方法。所谓分类，是将某个整体（不论是客观存在的还是概念性的整体）划分为不同的部分。因此，分类是为了确定整体和部分之间的关系，这正是结构性思维的一种应用。

分类其实就是分门别类，简单来说，就是在对整体进行划分时找一个合理的标准。例如，日常生活中常见的一些分类方式：按时间可以分为事前、事中、事后；按季节可以分为春、夏、秋、冬；按行业可以分为食品业、家电业、IT（信息技术）业等；按地区可以分为华北、华南、华中等；按业绩可以分为0~50万元，50万~100万元，100万元以上。这些分类都有一个合理的标准，即时间、方位、大小等。

了解了分类的概念后，再来看什么是清楚。在词典当中，“清楚”有很多种意思，如了解、清晰等。分类清楚中的“清楚”是指清晰、明白、有条理。那么，什么可以称作分类清晰、明白、有条理呢？我认为分类应当做到不重叠、不遗漏。

二、为什么要分类清楚

分类清楚看似简单，但其实是思维是否清晰、是否结构的重要体现。生活当中处处都有分类，如垃圾要分类，图书馆中大量藏书被分类摆放，商场的不同楼层有不同类型的商品也是分类。那么为什么要进行分类呢？

从思维的角度看，分类清楚可以使结构性思维不再是对问题的机械肢解，而是对其内在逻辑的体现。分类充分体现了思维的逻辑性、结构性，使得思考更有条理。

从分析的角度看，分类清楚有助于尽可能地考虑周全，将一个概念或一件事充分解构，从相关的各个方面去审视和分析。

从使用的角度看，分类清楚可以使复杂的事物简单化。试想一下，如果没有分类，我们如何能在书籍浩瀚的书店或图书馆中轻松找到我们想要的书籍呢？

三、如何才能分类清楚

既然分类清楚是结构性思维的原则之一，又有那么多的好处，那么如何能做到分类清楚呢？可以借用MECE分析这一方法，它能够使得分类更清楚。

MECE，是“Mutually Exclusive，Collectively Exhaustive”首字母的缩写，中文意思是“相互独立，完全穷尽”，它是芭芭拉·明托在金字塔原理中提出的一个很重要的方法。MECE分析意味着将问题细分为明确的、没有重叠的子问题，同时确保所有相关问题都已考虑在内。[①]不妨先将ME（Mutually Exclusive，相互独立）和CE（Collectively Exhaustive，完全穷尽）拆开来看。

相互独立要求各部分之间相互独立，即分类是在同一标准（或维度）上，并有明确区分，不可重叠；完全穷尽是指所有的部分都完全穷尽，这意味着全面、周密，没有遗漏（如图2–3所示）。

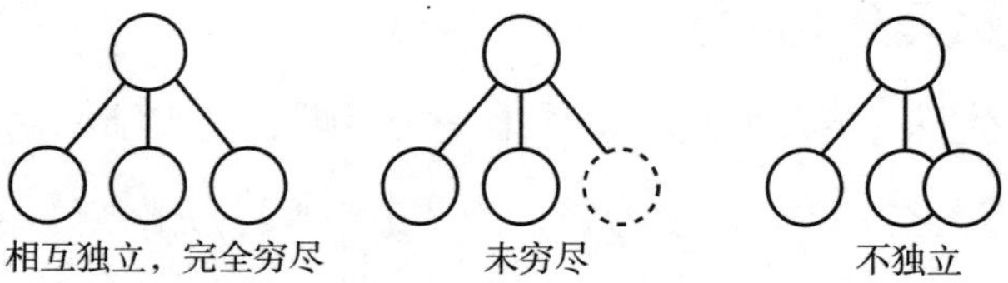

图2–3 “相互独立，完全穷尽”的示意图

MECE分析要求分类做到这两点：相互独立和完全穷尽。如果分类满足这两点，那么就意味着将某个整体划分的不同部分相互独立并不重叠、完全穷尽没有遗漏，也就是说此时的分类是清楚的。

例如，将“人”这个概念用MECE分析来分类，可以分成男性和女性（如图2–4所示），也可以分成大人与小孩（如图2–5所示）。但是，如果划分成男性和大人（见图2–6），因为大人里面也包含男性，这就产生了重复，而且这种分类还遗漏了小孩和女性（这里不考虑男性、女性之外第三种人的情况）。

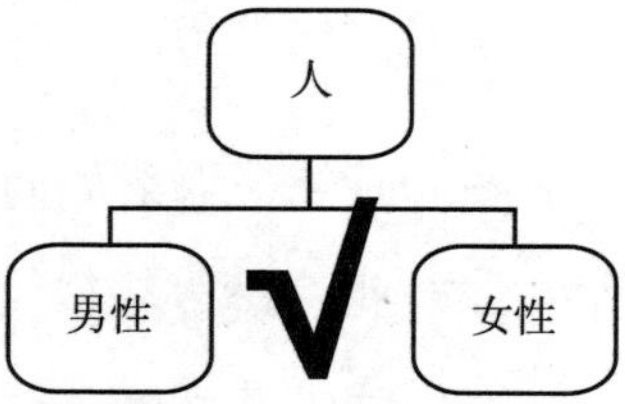

图2–4 按男女性别分类的结构图

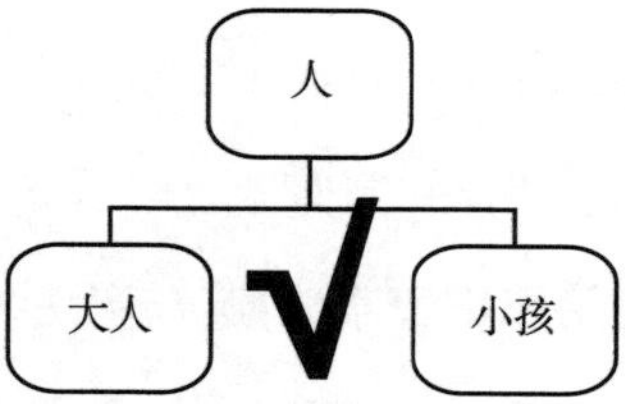

图2–5 按年龄大小分类的结构图

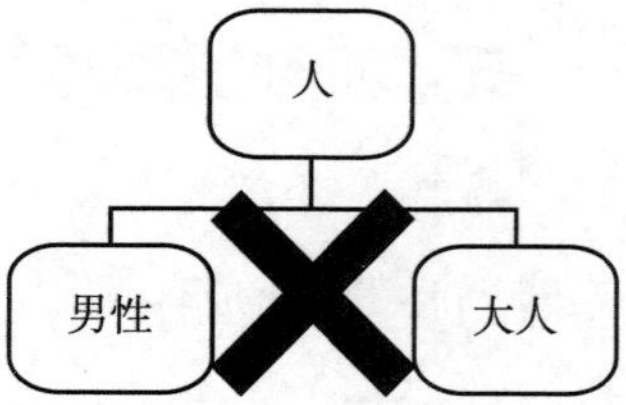

图2–6 错误的分类

① 程爱学，徐文锋．麦肯锡咨询方法［M］．北京：北京大学出版社，2008.

第一章第四节中提到的五力模型，也是分类清楚的一个典型代表。模型的创始人麦克·波特将“公司在行业中的竞争力”这个中心思想，分解成5个具有MECE性质的关键要素——五力，它们分别是“潜在进入者的威胁力”“替代产品或服务的威胁力”“供货商的议价能力”“购买方的议价能力”“现有对手的竞争力”。这个分析架构的作用在于，只要能够掌握五力关系，就能够理解影响产业的力量。

实际上，那些涉及分类的经典模型，都符合MECE分析，各个部分相互独立、完全穷尽，它们都是分类清楚的。因此，分类清楚对于分析和处理问题而言非常重要。

第四节　四大原则之排序逻辑

前面两节介绍了结构性思维四大原则中的结论先行和分类清楚，现在继续介绍第三个原则——排序逻辑。

一、什么是排序逻辑

遵循分类清楚的原则，可以将整体分成很多相互独立、完全穷尽的部分。但到这里并没有结束，把哪个部分放在前面，先思考，先表达；哪个部分放在后面，依次考虑，这也应该有逻辑，有结构。与了解“分类清楚”前先理解分类的概念一样，在了解“排序逻辑”之前，也应该先知道一下排序的概念。

排序，又可称作排列，指置于正确、方便或适宜的次序，也有安排布置的意思。如果说分类是为将整体划分成部分提供一个合理的标准，那么排序就可以理解为为部分的摆放次序提供一个合适的标准。

什么是排序逻辑呢？例如，在单位举行的员工大会上，主持人会介绍：

“出席本次会议的公司领导有……”这里人物介绍的顺序是有讲究的，通常都会按照职级进行排序。按照职级排序就是排序逻辑的一种体现。

综上所述，排序逻辑实际上就是指整体的各个部分之间摆放次序的标准是合乎逻辑的，而不是杂乱无章的。

二、为什么要排序逻辑

排序逻辑也是客观要求，是遵循某种规律、规则的体现。上文中提到了员工大会上对公司领导的排序，这本身是公司秩序的客观要求，一旦私自改变了这种排序，就可能影响公司的发展。同样，对于春、夏、秋、冬这样的时间顺序，如果颠倒了，而以夏、春、冬、秋来进行排序，就违反了自然的客观规律。

排序逻辑是人脑思维的自我要求。其实每个人从小就开始排序训练，最早建立排序的概念是从数数开始的。刚开始从1数到3，后来能从1数到10，慢慢就能数出更多，这种从小数到大数的排列就是一种逻辑排序。现在表达也好，分析处理问题也罢，能够进行有逻辑的排序，其实是从小训练的结果。如果排序不够逻辑，可能就是因为从小对于排序的训练相对较少。

排序逻辑也是让受众更容易记忆和理解的一种方式。在文章中，常常使用“首先、其次、最后”等关联词，这种排序本身就是逻辑的。使用这些关联词，进行这样一种逻辑排序之后，受众就很容易清楚我们所描述事情发生的前后顺序。即使没有这类关联词，与描述事情时候的忽前忽后相比，遵守一定的逻辑来表述，是不是也能让对方更容易理解呢？

结构案例

同一个故事有以下两种不同的讲法。

第一种：王子说服了国王，迎娶了邻国的公主，他们过上了幸福美满的生活。几个月前，王子跟女巫进行了旷世的决斗，最终杀死了女巫。在这之前，王子每天辛苦练习剑法，用剑的能力不断提升，因为之前这个女巫不允许王子和公主的恋爱，这让王子想要除掉这个女巫。对了，这个故事发生在一个古老的王国。

第二种：从前有一个古老的王国，王子爱上了邻国公主。但是邪恶的女巫不允许王子和公主在一起。那怎么办？王子通过各种方法最终和公主走到了一起。他每天苦练剑法，努力提高自己的剑术，获得了和女巫决斗的能力。王子同女巫进行了旷世决斗，杀死了女巫，并最终说服了国王，迎娶了邻国的公主。

资料来源：范文之家（www.fwjia.com）

这个故事如果按第一种顺序进行表述，读者肯定不知所云，需要很长时间才能理清逻辑，明白故事到底讲的是什么。可是换一种表述的顺序就不一样了，立刻简单易懂，让人一眼就知道故事所表达的意思。因此，遵守排序逻辑的原则可以让人更容易理解。

综上所述，排序逻辑不但是客观规律的要求，还是每个人从小就开始训练的思维方式，能让受众更容易理解和记忆，所以在结构性思维中必须运用排序逻辑这一原则。

三、如何做到排序逻辑

上文已经提到，排序逻辑实际上就是指摆放次序的标准是合乎逻辑的，这种逻辑不但是客观要求，而且每个人从小就开始训练。所以排序逻辑其实不难，只要掌握现有的一些符合逻辑的标准就可以了。比如：

按照逻辑学概念排序，包括从现象到本质、从一般到特殊……

按照时间排序，包括事前、事中、事后，春夏秋冬，从早到晚……

按照方位排序，包括东西南北、上下左右、从前到后……

按照数字排序，包括从多到少、从小到大……

按照重要性排序，通常是从主要到次要，也可以是层层递进……

按照职级排序，一般都是从高到低。

也有一些其他排序方式，如按笔画数目，按首字母排序等约定俗成的排序方式。这种约定俗成，其实也符合思维的内在逻辑。

排序的方法肯定不局限于上面所举的这些，只要在生活和工作中善于发现和总结，一定会得出更多的排序标准，从而更好地进行思考和表达。

第五节　四大原则之上下对应

前面三节阐述了结构性思维四大原则中的前三个：结论先行、分类清楚和排序逻辑。现在继续介绍第四个原则——上下对应。

一、什么是上下对应

要想了解什么是上下对应，就得先回到标准结构图中，看看哪里存在上下级的关系。

从图2–1中不难发现，序言和中心思想G之间似乎是有上下级关系的，G和A、B、C之间，A和A1、A2、A3之间，以及B和B1，C和C1这一层级也存在上下级的关系，当然就某种意义而言，A和B1之间也是上下级的关系，而上下对应就应该存在于这些上下级关系之中。

现在上下对应中的“上下”就很容易理解了，它是指结构性思维中的上一层级与下一层级。那么什么是对应呢？词典中给出了两种解释：一是一事物与另一事物的情况一致；二是针对某一情况的，与某一情况相应的。很显然，这里所说的上下对应的“对应”应当取第二种解释。因为第一种解释“一事物与另一事物的情况一致”，通常存在于并列的结构中。当然，结构图中也可能存在这种情况，那就是A、B、C之间或A1、A2、A3之间可能是一致的。而在上下层级之间，如果出现一致的情形，那么很有可能就是表达重复。

这里再重点看一下第二种解释“针对某一情况的，与某一情况相应的”，把这个解释放在标准结构图的上下层级中，就会发现两点。第一，A、B、C的内容是要针对G的，也就是下一层级是要针对上一层级的，与上一层级相对应；第二，A和B1之间是上下级关系，但并不存在对应关系。例如，总监是主管的上级，即存在上下级的关系，但是甲公司的总监却不能给乙公司的主管直接下达指令，因为他们不存在对应关系。

这样一来，再来解释什么是上下对应，就比较容易了。它是指下一层级是针对与其直接的上一层级的或者下一层级与直接的上一层级是相应的。这个解释有点拗口，简单来讲，上下对应就是指直属的上下两级存在“针对”和“相应”两种关系。

什么叫“下一层级是针对与其直接的上一层级的”呢？就是上一层级如果是，对一个女孩子说“我爱你”，针对这一层级的下一层级应当是“我爱你”的理由，而不能在说完“我爱你”之后说一堆与这个女孩无关的特质，甚至是“我恨你”的理由。这是原因和结果之间的针对或对应关系。

那什么是“下一层级与直接的上一层级是相应的”呢？例如，去超市购物，列了一张采购清单，清单的第一层级是肉类、蔬菜、生活用品，那么与肉类相应的下一层级就是牛肉、羊肉、鱼肉之类的，蔬菜下面就是菠菜、韭菜、豆苗等，而不应把菠菜写在肉类的下面。

这样一来，就很容易理解上下对应中的“针对”和“相应”这两种类别了。“针对”多属于因果关系，“相应”多属于从属关系。因此，还可以把上下对应简单地理解为上一层级和直接的下一层级之间有着直接的因果关系或从属关系。从结论先行的角度来讲，通常上一层级是果，下一层级是因，下一层级从属于上一层级。

二、为什么要上下对应

了解了上下对应的概念之后，再来看看为什么要上下对应。

上下对应是人脑天生的反应。在介绍为什么要排序逻辑的时候，我们说这是从小训练之后，大脑的自然要求。上下对应则与之不同，进行上下对应并不是后天训练的结果，而是大脑天生的反应。这里不妨再回想一下自己小时候，或者留意一下身边的小朋友，在看到什么东西，或者遇到什么事情的时候，是不是总会问“为什么啊”，如“为什么飞机能上天啊”“为什么我们要吃饭啊”“为什么今天看不到太阳公公啊”，等等。做家长的常常被问得哑口无言。这和教孩子数数、排序不一样，小孩子好像天生就是好奇宝宝。其实这种追寻“为什么”的过程，就是一个上下对应的过程，是上下对应中的因果关系。我们也正是在这种不断探寻因果关系的过程中进步的。例如，在知道蝙蝠为什么能在黑暗里活动之后就发明了雷达。

既然上下对应是人脑的天生反应，即在提出一个观点的时候，对方脑海中自然闪过的一个问题就是“为什么”，那么如果在思考和表达时能够做到严格上下对应就能更好地说服对方接纳我们的观点。

例如，你要向一个女孩子求婚，你对她说：“嫁给我吧。”不论这个女孩愿不愿意，她都会思考一个问题，为什么要嫁给你啊。这时，如果你之后的言行举止不能很好地回应她脑海中的这个问题，那么结果可能就不那么美妙了。

再如，你向领导写了一封邮件，请款招待某个客户，那么领导收到这封邮件时可能就会思考两个问题：一是这个客户值得招待吗，你为什么要招待他，而不是别人？二是为什么招待他需要领导出钱？所以如果你想使邮件内容与主题上下对应，就要尽可能地回答这个主题下存在的各种因果关系，这样才能更好地说服对方。

说得再明白一点就是，如果你的事实和理由能够上下对应地支持你的观点，那么对方就更容易接纳。而且，如果我们在对话或者汇报的过程中，只给了上一层级，没有说明下一层级，也就是只给了结果，没有说原因，对方就会思考导致这个结果的原因是什么呢。这时候对方因为陷入自己的思考之中，而无法紧跟你下面的内容。因此，应该尽可能地顺着对方的思路走，在给出结论时，一并阐述其原因和论证过程。

上下对应也是有知识、有逻辑的重要体现。试想一下，在去超市买东西时，如果你把韭菜放在肉类的下一层级中，别人会怎么看？即使是粗心大意也不可能犯这样的低级错误，肯定是智商太低。所以如果我们对上一层级做了分类，而下一层级的内容又不在直接的上一层级的分类中，就可能说明我们知识欠缺或者逻辑太差。

三、如何做到上下对应

在写“上下对应”这一节内容的时候，我想起了有一次和朋友们一起聚餐时玩的一个小游戏，名字叫“菜园、果园、动物园”。

结构游戏

开始的时候大家一起说：“星期天逛公园，什么园？”然后起头的一个人说：“动物园。”那么接下来的人就要依次说一个动物的名字，这中间不能停顿，不能重复，不能说别的类别中的东西。说错的人就要被罚酒。如果起头的人说菜园或者果园，那么接下来的人就要说蔬菜或者水果的名字，以此类推。

这个游戏其实在考验喝了酒以后大脑诸多方面的能力，如记忆力，前面别人说过的你不能再说了；如反应力，轮到的时候必须毫不犹豫地说出；如这里所讲的上下对应能力，当说菜园的内容时，就不能把桃子、西瓜这些果园里的东西说出来。

这个游戏说明了如何做到上下对应的重要环节，首先你得有知识。倘若在我们的知识体系中，没有很好地区分水果和蔬菜，那么一定玩不了这个游戏。

其次，做到上下对应很重要的一步是，有上一定要有下，有下一定要有上。上下同时出现才有可能做到对应，否则只有上或只有下，又何谈上下对应呢？只要出观点、出结果、出结论，就必须跟事实、跟原因、跟论证。这是为什么呢？你们看，我刚刚只给了结论，你们就问为什么，同样的道理，如果你在与别人沟通的时候只给了结论，别人也会想问为什么。这就是上文所讲的大脑天生的反应。因此，我们在给出了上一层级之后，一定要有下一层级。

最后，做到上下对应的最重要的一步就是要站在受众角度反过来思考：这样对应吗？即在实际的操作过程中，要回过头来检查一下有没有上下严格对应。例如，在给出结论和论证之后，再想一想这样的论证是否真的能够推导出结论。如果能，那么论证的严谨性体现在哪里；如果不能，那么哪里存在缺失或不足。只有这样反过来再检查一遍，才有可能确保上下对应。

本章小结

本书的第二章，主要介绍了结构性思维中的标准结构和四大原则。

第一节简单介绍了结构性思维的标准结构——金字塔结构。

第二节详细说明了四大原则中的结论先行。结论先行是指在大脑存在极限的情况下，应该把结论放在前面进行阐述，特别是在信息复杂，或时间紧迫，或受众需要的时候。

第三节讲的是四大原则之一的分类清楚。分类清楚是指在对一个整体进行分类时，要确保不重叠、不遗漏，这样可以使思考更周全，并将复杂问题简单化，充分体现思维的结构性。

第四节具体说明了排序逻辑这一原则。排序逻辑是指整体的各个部分的摆放次序的标准是合乎逻辑的。它是客观规律的要求，是我们从小就开始训练的思维方式，也更容易让受众理解和记忆。

第五节介绍了四大原则中的最后一个原则上下对应。上下对应通常表现为上一层级是果，下一层级是因，下一层级从属于上一层级。上下对应既是大脑思维反应的客观要求，也是有知识、有逻辑的体现。

本书写到这里，基本上概念性、概述性的内容就介绍完了，下面进入具体应用的环节。相信后面的内容会对大家有很多帮助。

第三章
深入结构性思维

第一节 "纵""横"两种子结构

一、标准结构中的子结构

前两章，分别从结构性思维的概念和原则两个方面介绍了结构性思维的相关内容。从这一节开始，会深入结构性思维，介绍标准结构中的子结构。

事实上，在标准结构——金字塔结构中，还存在三种子结构，分别是主题和子主题之间的纵向结构（也就是A和A1、A2、A3之间的关系），同一主题下子主题之间的横向结构（也就是A1、A2、A3之间的结构），以及序言的结构（如图3-1所示）。

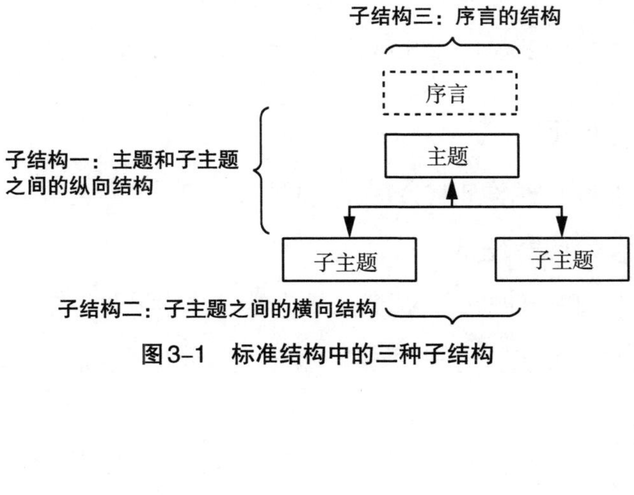

图3-1 标准结构中的三种子结构

由于序言不是标准结构中必需的部分，所以把它放在了下一章进行阐述，这一章详细分析前两个子结构，即主题和子主题之间的纵向结构、子主题之间的横向结构。

二、上上下下的纵向结构

结构性思维的四大原则之一是“上下对应”，可以理解为上一层级和直接的下一层级之间有着直接的因果关系或从属关系。从结论先行的角度来讲，通常上一层级是果，下一层级是因，下一层级从属于上一层级。

在实际生活和工作的应用之中，这种上下对应通常存在两种情况：一是先有结论，再去找论证，这种情况可以看作自上而下的纵向结构（如图3–2所示）；二是先有内容，再去下结论，这种情况可以看作自下而上的纵向结构（如图3–3所示）。

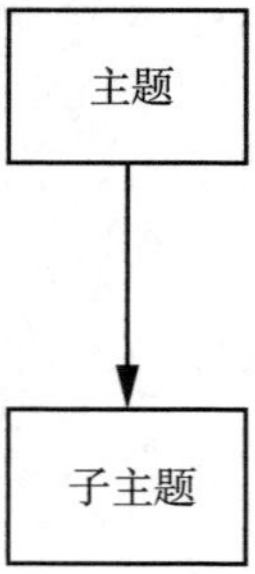

图3–2　自上而下

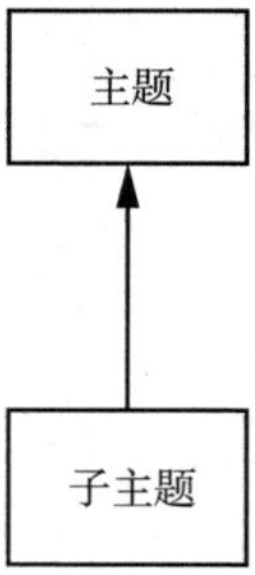

图3–3　自下而上

（一）自上而下

自上而下的纵向结构通常会有以下3种情况。

1. 命题作文（或报告）

这是最常见的一种情况，每个人从小学就开始学习写作文，其中非常重要的就是命题作文。老师定一个题目，让学生依此写出相应的作文。例如，题目为“春天来了”，那么相应的文章内容就要介绍“春天来了”的各种表现，如积雪融化了，迎春花开了，小草发芽了，柳树绿了，燕子飞回来了，小朋友出去春游了等，画成结构图（如图3–4所示）。

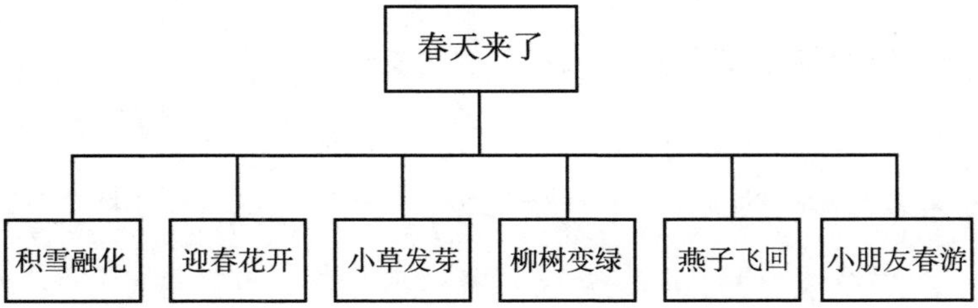

图3–4　“春天来了”的结构图

2. 主题辩论（或演讲）

这种情况实际上是把命题作文或者报告这样一种书面形式转为了口头表达形式。例如，辩论题目为“当今社会合作和竞争何者更重要”，持“合作比竞争更重要”这一观点的一方就需要寻找论据进行论证。这些论据和观点（结论）之间的关系就是上下关系，由结论出发去找论据的过程就是自上而下的过程。

3. 询问和回答

第二章中提到过，在向受众传递新的信息时，对方会很自然地产生一些问题：为什么会这样？怎么才能这样？这时候就需要为他做出解答，这种问答实际上也在进行自上而下的对应。

A对B说：“你活得这么失败，大概因为你是个好人。”

B问道：“为什么这么说？”

于是，A说了三个理由：“第一，你孝顺父母；第二，你永不言弃；第三，你善于社交。”

B又不解地问道：“这些明明是好事，怎么会导致活得失败呢，你为什么这么说？”

A接着说：“孝顺父母会导致你按父母的意图去走人生的路；你可能在错误的方向上永不言弃；你把精力花在了变得更受欢迎上，才更善于社交。”

相信许多人在听到A所说的前两句话时也产生了和B一样的疑问“为什么这么说”。虽然A的观点有走极端之嫌，你可能不同意他的论证和结论，但是可以从其过程中看出这种自上而下的，不断产生疑问，不断回答疑问的结构来。如果把以上对话画出结构图，即如图3–5所示。

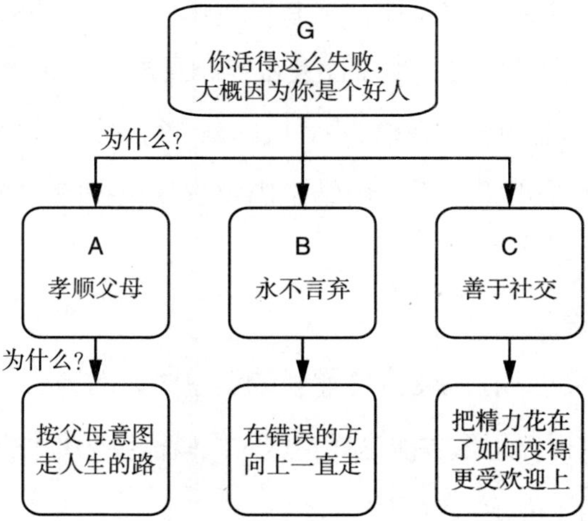

图3–5 结构图

（二）自下而上

正如推拉门在一般情况下既可以向内推，也可以向外拉一样，有自上而下的结构，就会有自下而上的结构。

自下而上通常为进行概括和总结的情况。这也是小学语文中经常训练的一种技能，题型通常是给文章添加标题、总结段落大意、概括中心思想等。例如，概括下面一段材料的主要内容。

钛合金强度大，重量轻，耐热性能好，适用于船只、汽车、航空航天工业，被人们视为未来材料。新型波音777客机采用了约9%的钛合金材料。然而，钛合金的加工难度极大，如加工一个钛合金船用涡轮压缩机轮需要50个小时，而加工一个铝合金的同样部件仅需5个小时。德国布伦瑞克大学的科学家采用了一种专门热处理方法，将氢原子渗入材料，掺氢的钛合金相对软化。对软化的钛合金进行切削加工，加工设备所承受的机械和热负载明显降低，切削力仅需过去的50%，大大降低了加工成本。加工完毕后，再经专门的热处理工序，材料的特性则回到原先状态。科学家称，该方法非常适用于大批量的钛合金铸件加工。

资料来源：魔方格网（www.mofangge.com）

这是一段说明性文字，全段共7句，其中第1句交代钛合金因其优势被人们视为未来材料，第2句是通过举例对前一句做具体说明，第3句出现表示转折的“然而”，是新信息出现的标志，交代了钛合金的不足是“加工难度极大”，第4句交代“德国布伦瑞克大学的科学家采用了一种专门热处理方法”，降低了加工难度，第5句交代了这种方法可以大大降低加工成本，第6、7句具体解释说明这种热处理方法的过程及意义。在自下而上进行概括和总结时，就可以放弃次要的信息即解释说明的句子，留下主要信息即总结性的句子，放弃第2、6、7句，将第1、3、4、5句的内容综合提炼，用一句话表述出来可以是：钛合金被视为未来材料，但加工难度大，德国科学家采用专门热处理方法降低其加工难度及成本。

这样一种总结概括就是自下而上的过程。

在下面的内容里，会详细介绍自上而下和自下而上的具体操作和案例。这里需要重点说明的是，无论哪一种情况，都应该遵循上下对应的原则，即通常上一层级是果，下一层级是因，下一层级从属于上一层级。

三、演绎与归纳的横向结构

在结构性思维的四大原则中，有两大原则和横向结构密切相关，它们分别是：排序逻辑和分类清楚。

在阐述排序逻辑原则时，列举了许多排序的方式，它们都可以用于横向结构之中。这里再介绍一种排序逻辑的方法，即按照演绎的顺序进行排序。例如，当把“我是鸟，我会飞”当作主题句或者结论句的时候，下面的论证要怎么排序呢？应当是，鸟会飞，我是鸟，所以我会飞。画成结构图，即如图3-6所示。

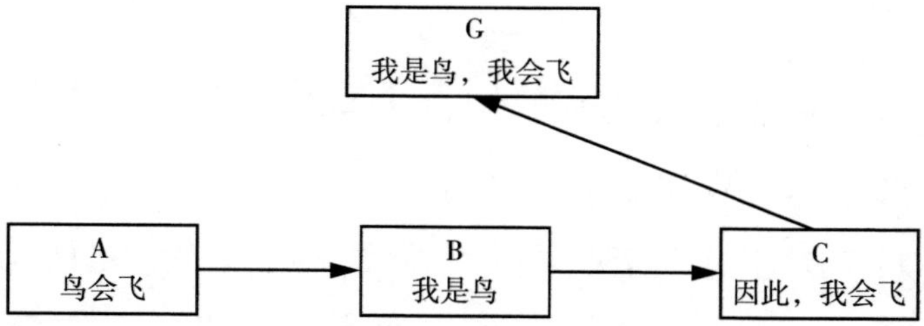

图3-6 “我是鸟，我会飞”的演绎结构图

这样一种排序的方式就是演绎。

在分类清楚这个原则中，主要介绍了MECE分析。其实，分类也和另一个逻辑学中的词汇相关，即“归纳”。有时，横向的子主题之间的排序可能不存在逻辑关系，它们仅仅是从属于同一个主题而已。这时要做的就是，把属于同一个主题下的子主题放在一起，这个过程就是归纳的过程，在标准结构图中

就是列出一个个横向结构的过程。

例如，在列采购清单时，清单的第一层级罗列肉类、蔬菜、生活用品，这一层级其实就是需要购买物品的类别，而与肉类相应的下一层级，则罗列牛肉、羊肉、鱼肉等，这些就是需要购买的具体物品，它们之间的排序没有严格的逻辑。

这个罗列的过程就是归纳，很显然归纳也属于一种横向结构。

以上对演绎和归纳进行了一个简单的介绍，本章的后面几节，会做详细介绍。

第二节　自上而下的询问和回答

一、为什么是询问和回答

上一节中介绍了自上而下纵向结构可能出现的 3 种情况，即命题作文、主题辩论和问答对话。但仔细想一想，其实命题作文和主题辩论这两种形式，也属于自问自答形式的对话。例如，2015 年北京市高考作文的题目是：请以“假如我与心中的英雄生活一天”为题，写一篇记叙文。在写这篇文章之前就需要问自己：“我心中的这个英雄是谁？一个人还是多个人？这一天我和他（们）在哪里，会发生什么事？我有怎样的感触？”同样，如果一道辩题放在面前，如“人性本善还是本恶”，那么在比赛前的准备中，支持人性本善的一方就要思考“为什么人性本善？怎么证明？哪些事例可以证明？”等问题，同时也要站在对方的角度去问自己：“他们会怎么说？本方要怎么反驳？”

因此，在自上而下的纵向结构中，本书重点介绍自上而下的询问和回答。这也是日常生活和工作中经常会遇到的问题：如果你是领导，下属来汇报工作，那么你肯定要问下属一些具体情况，以全面了解工作内容；如果你是下属，要向领导汇报工作，那么肯定要做好准备，不能到时候一问三不知……

同样，如果准备与客户进行沟通，也必须考虑到客户可能想要知道的方方面面，并且让客户对你的方案和表述产生兴趣：提出主题后，客户会对这个主题进行提问，而你的下一层级正好回答了这个提问，这样才能保证客户继续听下去。首先保证客户能听下去，听下去之后才有可能听懂，听懂之后才有可能接受。这三个层级从逻辑上缺一不可，也不可调整顺序，这就是纵向结构。

纵向结构在什么情况下使用？在传递内容较多的信息，并且想用这个信息说服对方的时候。怎么说服？就是回答在对方有可能提出的所有问题。注意，这是指在信息传递过程中对方有可能提出的所有问题，要站在对方的立场从上到下提问，并保证对方能够产生提出问题的可能。

二、五步做好自上而下问答的准备

这里先假定下属方或者甲方向领导汇报或向客户提案，来说明做好自上而下的纵向结构的五个步骤，它们分别是设定场景、明确目标、确定主题、设想问题和回答问题（如图3–7所示）。

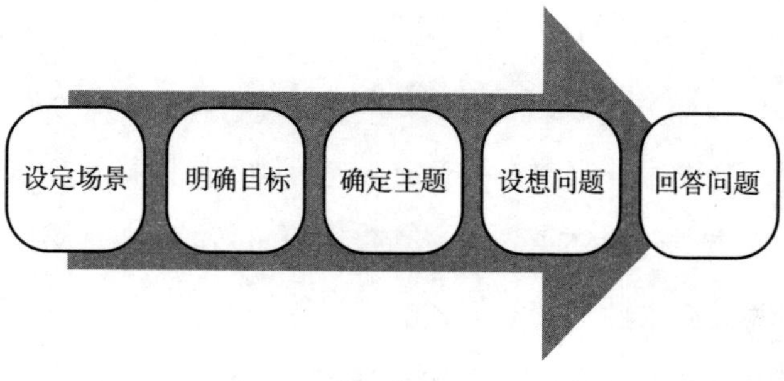

图3–7　自上而下问答的五个步骤

（一）设定场景

设定场景包括设定时间、地点、人物等，一定要想清楚自己与对方的身份。设定好情景才能组织你的内容。

同样的内容在不同的场景下，侧重点可能就不同。例如，同样是做对公司进行介绍的PPT（演示文稿），在大学里做校招时与向投资人招股时，所强调的内容一定是不同的。大学生比较关注个人待遇、福利、发展的空间，而投资人关注的是公司的发展和前景能够给他们带来什么收益。因此，第一步设定场景，特别重要，一定要防止出现目标和侧重点完全一样的内容应用在不同的场合。

（二）确定目标

这一步是紧接着设定场景而来的，场景不同，不仅内容会发生相应变化，目标也会大不一样。

例如，同样是确定开会时间，在和董事长沟通的时候，目标可能是征求他对开会时间的认可；在和一般参会人员沟通的时候，目标可能是促使他们准时参加。因此，在行动之前必须明确自己的目标是什么，始终不能脱离自己的目标。

前段时间特别流行以“世界那么大，我想去看看”这句话作为辞职的理由。如果你作为老板想要挽留员工，除了跟员工去谈“世界如何大？你准备去哪儿看”这样一些围绕“挽留”这个目标的问题，更要说明“钱包那么小，还是算了吧”这样直击目标的内容。

（三）确定主题

这里将“主题”定义为“发出新信息并引起对方疑问或兴趣的语句”。通常，人们会对什么样的语句产生疑问或兴趣呢？

1. 对未知内容容易产生疑问或兴趣

例如，把主题定为火星上发现生命存在。在此之前，对于地球以外存在生命体这一内容，大家几乎都是未知的。一旦提出这个主题，相信会让不少人产生疑问和兴趣。为什么会有生命呢？那里的生命体长什么样，会对人类构成威胁吗？类似的疑问就会接踵而来。

2. 对与自己切身利益相关的内容容易产生疑问或兴趣

例如，广告的作用就是尽量提及与消费者切身利益相关的问题，让消费者产生疑问或兴趣，以进一步了解该产品，乃至购买。有个产品的广告语大家肯定耳熟能详："他好，我也好。"有些消费者会觉得这个产品的作用与自己切实相关，于是就产生兴趣进而去了解这个产品，还会产生"这个产品怎么让我好呢"等问题。

3. 对别人都在关心的内容容易产生疑问或兴趣

例如，微信朋友圈里，如果有一篇文章的题目是"10亿人都同意这么做"或者"中国人都在转"之类的，许多人可能会点进去看一下或者想一想"是要怎么做""他们都在转什么"。

当然，还有很多情况会让受众产生疑问或兴趣，这里我只列举了三种，只是想说明应当确定一个让人产生疑问或兴趣的主题。

（四）设想问题

为了传递新的信息而进行的表述必然会使读者就其逻辑性产生疑问，如"为什么会这样""怎样才能这样"或者"为什么会这么说"，于是就可以事先想好针对这些问题的回答。

这里尤其强调的是，应设身处地站在对方的角度去想，对方可能会产生哪些问题。所谓设身处地其实就是要换位思考，即"如果我是他，处在他的位置，我会怎么看待这个问题，又会如何处理这个问题"。从字面上看，"设身"就是假设自己是当事人，"处地"就是处在当事人的地位和情境。说到底，就是要理解对方的认知层次，想要干什么，要达到什么目的，需要别人提供什么样的帮助，这样才能从对方的角度和需求入手。

（五）回答问题

作为表达者，你需要很好地解决上面所设想到的问题。

这里的回答一方面是要有层次、有逻辑的，在这个纵向下就回答这个纵向相应的问题，也就是要上下对应；另一方面，你的回答中仍然可以向读者传递他们不知道的新信息，这又使读者产生新的疑问，于是你再在下一层次对新的疑问做出回答。你不断地按照“引起对方疑问并回答疑问”的模式继续你的表达，直到你认为对方不会再对你新的表述提出任何疑问为止。

因此，要想吸引对方的全部注意力，必须掌握以下两点：

1. 如果你没有做好回答问题的准备，就应当避免引起对方的疑问；
2. 在引起对方疑问之前，一定要避免先提供对该问题的回答。

以上介绍了做好自上而下问答准备的五步，这里用一个例子简单串联一下。

场景：过年时，全家人一起吃饭。

目标：劝老人喝点红酒。

主题：适当喝红酒有利于老人身体健康。

问题：为什么过年一起吃饭要喝点酒，为什么要喝点红酒，为什么喝红酒对老人的健康有利，等等。

回答：适当喝酒可以活跃气氛，红酒可以软化血管、抗衰老，老人血管硬化更要喝一点红酒。

回答了第一层的问题之后，可能接下来又会有疑问，如为什么喝酒就可以活跃气氛，红酒是怎么帮助软化血管的，老人血管硬化的后果等。这个时候再接着往下延展和回答相应的问题。这样一步步说服老人喝一点红酒。这是一个场景和问题都相对简单的例子，以此为例是希望读者能建立一个初步的认识，再在未来的工作和生活中不断训练和强化。

三、问到多深和多宽

既然回答一层的问题之后，又会有新的问题产生，作为下属，要准备到何种程度才算比较完善；作为领导，该问到何种程度，才算全面了解相关信息了呢？

首先来回答“问到多深”的问题。从数学证明题的角度看，通常在问到公理、定理和已知条件的时候，就不接着往下问了。

（一）公理

公理是指依据人类理性不证自明的基本事实，它经过了人类长期反复实践的考验，不需要再加证明。在数学中，所有公理都无须证明。因为数学公理是在基本事实或自由构造的基础上为了研究方便而人为设定的。对于有些公理，人类仍无法用现有理论进行推导，如1+1=2。

在现实生活中，还有一类被视作公理而不需要证明的内容，那就是常识。也就是普通知识，即一个生活在社会中的心智健全的成年人所应该具备的基本知识，包括生存技能（生活自理能力）、基本劳作技能、基础的自然科学以及人文社科知识等，如知道地球是圆的等。

（二）定理

定理是用逻辑的方法判定正确并作为推理根据的真命题。定理一般都有一个设定——许多条件。它也有结论——一个在条件下成立的数学叙述。通常写作：“若条件……则结论……”例如，“平行四边形的对边相等”就是平面几何中的一个定理。

抛开数学上的定理，生活中还有一些内容，可以视作定理：

1. 法律、法规；

2. 规则、规矩；

3. 教材内容；

4. 名人名言；

5. 管理模型；

…………

简单来说，定理就是被前人研究之后得到证明和认可的内容。

（三）已知条件

在数学中，已知条件就是题干部分所给出的条件或者已经告诉你的信息。

在一般情况下，公司规定、机构发布的数据等都可以视作已知条件。

接下来，问到多宽呢？标准结构图中G，也就是主题中的所有核心词和关键词都应当被问到。例如，在第一章中当对“结构性思维”下定义时，如果把“结构性思维”看作主题，那么可以看出其包含两个关键词，即“结构性”和“思维”，这两个关键词的意思就都应当了解。这有点像在介绍横向结构，即在说明一个大主题下的子主题要怎么设立，但因为这也可以看作询问和回答的重要部分，所以放在纵向结构这里讲。

每一个关键词都应该被问到，这在辩论赛场上的体现最明显，如辩题“我国近期是否应该取消户籍制度”，那么这个题目中的关键词有哪些呢？“我国”“近期”“取消”“户籍制度”，这几个都是关键词，因为“我国”属于常识，大家都知道我国指的是中华人民共和国，所以这个词就不会被提问，或者当作辩论的焦点了。而剩下的那些词都需要被解释或者提问：“多长时间算近期？”“什么是户籍制度？”“取消是什么意思？”“户籍制度如何变革才能叫作取消？”这些都是需要交代或者讨论的问题。

再比如，一个男生向女生求婚：“你嫁给我吧！”接下来，男生要怎么证明，才能更有说服力呢？这就要看“你嫁给我吧”这个主题中所包含的关键词：你、嫁、我。在后面说服的过程中就要围绕这3个关键词来进行。比如，“你是什么样的人，你应该嫁给什么样的人，我是什么样的人，我就是你应该嫁的那种人，你应该嫁给我”。如果求婚的主题变成“你嫁给我，不要嫁给他”，那么这里的关键词就多了“不要”和“他”，相应的论证内容也要增加，如“他是什么样的人，你不适合嫁给什么样的人，他就是你不适合嫁的那种人”。

第三节　自下而上的概括和总结

一、什么是概括和总结

前面略微介绍了一点与横向结构相关的内容，现在再回到纵向结构上来，打个不太恰当的比方，从上到下的过程，有点像“欲加之罪，何患无辞”，就是有了观点，然后为了让观点站得住脚，就不断收集证据和素材。那么，反过来有没有这样的情况，即有许多素材，想把它整理成一个报告？肯定是有的，工作总结通常就是这样，一年中做了这么多工作，领导说年底了，要写一个工作总结，那么从哪儿开始写呢？所以，在进行表达和思考的时候还有第二种构建结构的方法，就是从下到上的过程，这个过程可以叫作概括和总结。

概括是形成概念的一种思维过程和方法，即在思想方面从某些具有相同属性的事物中抽取出本质属性，并将其推广到具有这些属性的一切事物，从而形成关于这类事物的普遍概念。

总结就是指综合一定阶段内的有关情况进行分析研究，得出有指导性的结论。

从概括和总结的定义中不难看出，概括更大程度上是抽象的过程，总结更大程度上是精减的过程，但是它们都是由多变少进行提炼的过程，在很多时候可以当作近义词，甚至能够通用。从结构性思维的角度看，它们就是自上而下的。

二、概括总结的步骤

在小学学习语文时，经常被要求“分段并概括段意，写出文章的中心思想”，其实这个过程就是自下而上的概括总结的过程。分段实际上是在分类，分类后概括段意，就是对这段文字进行提炼加工，最后概括中心思想——全文的主要内容及写作目的。以上就是概括总结的整个过程，但是其中少了一个环节，即收集信息。因为“分段概括段意”的前提是存在未分段的内容，所以实际上已经给了信息，而在实际生活中，可能很多信息都需要我们进行收集和整理。因此，可以把整个概括总结的过程分作三步，即收集信息、分类整理、概括总结（如图3–8所示）。

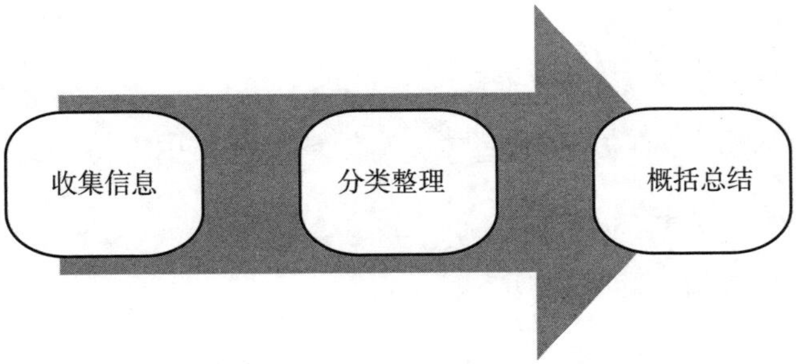

图3–8　概括总结的三个步骤

（一）收集信息

通过少量信息，是很难概括总结出一个有价值的结论的，所以在进行概括总结前，需要收集足够多的信息。收集信息是信息得以利用的第一步，此项工作进展是否顺利，直接关系到整个信息管理工作的质量。这里要强调的是，在收集信息前，心中必须有一个大致的方向和目标，而不能盲目收集。

1. 信息收集的原则

为了保证信息收集的质量，应坚持以下原则。

（1）可靠性原则

该原则要求所收集到的信息真实、可靠。这个原则是信息收集工作的基本要求。为此，信息收集者必须对收集到的信息进行反复核实，不断检验，力求把误差降到最小。

（2）全面性原则

该原则要求所收集到的信息内容广泛、全面完整。只有广泛、全面地搜集信息，才能完整地反映管理活动和决策对象的全貌，为决策的科学性提供保障。当然，实际收集的信息不可能做到绝对的全面完整。因此，如何在不完整的信息下做出科学的决策是一个非常值得探讨的问题。

（3）时效性原则

信息的利用价值取决于该信息是否能及时提供，即它的时效性。信息只有及时、迅速地提供给它的使用者才能有效地发挥作用。特别是对于做决策而言，信息必须是“事前”的情报，而不能是“马后炮”。

（4）准确性原则

收集的信息要与应用需求密切相关且表达准确。准确性原则可以保证信息的价值。

（5）易用性原则

收集到的信息具有适当的表现形式，便于使用。

2. 信息收集的方法

关于信息收集的方法，有很多种，这里仅简要介绍五种。

（1）调查法

一般分为普查和抽样调查两大类。普查是指调查有限总体中每个个体的有关指标值。抽样调查是按照一定的科学原理和方法，从事物的总体中抽取部分个体作为样本进行调查，用所得到的调查数据推断总体情况。

对于个体的调查，若是涉及人，则主要采用两种调查方式：访问调查法和问卷调查法。

访问调查法又叫采访法，是通过访问信息收集对象，与之直接交谈而获得有关信息的方法。它又可分为座谈采访、会议采访、电话采访和信函采访等方式。采访需要做好充分准备，认真选择调查对象，了解调查对象，收集相关业务资料和背景资料。其主要优点是可以就问题进行深入的讨论，获得高质量的信息；缺点是成本高，采访对象不可能太多，因此受访问者要具有代表性。它对采访者的语言、交际能力要求较高。

问卷调查法是一种包含统计调查和定量分析的信息收集方法。这种方法主要考虑的问题是：所收集信息的内容范围和数量、所选定调查对象的代表性和数量、问卷的精心设计、问卷的回收率控制等。它具有调查面广、成本低的特点，但对调查对象难以进行控制，问卷回收率一般都不高，回答的质量也较差，受访者是否认真对待对结果具有决定性影响。

（2）观察法

观察法是指通过开会、深入现场、参加生产和经营、实地采样、进行现场观察并准确记录（包括测绘、录音、录像、拍照、笔录等）调研情况。它主要包括两个方面：一是对人的行为的观察，二是对客观事物的观察。观察法应用很广泛，常与询问法、搜集实物结合使用，以提高所收集信息的可靠性。

（3）实验法

实验法能通过实验过程获取其他手段难以获得的信息或结论。实验者通过主动控制实验条件，包括对参与者类型的恰当限定、对信息产生条件的恰当限定和对信息产生过程的合理设计，可以获得在真实状况下通过调查法或观察法无法获得的某些重要的、能客观反映事物运动表征的有效信息，还可以在一定程度上直接观察研究某些参量之间的相互关系，从而有利于对事物本质的研究。

实验方法也有多种形式，如实验室实验、现场实验、计算机模拟实验、计算机网络环境下人机结合实验等。现代管理科学中新兴的管理实验，现代经济学中正在形成的实验经济学中的经济实验，实质上就是通过实验法来获取与管理或经济相关的信息。

（4）检索法

文献检索就是从浩繁的文献中检索出所需信息的过程。文献检索可分为手工检索和计算机检索。手工检索是指主要通过已有的书籍、文献、索引、文摘、参考指南等来查找有关的信息。计算机检索，即通过计算机进行文献检索，其特点是检索速度快、信息量大，它是当前收集文献信息的主要方法。

（5）网络法

网络法用来搜索网络上发布、传递和存储的各种信息。网络信息搜索是基于网络信息收集系统自动完成的。网络信息搜索系统首先按照用户指定的信息需求或主题，调用各种搜索引擎进行网页搜索和数据挖掘，将搜索到的信息经过滤等处理过程剔除无关信息，从而完成网络信息资源的收集。

（二）分类整理

收集到的零散信息一般应当进行合理的分类，以便于分别存放和使用时的调取，也为以后的概括总结提供有力支持。

分类就是以事物的性质、特点、用途等作为区分的标准，将符合同一标准的事物归类，不同的则分开。分类是使事物高度有序化的过程，大而言之，它使表面上杂乱无章的世界变得井然有序起来，从而极大地提高了认知效率和工作效率。

本书的第二章“分类清楚”一节曾介绍了一些分类方法，如按时间的先后顺序分、按行业分、按地区分。总的来说，分类基本上有以下两种方法。

第一种是人为的分类方法，它依据事物的外部特征进行分类。为了方便，人们把各种商品分门别类，陈列在不同的柜台里，在不同的商店出售。这种分类方法可以称之为外部分类法。最常见的应用是在图书馆里。现代图书馆的书已经非常之多了，但书刊仍在以几何级数增加，要在书海中找到想读的一本书，几乎与大海捞针一样艰难。幸好，工作人员就已经根据一定的分类法，对图书进行系统的分类并编上索书号，然后分门别类地排列到书架上。这样一来，读者按照索书号就可以轻松找到想要的书籍。

第二种分类方法是根据事物的本质特征进行分类，可以称之为本质分类法。生活在海洋中的鲸鱼，体型像鱼，但是它不属于鱼类，它胎生、哺乳，身上没有鳞片，不用鳃而用肺呼吸，因此具有哺乳动物的特征。把鲸鱼划为哺乳类，就是根据本质所进行的分类。

当然，事物的属性是多方面的，分类的方法也是多样的，在不同的情况下，可以采用不同的分类方法。例如，鲸鱼、海豚属于哺乳类，但是有时也可以把它们归为海洋动物，而把牛羊之类的动物归为陆生动物。

（三）概括总结

概括总结以揭示相关概念、规律、方法的内在联系为目标，运用尽可能简明的形式，对相关知识提纲挈领、加工重组、形成体系，使之由“繁而杂”“散而乱”变成“少而精”。概括总结应保证重点突出，力求简明扼要，一目了然。总之，要通过对知识、内容、方法的归纳总结，使零散的内容整体化、有序化、结构化，使之便于理解，便于记忆，便于应用。

既然在本节开始的时候已经说明概括和总结略微有点不一样，所以这里概括和总结还是会分开阐述。

1. 总结法

总结法是指抓住大段文字或信息中的主要内容，将其中心思想总结出来。

总结法的要求可以用8个字来表示，即明确、完整、简要、通顺。“明确”是指该总结要让别人一看就明白原来的内容是什么。“完整”是指该总结不能遗漏要点。“简要”是指总结的语句要简洁，做到言简意赅。“通顺”是指总结的语句要通顺。

一般情况下，应总结清楚时间、地点、人物、干什么和怎么样，也就是通常所说的5W2H（Who、What、When、Where、Why、How和How much）。

既然总结就是要抓住主要内容，那么就应当注意信息的主次，如《少年闰土》一文中有这样一段：

我于是日日盼望新年，新年到闰土也就到了。好容易到了年末，有一日，母亲告诉我，闰土来了，我便飞跑地去看。他正在厨房里，紫色的圆脸，头戴一顶小毡帽，颈上套着一个明晃晃的银项圈，这可见他的父亲十分爱他，怕他死去，所以在神佛面前许下愿心，用圈子将他套住了。他见人很怕羞，只是不怕我，没有旁人的时候，便和我说话，于是不到半日我们便熟识了。我们那时候不知道谈什么，只记得闰土很高兴，说是上城之后，见了许多没有见过的东西。

资料来源：新学网（www.newxue.com）

这一段内容有两层意思：第一层讲“我”和闰土见面时的情形；第二层讲闰土来到城里的感受。但是在总结时，应该只取最主要的内容，因此可以总结为：我和闰土见面时的情形。

有时，一段内容中的几层意思是并列的，很难分清主次，在总结时，就必须把这些合并起来。因此，运用总结法还要注意内容的合并，如在《桂林山水》一文中有这样一段文字：

我看见过波澜壮阔的大海，欣赏过水光潋滟的西湖，却从没有看见过漓江这样的水。漓江的水真静啊，静得让你感觉不到它在流动；漓江的水真清啊，清得可以看见江底的沙石；漓江的水真绿呀，绿得仿佛是一块无瑕的翡翠。只有船桨激起一道道水纹，扩散出一圈圈涟漪的时候，才让你感觉到船在前进，岸在后移。

资料来源：新学网（www.newxue.com）

这一段第一句用对比来突出漓江的“水”；接着分别写了漓江水的特点，即静、清、绿；最后一句进一步强调漓江水“静”的特点。这样就可总结成：漓江水的静、清、绿。

2. 概括法

概括法是指把多个具体信息整理为一个抽象信息。

如果说结论法是从无到有，那么概括法则是抽取出潜藏在事物之中的共同本质。也就是说，概括法是指从信息群组中抽取出共同的本质，以此减少表达内容的方法。

运用这个方法最为关键的步骤，就是将已知具体信息抽象化。不同于总结法，去除、省略并非概括法的本质。例如，“调整产品结构”是抽象表现，“减少A产品的产量，增加B产品产量”是具体表现。概括法就是要根据“减少A产品生产量”和“增加B产品的产量”这两则具体信息，概括出“调整产品结构”这个抽象信息。也就是说，要从已知信息当中，找出能表现出共同本质的一则信息。

例如，有3则信息：“A公司正通过猎头四处招人”“B公司裁员了2%”“C公司似乎仍然在观望中”。在进行总结的时候，就要找出包含这三种状况的抽象表现，如可以总结为：各公司都在调整人员规模。因为“四处招人”“裁员2%”“在观望中”都具有“调整人员”的共同特点。

就概括法而言，就算失去细节，对象的本质仍要明了。例如，把地球抽象成地球仪之后，虽然地球仪省略了有关地球的很多细节，但仍然可以明确地让人感觉它是地球的模型。

例如，有一则信息：“A喜欢拍摄知床硫黄山、富士山、浅间山、阿苏山、樱岛、普贤岳、三原山等地的照片。”那么，A到底喜欢拍什么样的照片呢？这些地名的共同本质为何？答案是：这些山全都是火山。进行概括之后，就可以变成：“A喜欢拍摄火山的照片。”[①]相较于罗列具体的信息，概括法不仅可以大幅减少字数，而能更能明确地传递信息的本质。

3. 结论法

所谓“结论法”，就是从已知的诸多信息中发掘尚未凸显的较高层级的信

---

① ［日］高杉尚孝．麦肯锡教我的写作武器［M］．郑舜珑，译．北京：北京联合出版公司，2013.

息，并将其提取出来的过程。其重点在于，以已知的诸多信息为依据，做进一步的推论。结论是一种归结信息，常跟在“因此”“所以”这样的词后面。所以，在下结论时，一定要不厌其烦，针对经过群组处理的下层信息，反复确认：“因此呢？所以呢？”这样可以直接得出的答案就是结论。

例如，将“蚂蚁成群结队往高处爬”“蜻蜓飞得很低很低”“鱼缸里的金鱼都在水面呼吸了”“感觉有些闷热”“空气湿湿的”这5个已知信息放在一起，设问：“因此呢？所以呢？”应该会有很多人可以推出一个结论：“要下雨。”

这里需要强调的是，结论法一定是从已知信息中得出直接的结论。不要从已知信息中引申出别的信息，再去推导结论，或者从直接得出的结论中进行延伸。例如，根据上述5个已知信息，如果得出的答案是“要开空调”或者“可能有很多小贩要收摊了吧”就不对。因为“要开空调”可能是从“感觉有些闷热”引申“出了很多汗”而得出的结论。“要收摊”可能是根据“要下雨”这个直接结论推导出来的。因此，“要开空调”和“要收摊”只能算是跳跃信息，不是直接结论。

三、分清事实和观点

在自下而上的总结和概括中，有一点特别重要，就是区分事实和观点，尽量做到所表达的主题句是有事实与观点的。

在小学语文中，中心思想由“主要内容”与“写作目的”组成。这里的“主要内容”就是事实，“写作目的”就是观点。因此，中心思想是事实加观点的组合，如果未来表达中没有特别要求只讲客观事实，那么最好加上观点，才能让对方明确你概括总结之后的想法。

事实就是事情的真实的情况，包括事物、事件、事态，即客观存在的一切物体与现象。

观点是观察事物时所处的立场或出发点，是从一定的角度出发，对事物或问题的看法。

从定义上看，这两者好像很容易区分，但实际上并非如此。例如，“地球是圆的”这个表述是事实还是观点呢？现在看来，它是很明显的事实，但是在哥白尼所生活的时期说这句话，表达的是事实还是观点呢？

一个在美国留学的朋友表示，美国人对于事实与观点区别的强调让他感触很深。美国人从小学就开始学习什么是事实陈述，什么是观点陈述。对于前者，可以用可信的证据进行反驳；对于后者，则任各自表述。例如，当一个人说：“我觉得今天好热啊！”这就是一个观点陈述，你不能以“今天才28℃，不热啊”去反驳他。对于说话者来说，28℃可能就已经很热了，因为各人的感受和标准是不同的。但是，如果一个人说：“今年夏天比去年的温度高多了！”这就涉及事实层面的问题，你可以用两年温度对比的数据作为证据进行反驳。

因此，在表达一个主题的时候，应该把事实和观点放在一起说，如：“今天28℃，我觉得很热。”这样对方就能听出，你不仅表达了你的观点，并且有事实进行佐证，尽管对方可能并不认同你的观点。

不过在国内，很少有关于事实和观点的教育，这导致了很多不必要的争论。美国的老师在讲辩论时第一个问题就是：“大家说一下什么问题是无须讲道理的？”很多人会不约而同地回答：“爱、个人喜好、传统、宗教信仰……”可见，大家对什么话题可以以理服人，什么没有必要，有一个基本共识。

但在国内的很多场合，这个共识经常不存在。比如当你表达一个仅仅是个人喜好，无关他人利益的观点时，就总有人试图与你辩论一番。但其实个人喜好大多是没有什么道理可言的。比如一个人喜欢某种星座、某个血型或讨厌某个人，你跟他讲再多道理，也是没用的。

因此，仅有事实，对方就不知道你要表达的目的到底是什么，除非你的目的就是陈述事实，让对方来做判断；仅有观点，又很难站得住脚，或者不需要进行讨论，而这样仅仅表达观点又是没有意义的；只有事实和观点同时出现，对方才能知道你为什么会得出这样的观点，然后可以和你讨论你所说的事实是否是真实存在的，以及这个事实是否能支持你的观点。

第四节 横向结构中的演绎

一、什么是演绎

本章第一节中讲到，横向结构是可以用演绎的顺序来进行排序的。那什么是演绎呢?

“演绎”一词，是我国现代学者将“演算”与“抽绎”融合起来对英语中deduction的意译，是“演绎推理或演绎论证”的简称。[①]本书所说的演绎就是逻辑学中的演绎推理，是从一般性的前提出发，通过推导，得出具体陈述或个别结论的过程。

关于演绎推理，还存在以下几种定义：

（1）演绎推理是从一般到特殊的推理；

（2）它是前提蕴涵结论的推理；

（3）它是前提和结论之间具有必然联系的推理；

（4）演绎推理就是前提与结论之间具有充分条件或充分必要条件联系的必然性推理。

演绎推理的逻辑形式对于理性的重要意义在于，它对人的思维保持严密

---

① 王习胜，张建军．逻辑的社会功能［M］．北京：北京大学出版社，2010.

性、一贯性有着不可替代的校正作用。这是因为演绎推理保证推理有效的根据并不在于它的内容，而在于它的形式。演绎推理最典型、最重要的应用，通常存在于逻辑和数学证明中。

演绎推理有三段论、假言推理、选言推理、关系推理等形式。限于篇幅这里只重点讲三段论。

二、三段论

三段论是演绎推理中的一种简单推理判断，它体现了由一般到特殊这一演绎推理的主要特点。同时，三段论也是结构性思维的标准结构中横向结构的重要表现，所以这里会进行重点介绍。

三段论又称直言三段论，是传统形式逻辑中的主要内容，也是传统形式逻辑体系中最为严密的部分。现代逻辑就是在这个基础上发展起来的。[①]最著名的三段论是苏格拉底所说的：人都会死，苏格拉底是人，所以，苏格拉底会死。另一个常见的三段论是：鸟会飞，我是鸟，所以我会飞。

三段论是由包含着一个共同项（中项）的两个性质命题为前提，推出一个新的性质命题为结论的推理形式。例如：

所有律师都必须有律师资格证书；
小明是律师；
所以，小明有律师资格证书。

这个典型的三段论就是由两个前提和一个结论组成的，并且它们都是性质命题。结论常用“因此”“所以”“因而”等标示。在该三段论中，只有三个

① 李峰. 逻辑与语言表达［M］. 北京：中国传媒大学出版社，2013.

不同的概念，即“律师”“律师资格证”“小明”。这三个不同的概念有不同的名称和作用。

结论中的谓项称大项（major term），以“P”表示，如上述三段论中的“有律师资格证书”。结论中的主项叫小项（minor term），以“S”表示，如上述三段论中的“小明”。结论中不出现而在前提中重复出现的那个概念是中项（middle term），以“M”表示，如上述三段论中的“律师”。

包含大项的前提命题叫大前提（major premise），包含小项的那个前提命题叫小前提（minor premise）。通过中项的联结作用，由两个前提就能推出结论。例如，上述三段论中的中项“律师”联结了“小明”和“律师资格证书”，确定了大项和小项的联系，从而推出“小明有律师资格证书”这个结论。用符号表示，这个三段论的形式结构是：

所有M都是P		M A P
S是M	或	S A M
所以，S是P		∴S A P

“M A P”表示中项和大项相联系；“S A M”表示小项和中项相联系；“S A P”表示小项和大项相联系。这说明，中项既联系大项又联系小项，使小项和大项有确定的关系。基于此，就可以合乎逻辑地推出“SAP”这一结论。

在三段论推理过程中，中项有特殊的功能。中项不仅体现了三段论结论的逻辑必然性，而且体现了三段论的一个重要特点，即传递性。从这个意义上说，三段论就是借助于中项的推理。

三段论能从两个前提必然地推出结论，有其客观基础，即客观事物存在的一般和个别之间的必然联系，这种必然联系可以表述为三段论公理：凡是对一类事物的全部有所肯定或否定，则对该类事物中的部分或个别对象也有所肯定或否定。

这个公理肯定方面的含义如图3-9所示。

在图3-9中，M类全部都是P，S是M类中的一部分或个别对象，S当然也是P。例如：

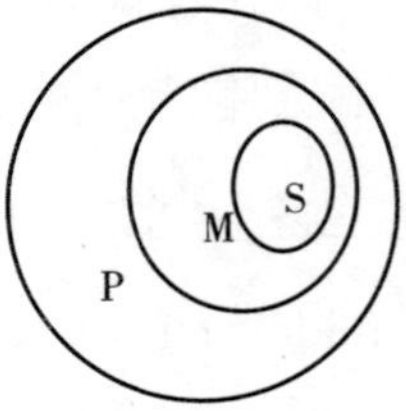

图3-9 所有M都是P

所有的矩形都是平行四边形

所有的正方形都是矩形

所以，所有的正方形都是平行四边形

三段论公理否定方面的含义可用图3-10表示。

在图3-10中，M类全部都不是P，S是M类中的一部分或个别对象，所以，S也不是P。例如：

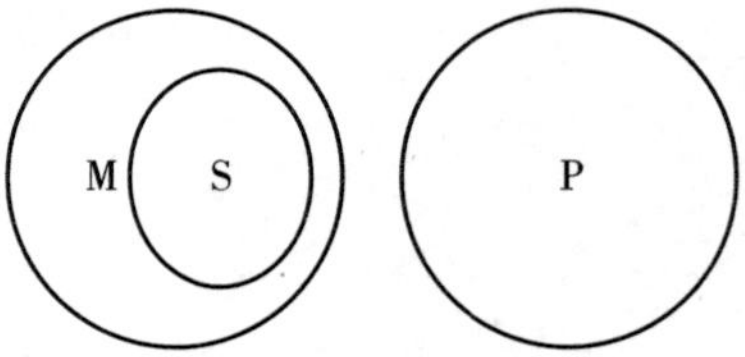

图3-10 所有M都不是P

哺乳动物都不是用鳃呼吸的

鲸是哺乳动物

所以，鲸不是用鳃呼吸的

三段论的形式有许多种，但一个有效的三段论归根结底都是以三段论的公理为依据的。

三、三段论的一般规则

三段论的规则是三段论公理的具体化。它可以保证从前提必然地推出结论。符合三段论规则的三段论是正确的三段论，违反三段论规则的三段论是错误的三段论。概括起来共有七条，前面三条是关于词项的规则，后面四条是关于前提的规则。这七条规则涉及的逻辑学的内容很多，而且并不容易理解，所以这部分内容是作为延伸知识或者加分项出现在书中，以及结构性思维的整个知识体系中的。如果感觉吃力可以直接跳过这一部分，从“四、三段论与横向结构”读起，这并不会影响对结构性思维的理解。

规则一：在一个三段论中，只能有三个不同的项，即小项、大项和中项

在一个三段论中，中项是确定小项和大项之间关系的媒介。如果一个三段论缺少中项，那么这种只有两项的三段论便不能确定两个项的关系。如果一个三段论有四个项，起媒介作用的中项不同一，也就不能确定小项和大项的关系。因此，一个三段论只能有三个项，不能少，也不能多。

这条规则要求在推理中各概念两次出现时，其内涵外延必须保持同一，特别是中项必须同一。否则就会出现第四项，犯了“四项错误”。犯“四项错误”的三段论，主要表现为同一语词在不同的命题中表达了不同的概念。例如：

中国人是勤劳的

懒汉猪八戒是中国人

所以，懒汉猪八戒是勤劳的

虽然这个三段论看上去没有问题，但实际上是无效的。两个前提都是真判断，但中项“中国人”在大、小前提中具有不同的含义。“中国人”在大前提中是指作为一个民族的中国人，是一个集合概念；而在小前提中，是指作为个体的中国人，是一个非集合概念。因此，它在两次使用中，实际上表示着两

个不同的概念，也就犯了“四项错误”，所以不能起媒介联结作用，不能必然地推出结论。

规则二：中项在前提中至少要周延一次

中项是联结大、小项的媒介。中项周延的意思是中项的全部与大、小项有关联。例如，“北京的企业都是大企业”就不周延，因为不是所有北京的企业都是大企业。

中项至少要周延一次，就是说有一个中项的全部同大项或小项发生了联系，中项的全部都介入了大、小项的关系之中，被大、小项包含，这样才能起到联结大、小项的作用，制约着大、小项的关系，从而必然地得出结论。如果两个中项都不周延，就是说，中项的一部分和大项发生关系，一部分和小项发生关系，那么中项就不可能起到联结大、小项的作用，不能制约大、小项之间的关系，无法必然地得出结论。因此，凡是有效的三段论，中项都必须至少周延一次。例如：

当兵的都会武术

参加本次活动的都会武术

所以，参加本次活动的都是当兵的

这个三段论就是无效的。因为中项“会武术”在两个前提中都不周延，因此，它在大项与小项之间不能起媒介作用，人们无法通过中项来确定大项与小项的联系，也就不能必然地推出结论。又如：

所有整数都是有理数

所有自然数是有理数

所以，所有自然数是整数

在这个三段论中，中项“有理数“在前提中一次也没有周延，其结论所述“所有自然数是整数”尽管是正确的，但不是从前提中必然推出的，因而，这个推理是错误的。

规则三：在前提中不周延的项，在结论中也不得周延

三段论的前提蕴涵着结论。如果在前提中不周延的项在结论中周延了，即在前提中断定的是一个项的部分外延，而在结论中却断定了它的全部外延，那么由于部分并不蕴涵全部，因此结论就不具有必然性。要使结论具有必然性，前提中不周延的项在结论中也不应周延。违反这条规则就会犯两种错误。

一是“大项扩大错误”，也称“大项不当周延”，即大项在前提中不周延，而在结论中变得周延了。例如，《儒林外史》中写范进为了赴乡试，向他岳父胡屠户借盘缠，被胡屠户骂了个狗血喷头：“这些中举的老爷都是天上的‘文曲星’！你不看见城里张府上那些老爷，都有万贯家私，一个个方面大耳？像你这尖嘴猴腮，也该撒泡尿自己照照！不三不四，就想天鹅屁吃！”在此，胡屠户做了这样一个推理：

凡中举的人都是有万贯家私、方面大耳的

范进不是有万贯家私、方面大耳的

所以，范进不是能中举的人

这个推理的大项“能中举的人”在前提中不周延，因为不是有万贯家私、方面大耳都能中举。在结论中却周延了，犯了“大项扩大”的逻辑错误。当然，就其内容而言，大前提也是假的。

二是“小项扩大错误”，也称“小项不当周延”，即小项在前提中不周延，而在结论中变得周延了。例如，鲁迅在《辩论的魂灵》一文中，曾对某些复古

派的逻辑加以揭露，概括了他们的一种荒谬的推理：

甲生疮

甲是中国人

所以，中国人生疮，

这个推论之所以荒唐可笑，就是因为小项“中国人”在小前提中不周延，不是所有中国人都是甲，而在结论中却是全称肯定命题的主项，周延了，从而犯了“小项扩大”的逻辑错误。

词项的规则是三段论规则中最基本的规则，下面四条关于前提的规则都可以根据上述三条推导出来，因而相对来说，规则四至规则七都是派生的规则。

规则四：从两个否定的前提不能得出结论

如果两个前提都是否定命题，那么大项和小项都不是中项，都与中项排斥，这样，中项就不能起到联结大项和小项的媒介作用。在这种情况下，大项和小项就可以处于各种不同的关系中，因此，就不能通过中项来确定大项和小项之间的关系，无法推出确定的结论。违反这条规则将犯“结论不当错误”。例如：

打骂老人行为不是孝顺的行为

小明的行为不是打骂老人行为

所以，？

在这个三段论中，由于两个前提都是否定判断，所以，不能确定小明的行为是否孝顺。

规则五：两个前提中如果有一个是否定的，则结论是否定的；如果结论是否定的，则必有一前提是否定的

两个前提中如果有一个是否定的，则另外一个必须是肯定，因为两个否定前提不能得出结论。当前提中有一个是否定的时候，词项的关系不外乎以下两种情况：

1. 中项与大项相排斥而与小项相联系；
2. 中项与小项相排斥而与大项相联系。

无论哪种情况，小项和大项总是排斥的。例如：

凡不爱跳舞的都不是校舞蹈队队员
有的学生是不爱跳舞的
所以，有的学生不是校舞蹈队队员

在这个三段论中，大前提是否定判断，它断定了中项“不爱跳舞的”与大项“校舞蹈队队员”的外延相排斥，小前提是肯定判断，它断定小项“学生”的外延至少有一部分与“校舞蹈队队员”的外延相排斥，因此，结论必然是否定的。再如：

凡校舞蹈队队员都是爱跳舞的
有的学生是不爱跳舞的
所以，有的学生不是校舞蹈队队员

这个三段论的大前提是肯定判断，它断定大项“校舞蹈队队员”的全部外延包含在中项“爱跳舞的”之中，小前提是否定判断，它断定小项“学生”

的外延至少有一部分与中项“爱跳舞的”相排斥，这也必然推出“学生”的外延至少有一部分与“校舞蹈队队员”的外延相排斥，因此，结论也是否定的。反之，当结论为否定判断时，两个前提的组合也必定是以上两种情况之一。

规则六：两个特称的前提不能得出结论

特称是相对全称而言的，全称的意思是，所有A都是B（全称肯定），或所有A都不是B（全称否定）；特称的意思是，有些A是B（特称肯定），或有些A不是B（特称否定）。

两个特称前提，其组合无非以下3种情况：

1. 如果两个前提都是特称肯定命题，则这两个前提中没有一个项是周延的。这样，不论哪一个项做中项，都是不周延的，根据以上讲的规则二，不能得出结论。例如：

有些学生喜欢唱歌

有些学生喜欢跳舞

所以，？

上述例子中，这两个前提都是特称肯定命题，它们的中项“学生”都不周延。所以，根据这两个前提不能断定喜欢唱歌的人和喜欢跳舞的人的关系，因为不能得出结论。

2. 如果两个前提都是特称否定命题，根据上述三段论规则五，两个否定的前提不能得出结论。例如：

有的青年不是党员

小明不是党员

所以，？

这个例子中，两个前提都是特称否定命题，从这两个前提不能断定小明是不是青年。

3. 如果前提中有一个是特称肯定命题，一个是特称否定命题，那么这两个前提中只有一个项是周延的。这个周延的项，如果是中项，则大项在前提中就是不周延的，但是，因为有一个前提是否定的，根据规则五，所以结论便必须是否定的；而结论否定，则结论中的大项周延，如此便犯了“大项扩大”的逻辑错误。如果前提中唯一周延的项是大项，则又犯了“中项不周延”的错误。

规则七：如果一个前提是特称的，只能得出特称的结论

根据规则六，如果两个前提中有一个是特称，那么，另一个应当是全称，所以它们的组合无非以下4种情况。

1. 一个前提是全称肯定判断，另一个前提为特称肯定判断。在这种情况下，两个前提中只有一个周延的项，根据规则二，它只能做中项，因此大项与小项均不周延；根据规则三，前提中不周延的词项，在结论中不得周延。这样一来，结论必然是特称判断。

2. 一个前提是全称肯定判断，另一个前提为特称否定判断。在这种情况下，前提中有两个周延的项，根据规则二，其中一个周延的项必须做中项。根据规则五，这两个前提推出的结论应当是否定的，大项在结论中周延，根据规则三，大项在前提中也必须是周延的。这样一来，前提中两个周延的项，一个是中项，另一个是大项，那么，小项在前提中就是不周延的，根据规则三，小项在结论中也不得周延，所以，结论必然是特称判断。

3. 一个前提为全称否定判断，另一个前提为特称肯定判断。前提中也有两个周延的项，其中一个必须是中项，另一个应是大项。这样一来，小项在前提中不周延，在结论中也不应周延，所以，结论必然是特称判断。

4. 一个前提是全称否定判断，另一个前提是特称否定判断。根据规则

四，两个否定前提是推不出结论的。

综上所述，如果前提中有一个是特称判断，结论必然是特称判断。

总之，不管是基本规则，还是派生规则，它们都统一起来，才可以保证三段论形式的有效性。遵守这些规则，才能由真的前提必然地推出真的结论。而违反其中任何一条规则，就不是一个正确的、有效的三段论，就不能保证由真的前提必然推出真的结论。

四、三段论与横向结构

以上介绍了这么多关于三段论的内容，最终是想要把这些内容和结构性思维的思考与表达结合起来。通常情况下，三段论不仅用于判断某一推论是否正确，还可以把大前提、小前提和结论作为横向结构来看待（如图3-11所示）。

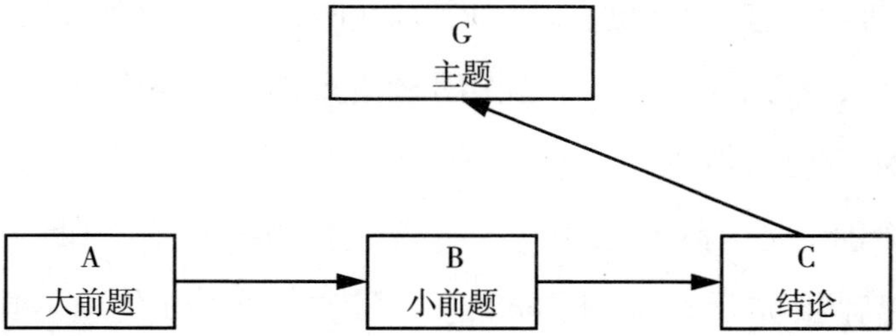

图3-11 三段论式的横向结构

毛泽东在《为人民服务》一文中有一段著名的论述：

人总是要死的，但死的意义有不同。中国古时候有个文学家叫作司马迁的说过："人固有一死，或重于泰山，或轻于鸿毛。"为人民利益而死，就比泰山还重；替法西斯卖力，替剥削人民和压迫人民的人去死，就比鸿毛还轻。张思德同志是为人民利益而死的，他的死是比泰山还要重的。

资料来源：新学网（www.xinxue.com）

不知道大家是否从这段论述中看出了三段论的结构。首先寻找一下这一段论述的结论是什么，并不是第一句话“人总是要死的，但死的意义不同”，而是最后一句，张思德的死比泰山还重；其次，大前提是为人民利益而死就比泰山还重；再次，小前提是张思德为人民利益而死。最后，如果画成结构图，就如图3–12所示。

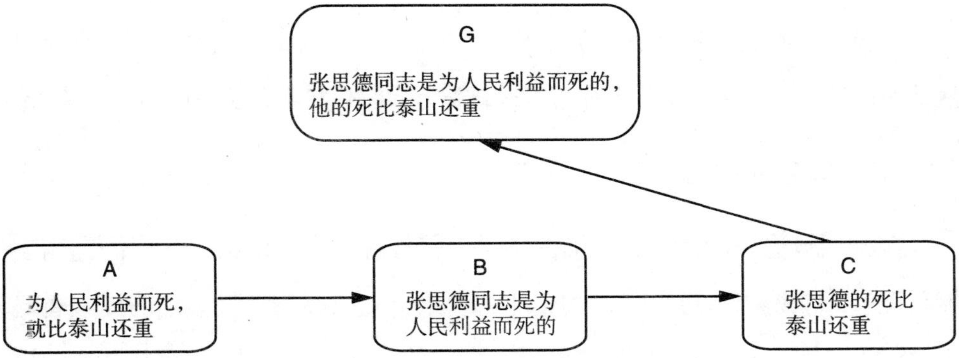

图3–12 “张思德的死比泰山还重”的结构图

一般三段论在表述的时候都包含了大前提、小前提和结论这三项，但生活中往往会因为某一个前提或者这个结论是众所周知的而省略了这一部分。例如，有人进了马厩，但马厩里的狗没有出声，由此推论进马厩的人是熟人。这个中间默认了一个大前提的存在：狗只有见到熟人才不会出声。所以，如果将这个三段论画成结构图，就如图3–13所示。

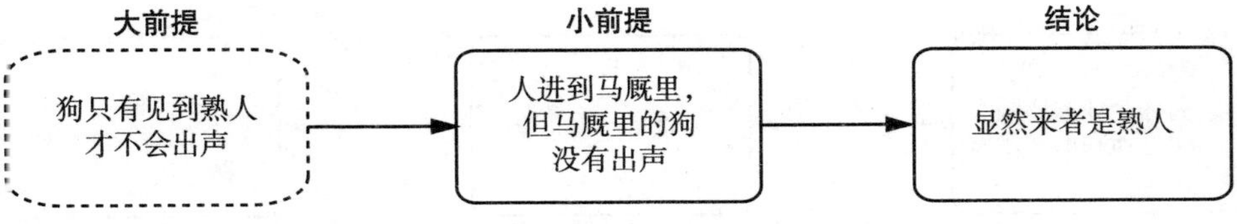

图3–13 “狗没有出声”的三段论结构图

还有些时候，三段论的前提和结论并不是直接用语言表述出来的，而是需要加以理解后得出的。以下是张瑞敏2014年8月23日公开演讲《三个颠覆、三个试错、三个矛盾》节选：

每个企业都是时代的产物。如果你不能跟上时代，就会被时代淘汰。今天对我们来讲，我们都处在互联网时代，我们只能跟上互联网时代。过去在传统经济时代，所有成功的做法，今天可能都不适用了，你只能是按照互联网时代的做法来做，因此你必须改变自己，这就是为什么一定要做互联网时代的模式。

资料来源：凤凰网（www.ifeng.com）

在张瑞敏这一段话中，大前提不是直接体现在文中的某一句，而是需要加以理解才能得出：每个时代的企业都要跟上它所在的时代。小前提被省略了，因为这是一个人人都知道的前提：海尔是一家企业。根据大前提和小前提可以得出结论：海尔要跟上它所在的时代。根据演讲内容可知，现在这个时代是互联网时代。也就是说，海尔要跟上互联网时代。如果画成结构图，就如图3–14所示。

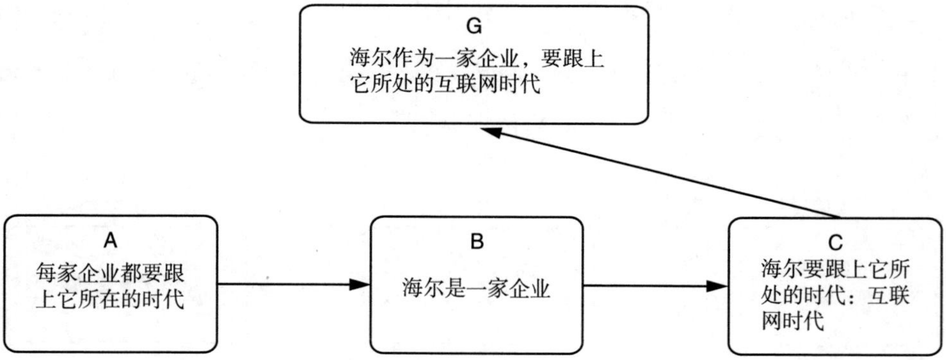

图3–14 “海尔要跟上互联网时代”的结构图

以上两个例子都是某段文字中的一个三段论，当然也可以把三段论运用在全文当中：一段是大前提的具体叙述，一段是小前提的具体叙述，一段是结论。利用三段论做横向结构可以使得论证更严谨，内容更有说服力，美中不足的是三段论的规则要求比较高，稍有不对，所得出的结论就不能成立。

五、常见式三段论

（一）什么是常见式三段论

具有大前提、小前提和结论的三段论，可以称为标准式三段论。除了这种三段论以外，生活中还有一种三段论：现象、原因、解决方案。这种三段论，本书称之为常见式三段论。例如，现象是空气污染指数上升，原因是工厂排放大量污染物，解决方案是加强对工厂的监管，这种过程也是一个演绎过程（如图3-15所示）。需要提醒的是，这里的三段论已经不是逻辑学中的三段论，只是形式上和逻辑学中的三段论一样。

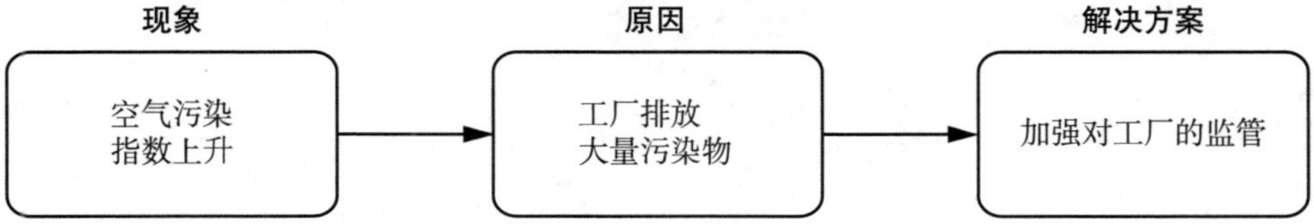

图3-15 常见式三段论

这样的三段论在生活和工作中十分常见，如关于减肥的三段论：现象是肥胖，原因是垃圾食品吃多了，解决方案是不吃垃圾食品，调整饮食结构，加强锻炼。所以，对于常见式三段论，难点不在于在某个表达中发现这个三段论，或者实际中运用这个三段论，而是怎么为现象找到正确的原因，怎么设计和实施解决方案，才能有针对性地解决这个原因造成的问题。这里为大家扩展一点知识，介绍一下绩效改进的相关内容。

（二）常见式三段论与绩效改进罗盘

我们在面对问题寻找解决方案的时候通常都经过这样一个过程：根据现象去寻找背后的原因，再去制定针对原因的解决方案。这一过程做得最好的是国际绩效改进协会（ISPI）的绩效改进流程。所谓绩效改进，简言之就是通过分析现象，识别出目标和目标之间的差距，找到差距存在的原因，从而设计解决方案，评估实施效果的流程。在中国，也积累了大量有关绩效改进的实践案例，根据这些案例，国内的实践者们也做出了相应的模型，其中一个典型代表就是"绩效改进罗盘"（如图3-16所示）。

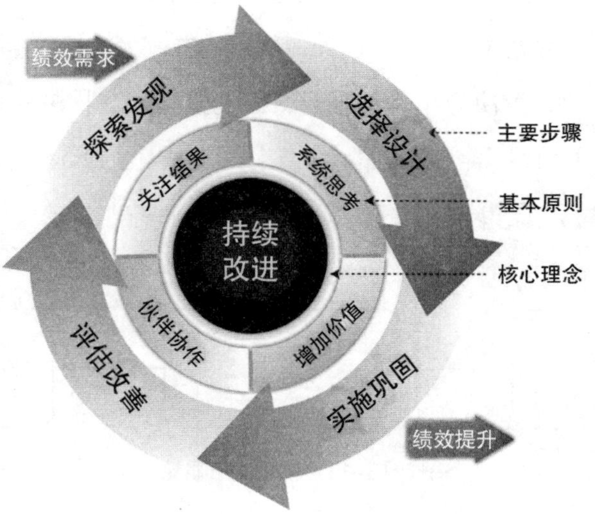

图3-16 绩效改进罗盘

上述绩效改进罗盘在继承国际绩效改进协会绩效技术结构模型的基础上，进一步明确提出"持续改进"的核心理念，揭示了企业实施"绩效改进"的动力和企业生存发展的意义；同时围绕"持续改进"的核心理念将绩效技术四大原则整合为一个系统性、逻辑性的有机整体，以指导绩效改进顾问更好地理解和运用绩效四大原则。另外，该罗盘还提出了运用绩效技术实现绩效改进的四大具体步骤及其相应流程、工具，从而进一步提升了绩效技术的规范性与实用价值。那么到底该罗盘和常见式“现象—原因—解决方案”的三段论有什么关系呢？下面从绩效改进罗盘着手，一一阐述二者之间的联系。绩效改进罗盘具有以下特点。

1. 以“持续改进”作为绩效技术的核心理念与绩效改进的原动力

“成功就是在正确的方向上持续积累”，半个多世纪以来，日本、韩国等亚洲国家的企业依靠持续改善的经营哲学与方法使得它们终于超越欧美国家的传统优势企业，让自己的汽车、电子产品、精密零部件、家电遍及全球每一个角落，以此为基础而发展的全面质量管理等理念正在被全球优秀企业所学习与实践。持续改进不仅是企业形成差异化、逐步积聚竞争优势的重要途径，更是企业生存乃至发展壮大的意义所在。①

其实为原因寻找解决方案就是为了改进现在的现象，那么想要使现象变得更好，就需要不断地根据新产生的现象寻找新的更好的解决方案，从而持续改进现象，让现象越来越好。

2. 以“持续改进”为中心，有机整合绩效改进四大原则

绩效改进的四大原则是绩效改进活动取得成功的“四条军规”。每一个原则都像人体四肢一样能够独立发挥作用，而协调运用则能产生更大的功效。然而四大原则相互之间密不可分的关系，却不容易被理解和运用。绩效改进罗盘围绕“持续改进”为核心，清晰阐明了四大原则的相互关系。

（1）“关注结果”是持续改进的目标，是贯穿整个绩效改进活动的指南，也是衡量绩效改进成败的标准。

① 易红，朱文浩. 从培训管理到绩效改进［M］. 北京：机械工业出版社，2013.

这里所说的结果和目标，实际上就是解决方案所要达成的结果，也就是期望中的现象。这一点要求我们围绕最终目标进行分析现象、寻找原因、设计和实施解决方案的整个过程。这点也和结构性思维中的“结论先行”不谋而合，“结论先行”要求先提出结论，后续的表达都要围绕着这个结论而来。

（2）“系统思考”是持续改进的方法，它是我们发现、思考和解决问题的法则，也是绩效改进所倡导的工作方式。

“系统思考”要求在分析现象、寻找原因、设计和实施解决方案时，要从全局的角度出发，考虑到问题涉及的方方面面，而不是仅仅盯着细节不放。

（3）“增加价值”是持续改进的焦点；绩效改进顾问需要始终关注每一个方案、每一个动作和每一个结果带给客户的价值。

这一点说的是，最终的解决方案要能带来价值，无论是有形的还是无形的，也不管期望解决的问题最终有没有被解决。

（4）“伙伴协作”是持续改进的基础，绩效改进顾问在绩效改进过程中与专家、客户紧密合作，是绩效改进活动得以成功的基本保证。

这里要求在分析现象、寻找原因、设计和实施解决方案的过程中和各方通力合作，而不是单打独斗。

3. 绩效改进罗盘提出运用绩效改进的四大步骤，使其实施过程更易于管理

绩效改进罗盘将实施过程划分为独立清晰、相互关联的四步，即“探索发现，设计开发，学习应用和评估改善”，从而可以指导绩效改进顾问更加明确地对不同的工作阶段进行分工和管理。

这里的“探索发现”实际上就是指探索现象、发现原因，“设计开发”就是设计和开发解决方案，“学习应用”实际上就是实施解决方案的过程，最后的“评估改善”是对解决方案实施的结果进行评估，并不断完善解决方案，使得现象越来越好，达到期望目标。

常见式三段论“现象一原因一解决方案”的过程，实际上与绩效改进的过程一样，也与医生对病人的诊断治疗的过程颇为相似，所以在遇到常见式三段论时，就可以从绩效改进的原则和方法出发解决问题。

这里只对绩效改进的相关内容做了简要介绍，详细内容可见参见《从培训管理到绩效改进》《绩效改进基础》《绩效改进实务咨询》等书。

第五节　横向结构中的归纳

一、什么是归纳

在逻辑学中，归纳又称作归纳推理（inductive inference），是指以个别或特殊性知识为前提，推出一般性知识的推理。它的结论所断定的知识范围超出了前提所断定的知识范围。因此，归纳推理的前提与结论之间的联系（完全归纳推理除外）具有或然性，即在其前提都是真实的情况下，其结论依然可能是假的。例如，一个法医对因各种情况溺水而死的人的尸体进行解剖，发现其肺、肝、胃都有“硅藻”反应，由此得出“凡是溺水而死的人，其肺、肝、肾都有‘硅藻’反应”的结论。这个结论的得出就是使用了归纳推理，其推理过程为：

王某是溺水而死的，其肺、肝、肾都有“硅藻”反应；

李某是溺水而死的，其肺、肝、肾都有“硅藻”反应；

赵某是溺水而死的，其肺、肝、肾都有“硅藻”反应；

…………

所以，凡是溺水而死的人，其肺、肝、肾都有“硅藻”反应。

在这个推理中，前提所反映的是溺水而死的人的部分对象，是个别性知识，而结论所反映的是一般性知识。可见，归纳推理的实质就在于“概括性”。因为归纳推理能从个别到一般，所以归纳推理往往是获取新知、发现真理的手段。同时，归纳推理和演绎推理一样，也是用来说明和论证问题的方法。

二、归纳推理的种类

根据归纳推理的前提所考察的对象范围，可以把归纳推理划分为完全归纳推理和不完全归纳推理。在不完全归纳推理中，根据前提所揭示的对象和属性之间的联系方式，可以把它划分为简单枚举归纳推理和科学归纳推理（如图3–17所示）。

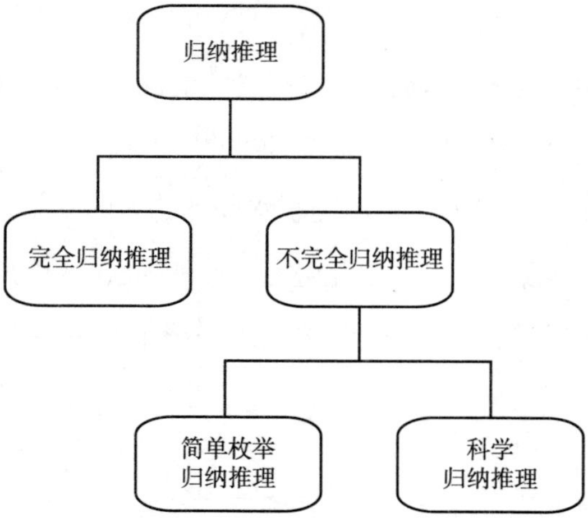

图3–17 归纳推理的分类

另外，现代逻辑中归纳推理的内容还包括探求因果关系的五种方法（穆勒五法）、典型归纳推理、回溯归纳推理（案情分析的主要工具）等经验归纳推理和初步形式化的“统计归纳法”“概率归纳法”。限于篇幅，本书对这些归纳推理就不做介绍了。

（一）完全归纳推理

1. 什么是完全归纳推理

完全归纳推理（complete inductive inference）是根据一类事物对象中每一个对象都具有（或不具有）某种属性，而推出该类对象全部都具有（或不具有）这种属性的推理。例如，当人们已知，北京市是缺水城市，天津市是缺水城市，上海市是缺水城市，重庆市是缺水城市，并且北京市、天津市、上海市、重庆市是中国直辖市的全部对象以后，就可以推论：中国直辖市都是缺水城市。[①]这就是完全归纳推理，它的形式如下：

S_1是（或不是）P

S_2是（或不是）P

…………

S_n是（或不是）P

（S_1~S_n是S类的全部对象）

所以，所有S都是（或不是）P

再比如：

亚洲有生物

欧洲有生物

非洲有生物

大洋洲有生物

北美洲有生物

① 周艳玲，冯婕，韩雅青．逻辑学与思维方法训练［M］．北京：化学工业出版社，2012.

南美洲有生物

南极洲有生物

亚洲、欧洲、非洲、大洋洲、北美洲、南美洲、南极洲是世界上的全部大洲

所以，所有的大洲都有生物

2. 完全归纳推理的特性

完全归纳推理前提所考察的对象，既可以是某类中的每一个个体对象，也可以是某类中的每一个子类。完全归纳推理是一种必然性推理。由于完全归纳推理是从个别性前提到一般性结论的推论，这使它具有归纳的特性；又由于完全归纳推理的前提和结论之间具有必然性联系，这又使它具有演绎的特性。所以，完全归纳推理是或然性归纳推理与必然性演绎推理之间的过渡过程。

完全归纳推理具有以下特点。

（1）前提对某一类事物的每一个对象都做了断定，无一遗漏。

（2）结论所断定的范围没有超过前提所断定的范围，结论与前提之间的联系是必然的，结论是真实可靠的。现代逻辑学认为完全归纳推理是必然性推理。

由于完全归纳推理的前提和结论之间的联系是必然的，因此，其结论要真实可靠就必须遵守以下两条规则。

第一，对于前提中个别对象具有（或不具有）某种属性的断定必须是确实的；否则，得到的结论就无法保证真实可靠。

第二，其前提中被断定的个别对象之和应是一类事物的全部对象。要做到这一点，就必须全面而准确地了解这类事物个体对象的数量。

如果有些事物在一定时期内出现巧合，由这样的前提归纳而得出的结论是不可靠的。例如，著名的“零年诅咒”就是这样的：自1840年以来到现在，

每隔20年在尾数是零年当选的美国总统在任期内或遇刺或因病去世，仅里根一人除外，7位总统全部应验，都没有活着离开白宫。据说这是印第安酋长特库姆赛于1811年预言的。

1840年，亨利·哈里森竞选顺利，但上任一月死去。

1860年，亚伯拉罕·林肯，1865年4月14日遇刺，次日辞世。

1880年，詹姆斯·加菲尔德，1881年7月2日被刺，9月19日死于伤口并发症。

1900年，威廉·麦金利连任，1901年9月6日遇刺，8天后去世。

1920年，沃伦·哈定，1923年8月2日在任期内去世。

1940年，富兰克林·罗斯福，第三次连任，1945年4月12日突患中风去世。

1960年，约翰·肯尼迪，1963年12月22日遇刺身亡。

1980年，罗纳德·里根，1981年3月10日遇刺。

对于2000年当选的小布什，人们开始时也十分担心，但是不管怎样，小布什已经经历了一个任期，在这个任期中他毫发无损，破除了这种“诅咒”。毕竟巧合是偶然的，不是规律性的东西，因为前提和结论之间没有必然联系。

3. 完全归纳推理的作用

由于完全归纳推理的结论没有超出前提所断定的范围，因此有人便认为，它不能提供新知识，进而否定它在思维中的作用。这种看法是错误的。完全归纳推理的主要作用表现在以下3个方面。

第一，完全归纳具有认识作用。通过运用完全归纳推理，人们可以把有限数量的单程命题综合成为具有特定限度的一般性命题，进而使人们的个别认识上升为一般性认识。例如，一个班有三个小组，每个小组的同学都通过了考试，那么我们就知道这个班的同学通过了考试。

第二，完全归纳具有论证作用。完全归纳推理还可以作为论证的方法。因为完全归纳推理的前提与结论之间存在必然的联系，所以人们可以通过对前提中的每一对象进行考察并确定，从而达到对一般性结论的确定和证明。例如，在证明三段论一般规则中“两特称前提不能得结论”和“前提中有一特称判断，则结论特称”时，就是列举了两特称前提的一切情况和前提中有一个特称判断的所有情况，运用完全归纳推理进行论证的。

第三，完全归纳还有其他作用。例如，有这样一个故事，据说有一位老师在给几十个顽皮可爱的孩子们上课时，出了一个颇能消磨时间的算术题，他要孩子们计算一下：1+2+3+4+…+97+98+99+100。老师心里想，要加的数目这么多，可得费些工夫呢！而且一不留心，就会算错。可是，没过多大会儿，就有个孩子举手并说出了正确的答案。老师自然感到很吃惊，这孩子从哪儿来的答案呢？原来这位小学生以非常敏锐的观察力，看出这一连串要加的数目（从“1”到“100”）中，第一项和倒数第一项，第二项和倒数第二项，第三项和倒数第三项……每对的和全都为“101”，即：1+100=101，2+99=101，3+98=101……50+51=101。

而且，这样的排列刚好可以覆盖从“1”到“100”之间的全部数目。由此可见，从“1”到“100”之间，凡是与首尾距离相等的两项之和都是“101”。这是应用完全归纳推理发现的。根据这个性质，又根据排列成对的序数（可知共有50对），便能迅速得到正确答案，即101×50=5050。这就是德国的数学家、物理学家和天文学家卡尔·弗里德里希·高斯少年时代的故事，当时他才10岁。

为了论证某个一般性的论断，可以列举与此有关的一切对象，然后对其中的每一个别对象一一加以考察与确认，最后通过完全归纳推理，就可以证明这个一般性论断是否为真实的。

4. 运用完全归纳推理时应注意的问题

（1）完全归纳推理的前提必须是完全的，真实可靠的。如果遗漏其中的任何一个，或有一个前提虚假，都不能得到真实可靠的结论。

（2）完全归纳推理不能应用于一个具有无穷分子的类，因为无穷的分子是不能完全归纳出来的。

当对象数量有限时，运用完全归纳推理有它的优越性。可是，当人们所要认识的事物对象数量极大，甚或无限时，就很难甚至根本无法使用完全归纳推理。如果出现这种情况，就要使用不完全归纳推理。

（二）不完全归纳推理

不完全归纳推理是根据一类事物中的部分对象具有（或不具有）某种属性，推出该类对象都具有（或不具有）某种属性的推理。例如，孔雀会飞，麻雀会飞，啄木鸟会飞，大雁会飞；孔雀、麻雀、啄木鸟、大雁都是鸟，所以得出结论所有的鸟都会飞。当人们知道：北京限制汽车尾气排放，空气质量得以提高；天津限制汽车尾气排放，空气质量得以提高；西安限制汽车尾气排放，空气质量得以提高，而北京、天津、西安是中国北方的大城市，因此，可以推出结论，北方限制汽车尾气排放的城市，空气质量都得以提高。这都属于不完全归纳推理。它的公式可以表示如下：

S_1是（或不是）P

S_2是（或不是）P

S_n是（或不是）P

（S_1~S_n是S类的部分对象）

所以，所有S都是（或不是）P

根据前提中是否考察了事物对象与其属性间内在联系，不完全归纳推理可以分为简单枚举归纳推理和科学归纳推理，以下着重介绍这两种。

（三）简单枚举归纳推理

1. 什么是简单枚举归纳推理

简单枚举归纳推理也称简单枚举法，它以经验为主要依据，根据一类事物中的部分对象具有（或不具有某种属性），又没有遇到反例，从而推出该类事物的全部对象具有（或不具有）某种属性。例如，水稻可以进行光合作用，松树可以进行光合作用，小草可以进行光合作用等；而水稻、松树、小草等都是绿色植物，所以可得出绿色植物都进行光合作用的结论，它的形式可以表示如下：

S_1是（或不是）P

S_2是（或不是）P

S_n是（或不是）P

（S_1~S_n是S类的部分对象，并且枚举中未遇到相反情况）

所以，所有S都是（或不是）P

显而易见，这种推理的结论不是必然的。因为，在人们经验认识中，没有遇到反例，并不等于反例不存在，就像当时说“天鹅都是白的”一样，人们考察了欧洲、亚洲、非洲、美洲，结果是一样的，从而得出“所有的天鹅都是白的”的结论。可是后来，人们在澳大利亚发现了黑天鹅，一下子就把这个结论推翻了。数学家华罗庚曾对简单枚举归纳推理的或然性做了生动的说明，即从一个袋子里摸出来的第一个是红玻璃球，第二个是红玻璃球，甚至第三个、第四个、第五个都是红玻璃球的时候，人们立刻会出现一种猜想，“是不是这个袋子里装的都是红玻璃球？”但是，当人们有一次摸出一个白玻璃球的时候，这个猜想就失败了；这时，人们会出现另一个猜想：“是不是袋子里装的都是玻璃球？”但是，当有一次摸出一个木球的时候，这个猜想又失败了。那时人们会出现第三个猜想：“是不是袋子里装的全是球？”这个猜想对不对，还必须继续加以检验，要把袋里的东西全部摸出来，才能见个分晓。

简单枚举归纳推理是或然性推理。因此，要提高其结论的可靠性程度，一般可以从以下两个方面入手。

首先，应尽量增加枚举的数量，扩展考察的范围。前提中考察的对象越多，涉及的范围越广，则漏掉相反情况的可能性就越小，推理的根据就越充分，因而结论的可靠性就越高。

其次，要注意考察可能会出现反例的场合。简单枚举归纳推理的结论是一个全称命题，只要出现一个反例，结论就会被推翻。所以在进行此种推理时，要注意考察可能出现反例的场合。如果在一些有可能出现反例的场合中，都没有出现反例，那就说明某类事物与某种属性之间的关系较为密切，结论的可靠度就相对地提高了。

在运用简单枚举法时，如果不注意以上两点，而只根据少数对象的情况，甚至只根据这些对象的非本质的、偶有的情况，便推出一般性的结论，就容易犯“轻率概括”或“以偏概全”的逻辑错误。

简单枚举法是一种比较简便的推理方法，在日常生活中被广泛使用，人们的许多经验性知识大都是运用该法总结出来的，如“瑞雪兆丰年”“天下乌鸦一般黑”等。

2. 简单枚举归纳推理的作用

第一，简单枚举归纳推理是人们日常生活中进行工作经验概括的重要手段。如人们常说“冰冻三尺，非一日之寒”“谦虚使人进步，骄傲使人落后”“八月十五云遮月，正月十五雪打灯”等，都是根据生活中多次重复的事例用简单枚举归纳推理概括出来的。

第二，简单枚举归纳推理是科学研究的辅助手段。人们在科学研究中经常要使用观察、实验的方法。在这些方法的运用过程中，经常会出现一些用已有的理论不能解释的现象，这时就可以运用简单枚举归纳推理，对一些意外发现的事实当中所蕴含的普遍性、规律性做出一种初步的假定性解释。

（四）科学归纳推理

1. 什么是科学归纳推理

科学归纳推理（scientific inductive inference）又叫作科学归纳法，它是以科学分析为主要依据，依据某类事物中部分对象与其属性之间具有（或不具有）因果联系，推出该类事物的全部对象都具有（或不具有）某种属性的归纳推理。例如，铁受热后体积膨胀，铜受热后体积膨胀，铝受热后体积膨胀，银受热后体积膨胀；铁、铜、铝、银是金属中的一部分，因为它们受热后，分子的凝聚力减弱，运动速度加快，分子间的距离增大，从而导致体积膨胀。所以，可以得出这样的结论：所有金属受热后体积膨胀。它的逻辑形式表示如下：

S_1是P

S_2是P

S_3是P

…………

S_n是P

（S_1~S_n是S类的部分对象，并且S与P之间有必然联系）

所以，所有的S是P

1960年，英国一座农场的10万只鸡、鸭，由于吃了含有发霉的花生的饲料而得癌症死了，用这种饲料喂养的羊、猫、鸽子等，也先后患癌症而死去。1963年，有人在实验室里观察白鼠吃了发霉的花生后的反应，结果，白鼠得了肝癌，最后也死去了。为什么动物吃了发霉的花生就会得癌症呢？有个科学家将发霉的花生进行了化学分析，发现其中有黄曲霉素，而黄曲霉素是致癌物质。因此，这个科学家得出结论，动物吃了发霉的花生，就会致癌死去。这个科学家在推理过程中就是使用了科学归纳推理。

科学归纳推理通过考察个别对象具有某种属性从而推出该类对象都具有某种属性，可以使人们的认识由个别上升到一般；并且科学归纳推理具体考察了该类对象与属性之间的必然联系，因此使人们的认识更加深刻，产生质的飞跃。例如，长期以来，人们根据经验材料认识到，剧烈的、过度的运动会影响人的健康，但是，对于为什么这样，人们不了解。科研人员经过研究，找到了答案：剧烈的、过度的体力活动会增加体内多种荷尔蒙，这些荷尔蒙能压抑谷酰胺，而谷酰胺是一种控制人体免疫系统很重要的物质。谷酰胺减少，身体抵抗疾病的能力就会降低，就会影响人的健康。

通过科学归纳推理得到的认识，对于指导人们的实践活动具有十分重要的作用。

2. 科学归纳推理与简单枚举归纳推理的联系

（1）二者的前提中都只是考察了一类事物的部分对象，因此都属于不完全归纳推理。

（2）结论都是对一类事物的全部对象的断定，结论所断定的知识范围都超出了前提的范围，前提与结论的联系都不是必然的。

3. 科学归纳推理与简单枚举归纳推理的区别

（1）二者的推理根据不同，科学归纳推理是以分析事物与属性之间的必然联系为依据的；而简单枚举归纳推理是以观察某一事物情况的重复出现而又没有发现反例为依据的。

（2）前提数量的多少，对结论的意义不同，对科学归纳推理来说，前提数量的多少，对结论的可靠性并不起主导性作用，只要真正揭示了事物对象与其属性之间的因果关系，就可以得出非常可靠的结论；而简单枚举归纳推理则要求前提数量尽可能多，这样得出的结论可靠性也就越大。

（3）二者结论的可靠程度不同。科学归纳推理结论的可靠程度高于简单枚举归纳推理。因为科学归纳推理在前提中考察了一类事物对象与其属性间的因果关系，是建立在科学分析的基础之上的。这种方式显然优于仅凭经验次数的众多而得出结论的简单枚举归纳推理，当然结论的可靠程度也就得到了加强。①

三、归纳推理与横向结构

归纳作为一种推理形式或思维方式，不论在科学研究领域还是在社会生活领域，都具有不可或缺的功用。因为无论是完全归纳推理还是不完全归纳推理，都具有从个别到一般的认识作用，也具有论证的作用，所以在罗列结构性思维标准结构的横向结构时就可以运用归纳推理，使横向结构更加完善。

例如，某公司的销售负责人要写一篇报告，向上级申请在城乡结合部地区多增加实体门店。首先来看一下，这位负责人为什么会得出要在城乡结合部地区多增加实体门店的结论。因为在全国范围内有几个实体店的市场占有率明显高于其他地区，而这几个实体店都处于城乡结合部，再进一步调查发现城市结合部虽然地域空旷、环境偏僻，但外来人口相对集中，有一定的购买需求，而竞争对手在这里发展薄弱等情况与市场占有率高存在因果关系，于是在此基

① 周艳玲，冯婕，韩雅青．逻辑学与思维方法训练［M］．北京：化学工业出版社，2012.

础上可以得出结论：凡城乡结合部的市场占有率都比较高。这一负责人之所以能得出这样的结论，就是运用了科学归纳推理。

那么，他的报告结构就如图3-18所示。

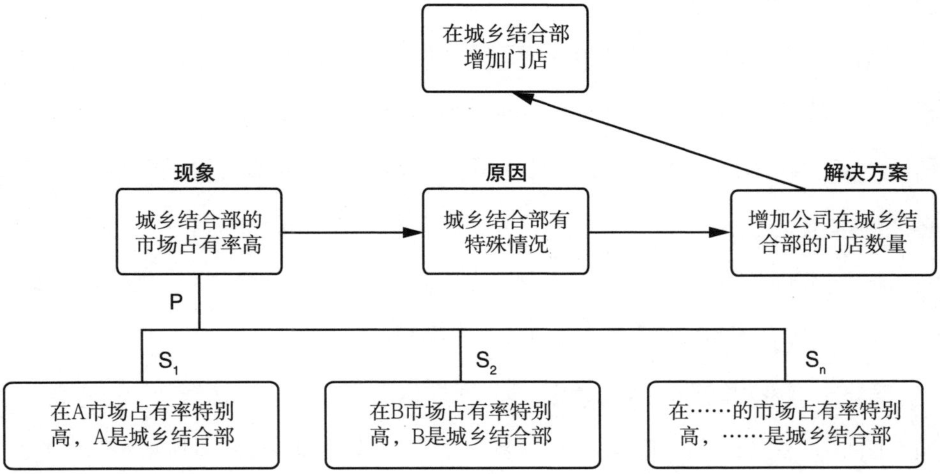

图3-18　“增加城乡结合部门店”结构图

在G下面的第一层横向其实是一个“现象、原因和解决方案”的演绎推理，那么怎么推理出这个现象的呢？就是通过归纳推理。所以在报告的相应段落里，就要说明全国有哪几个实体店的市场占有率明显高于其他地区，而这几个实体店都处于城乡结合部，并得出城乡结合部的市场占有率会高的结论。这栏，这份报告在这一部分的横向结构就会比较完善，而且推理也会更有逻辑，得出的结论更具说服力。

四、归纳推理与演绎推理的关系

归纳推理与演绎推理既相互区别又相互联系，它们是辩证统一的。归纳推理与演绎推理的区别主要表现在以下三个方面。

第一，思维进程的方向不同（推理认识发展过程的方向不同）。归纳推理是从个别到一般的推理，而演绎推理是从一般到个别的推理。

第二，结论断定的知识范围不同。归纳推理的结论所断定的知识范围都超出了前提所断定的知识范围；而演绎推理的结论所断定的知识范围没有超出前提所断定的知识范围。

第三，前提与结论间的联系程度不同。归纳推理中前提与结论之间的联系是或然的，即必要条件的关系，前提被结论所蕴涵。而在演绎推理中前提与结论之间的联系是必然的，即充分条件的关系，前提蕴涵结论，前提可由结论必然地推出。

归纳推理和演绎推理虽然有区别，但是它们又是相互联系在一起的，是统一的。它们之间的联系主要表现在以下两方面：

第一，归纳推理的结论为演绎推理提供了前提。演绎推理的一般性知识的大前提，需要借助于归纳推理从具体的经验中概括出来。从这个意义上说，没有归纳推理就没有演绎推理，归纳推理是演绎推理的基础。

第二，演绎推理为归纳推理提供了指导。归纳活动的目的、任务和方向是归纳过程本身所不能解决和提供的，这只有借助于理论思维，依靠人们先前所积累的一般性理论知识的指导，而这本身就是一种演绎活动。①

正因为归纳推理和演绎推理的关系是辩证统一的，在实际思维过程中，归纳推理和演绎推理应该相互依赖、相互渗透、互为补充，图3-18就是一个典型的相互补充的例子，本书接下来的章节中还会有一些类似的例子，大家可以从中感受这种依赖关系，以及演绎和归纳这两种推理的结构和论证作用。

---

① 李峰. 逻辑与语言表达［M］. 北京：中国传媒大学出版社，2013.

本章小结

第三章主要介绍了结构性思维标准结构中的纵向和横向两个子结构。

第一节总括性地介绍了纵向结构分为自上而下和自上而下两种情况，横向结构有演绎和归纳两类。

第二节介绍了自上而下的询问和回答，重点说明了设定场景、明确目标、确定主题、设想问题和回答问题的五个步骤。

第三节从收集信息、分类整理和概括总结这三步介绍了自下而上的概括和总结，并强调要分清事实和观点。

第四节横向结构中的演绎，主要介绍了逻辑学中的演绎推理以及演绎推理在结构性思维之中的应用。

第五节则重点阐述了逻辑学中的归纳推理。

这一章的目的是让读者更深入地了解结构性思维标准结构中的纵向结构和横向结构，这样可以在未来思考和表达的时候更具有逻辑性和说服力。

第四章
再探结构性思维

第一节　目标、主题、标题和序言

结构性思维标准结构有三个子结构，除了第三章介绍的纵向结构和横向结构之外，还有一个序言的结构。这一章中会讲述序言的结构。在进入正题之前，先对目标、主题和标题进行一个简单的描述。

一、为什么要有目标

结构性思维的四大原则之一是结论先行，它要求我们在表达时把结论发在前面说，而在结构性思维标准结构图中，就要把中心思想G放在首位。之前我们主要是从沟通和表达的角度认为，结论先行是因为在大脑存在极限限制的情况下，应该把结论放在最前面，特别是在或信息复杂，或时间紧迫，或受众需要的时候，结论先行也让文章的整体结构看上去非常整齐、有序。

其实从思维的角度讲，平时思考的时候也应当结论先行，换一种说法就叫作“关注目标”。这一点在企业的经营和管理中并不陌生，它说的其实就是以终为始，以结果为导向，强调经营管理和工作的结果（经济与社会效益、客户满意度等），以及经营管理和日常工作中表现出来的能力、态度均应符合结果的要求，否则就没有价值和意义。

曾有人做过这样一个实验：组织三组体力、能力和性格相似的人，让他们分别向20公里外的三个不同村庄步行。

第一组的人对村庄的名称和路途的长短一无所知，实验主持者只告诉他们跟着向导走就行了。刚走了四五公里就有人叫苦，走了一半时有人几乎愤怒了，他们抱怨为什么要走这么远，何时才能走到。又走了几公里，离终点只剩三四公里时，有人甚至坐在路边不愿走了。坚持走到终点的人只有一半左右。

第二组的人知道村庄的名字和路段，但路边没有里程碑，他们只能凭经验估计行程时间和距离。走到一半的时候大多数人就想知道他们已经走了多远，比较有经验的人说："大概走了一半的路程。"于是大家又簇拥着向前走，当走到全程的3/4时，大家情绪低落，觉得疲惫不堪，而路程似乎还很长，直到有人说："快到了！"大家才又振作起来加快了步伐。

第三组的人不仅知道村子的名字、路程，而且公路上每一公里就有一块里程碑，人们边走边看里程碑，每缩短一公里大家便有一小阵的快乐。行程中他们用歌声和笑声来消除疲劳，情绪一直很高涨，所以很快就到达了目的地。

资料来源：易红，朱文浩. 从培训管理到绩效改进［M］. 北京：机械工业出版社，2013

其实"结论先行"也好，"关注结果"也罢，其中的"结论"或"结果"就是上述故事中所的说"要达到的目标——村庄"，当人们的行动有明确的目标，并且把自己的行动与目标不断加以对照，清楚地知道自己的行进速度和与目标相距的距离时，行动的动机就会得到维持和加强，就会自觉地克服一切困难，努力达到目的。由此不难认识到"结论先行"和目标在思考或行动领域的重要性。

二、为什么要有主题

以前狭义的主题就是指文章或作品中所表达的基本观点，如文章主题、演讲主题等。在现代社会中，主题有了更宽泛的概念，主要是指题材概念，如主题酒店、主题乐园、主题餐厅之类的。

那么为什么要有主题呢？不妨先来看一下没有主题会发生什么样的情况。

如果一个会议没有主题，那么大家开会说了半天，讲的可能都是些无关紧要的内容，最后会议效率特别低，甚至不会有什么收获。

如果一篇文章没有主题，那么这篇文章即便是洋洋洒洒上万字，写的内容只能是东一榔头西一棒子，最终读者都不知道作者想要表达的是什么。

如果一个演讲没有主题，那么听众可能都不知所云，要不就是听着听着走神了，或者是睡着了，要不就是实在听不下去，直接起身离开。

如果一个公园没有主题，那么它就只能是一个普普通通的公园，这样的公园可能到处都有，没有任何特色。

如果一家酒店没有主题，那么它可能就会缺少亮点，缺少对某些特定人群的吸引力，甚至是酒店建立之初就缺乏好的定位。

如果……

这样的“如果”还有很多很多。因为本书重点讲的是与表达相关的内容，所以在介绍主题时，我也把重点放在这一范围内。

对文章、演讲等这一类的表达来说，主题在不同的文体或表达体裁中有不同的称谓：在议论体裁中，主题叫“中心论点”或“基本观点”；在一般记叙体裁中，主题被称为“中心意思”或“中心思想”；在一些文学作品中，也被简称为“主题”或“主题思想”。

主题是表达的“灵魂”。表达质量的高低，价值的大小，成败的关键，其决定因素就在于主题是否正确、深刻。因为只有正确、深刻的主题，才能有益于读者，有益于社会。这犹如一个人，无论身体健康与否，头脑聪明与否，只有灵魂是纯洁高尚还是污浊卑劣决定了这个人是好人还是坏人。所以，表达之初选择和确立什么样的主题，是一个极其重要的问题。一篇文章、一场演讲，即使讲述的内容是相同的，如果主题不同，就会产生不同的影响。例如，同是描写北宋水泊梁山农民起义的两部小说，主题却不相同，元末明初施耐庵的《水浒传》成为歌颂封建统治时代的农民革命斗争精神，反映农民起义的史诗；而清代文人俞万春的《荡寇志》是一部把起义农民作为流寇来围剿消灭的作品。

唐人刘禹锡曾说过："山不在高，有仙则名；水不在深，有龙则灵。"如果把这句话借用于表达的主题，那么主题就恰如山中之"仙"、水中之"龙"。离开了它，表达就黯然失神；有了它，表达才神采流动。所以，主题就是表达的"灵魂"。

主题还是表达的统帅。一篇文章的材料如何取舍，语言如何遣用，表现手法如何穿插，以至标题如何制定，都要根据主题表现的需要加以酌定。关于这一点，不少古人都有不同程度的说明，讲得最清楚、完整的是著名学者王夫之。他说："无论诗歌与长行文字，俱以意为主。意犹帅也，不帅之兵，谓之乌合。李、杜所以称大家者，无意之诗，十不得一二也。烟云泉石，花鸟苔林、金铺锦帐，寓意则灵。"王夫之在这里明确地说明了两点：第一，有韵之"诗"与无韵之"文"，最重要的都莫过于确立主题，有了好的主题，"烟云泉石，花鸟苔林，金铺锦帐"都可以写，真可谓"万物皆备于我"。这些材料中只要蕴含着好的主题，就会活灵活现，被赋予生命，具有意义。第二，他强调"意犹帅也"，即主题是一篇文章的"统帅"，把一篇文章比作一支军队，主题就犹如这支军队的"统帅"。没有这个统帅，这支队伍就是一群"乌合"之众，不能用以作战；有了这个统帅，就能驾驭全局，指挥若定，夺取战斗的胜利。

纵观古今百家之文，无论是洋洋数万言的长篇巨著，还是寥寥数语的讽刺小品，或是仅仅四句二十来字的绝句，凡是被人称颂乐道的，关键就在于有一个统率全篇的正确、深刻的主题。例如，鲁迅先生著名小说《故乡》的主题就是通过主人公闰土的变化，表现劳动人民在封建势力统治下所遭受的沉重灾难，说明劳动人民必须赶快觉醒寻求自己解放的道路，而构成这篇作品的其他诸要素，如材料、语言、表现手法、标题等，都是根据主题的需要加以处理的。如作者为什么既写闰土的童年又写闰土的成年，这是主题的需要。因为只有通过闰土的童年与成年的对比，才能突出闰土从朝气蓬勃到麻木不仁的思想变化，才能表现反动统治阶级从经济上剥削劳动人民，从精神上奴役劳动人民的罪恶。唯其有了这个变化，才能说明劳动人民赶快觉醒寻求自己解放道路的必要性。那么，在描述主人公闰土变化的同时，为什么又要描述次要人物豆腐西施杨二嫂呢？这也是主题的需要。杨二嫂是一个善于钻营的小市民。作者以善于钻营的小市民的破产，为表现贫苦农民闰土的悲剧做了铺垫。它告诉读者，在半封建半殖民地的旧中国，连善于钻营的小市民尚且如此，广大贫苦农民的状况也就更不堪言了。因此，作品中的杨二嫂是揭露半封建半殖民地病态社会的一个方面，是表现主题不可缺少的次要材料。[①]可见，文章有了一个统率全篇的正确、深刻的主题，就会像画龙点了睛，使龙摇头摆尾，腾空而起，就会像一个部队有了统帅一样，进、退、攻、守，章法分明。正如现代作家王汶石所说："思想的火光一旦燃起，所有的生活事实、细节都被统统照亮，活动了起来，向主题思想的光点聚集，各找各的位置，各显各的面目；一个作品的轮廓就明显起来，形成起来。"这句话生动形象地明确了写文章时明确主题统率全篇的重要性。

综上所述，主题是表达的灵魂、统帅，是决定表达成败的关键。

三、为什么要有好的标题

标题又可以称为题目，它的意思是标明文章、作品等内容的简短语句。"看书看皮，看报看题"，这句话强调了标题的重要性——它是首先映入

① 张元录．主题的来源及其重要性［J］．青海师范学院学报（哲学社会科学版），1982（1）．

受众眼帘中的“信息”，起着“先声夺人”的作用。郭沫若先生曾进行过这样的考证：“题”的本义是指“额”，而“目”自然是指眼睛，文章的标题犹如一个人头上的“额”与“目”那样重要。“洞房昨夜停红烛，待晓堂前拜舅姑。妆罢低声问夫婿，画眉深浅入时无？”新娘第一天拜见公婆，肯定是周身上下都经过仔细打扮的，但她最关心的却是她脸部尤其是眉目的粉黛是否合适，足见一双美目对人的整个容颜所起的重要作用。[①]好的标题即文章的“美目”。

古人还有言“花香蜂自来，题好一半文”，这句话充分说明标题之于文章的重要性。一个新颖别致、简洁明了的亮丽标题是表达内容成功的一半，会使受众怦然心动，欣然阅之，往往能达到先声夺人的艺术效果。

不同的标题对于所要表达的内容而言也有不尽相同的特殊作用。

1. 概括主要内容

一些古典小说中章回的标题，往往就概括了这一章的主要内容，如《三打白骨精》《智取生辰纲》《桃园三结义》《林黛玉进贾府》等。

2. 表现主要人物的性格或形象

例如，电视连续剧《铁齿铜牙纪晓岚》的标题既点名了主要人物——纪晓岚，又突出了该人物的形象——铁齿铜牙。

3. 直接或间接表明态度

俄国作家契诃夫早期创作的一篇讽刺小说《变色龙》，这一书名通过运用比喻的修辞方法，既生动形象地写出了主人公见风使舵的性格，又表明了作者对此类人物的讽刺。

4. 作为线索贯穿

例如，在朱自清先生著名的纪实散文《背景》一文中，“背影”就起到了线索的作用。朱自清先生通过抓住背影这一外貌特写镜头，来表现父子深情。

① 卢占中．美目亮娇颜——亮出文章标题［J］．现代语文（文学研究），2007（5）．

5. 设置悬念

例如，耳熟能详的苏联作家尼古拉·奥斯特洛夫斯基所著的一部长篇小说《钢铁是怎样炼成的》，就是直接把小说的名字设成了一个疑问句，既制造了悬念，又引起了读者的兴趣。

另外，好的标题还能有其他一些作用，如引发受众思考。在网络时代，一个好的标题还是吸引眼球、增加点击量的关键。

四、为什么需要序言

序言通常是主要内容之前的一段信息，如前言、引言、导言，演讲时的一段开场等都可以算作序言。

序言可以是向受众说明表达的意图及表达内容中所阐明的主要问题，也可以是概述受众已知的信息，并将这些信息和即将表达的主要内容建立联系。

可以说，序言是表达内容的门面，是一个人的外表。文章或书籍的序言第一个重要作用便是让审稿人明白书稿的价值，序言往往可以体现作者独到的习作风格，因为要写好书稿的序言需要一定的技巧，很多审稿人在品读序言的过程中就已经在潜意识中对文章有了定论。读者也可以从序言中看出此组文章或书的精华。

序言的第二个作用是引领受众进入主要内容。可以说，文章、演讲的序言部分做得好，受众的接受率也会提高。一个好序言，不仅可以让受众更好地了解所要表达的大概内容或意图，又可以引起受众的兴趣。

下面是韩寒的《1988：我想和这个世界谈谈》的序言：

这部小说完成在2009年至2010年之间，我从2009年的夏天就开始落笔，多事之夏，最终停滞。到2010年初的冬天继续开始，再停滞。一直到2010年的夏天，一样多事之夏，但完成了1988。1988是里面主人公那台旅行车的名字。本来这本书就叫《1988》，序言是《我想和这个世界谈谈》，不料期间日本的村上先生出了一本《1Q84》，我表示情绪很稳定，但要换书名。又是几经周折，发现再无合适。就好比孩子要在出生之前，你已经为他想好了名字，并且叫了一年，忽然间隔壁邻居比你早生了一个和你叫了差不多名字的小孩，你思前想后，发现其实你内心已经无法更改。最后他还是叫《1988：我想和这个世界谈谈》。如果有未来，那就是1988——我也不知道。故事在书的末尾告一段落，不知道它是否能有新的开始。我从来没有用这种方式和文字写过小说，仿佛之前的一切准备都是为了迎接她。在过往，我觉得自己并没有做好准备，我是否能这样去叙述。但是在这个凌晨，我准备好了，让我们上路吧。以此书纪念我每一个倒在路上的朋友，更以此书献给你，我生命里的女孩们，无论你解不解我的风情，无论我解不解你的衣扣，在此刻，我是如此地想念你，不带们。

资料来源：书包网（www.bookbao.com）

短短的450个字，既阐明了作者的写作意图、写作的心路历程以及书名的来源，又引发了读者的兴趣，想接着往下看，比如为什么旅行车的名字叫1988，书中到底都谈了些什么，末尾告一段落是什么意思，整个故事都是怎样发展的，等等。

第二节　如何设定明确的目标

一、什么是目标

目标是个人或组织在未来一段时间内要达到的目的。按照不同的分类，可以得出不同的目标：

按时间分：长期目标、短期目标、中期目标。

按层级分：公司目标、部门目标、岗位目标。

按结果分：经济目标、环境目标、生存目标。

目标可以分成很多类。

目标是分工、决策的基本依据，也是考核、激励的标准。

既然结论先行如此重要，那我们就要知道，如何设定明确的目标或结果，这样才能让结论先行这个动作有的放矢。可是，什么样的目标才是一个明确的目标呢？我们就从设定目标的步骤来解决这个问题。

二、设定目标的步骤

（一）我想要实现什么

我们需要在脑海中反复问自己，我想要实现的是什么？

例如，你认为最近自己太胖了，就想着要减肥，那么这个时候你想要实现的愿望就是“减肥”。那么在此基础之上，你还得不断地问自己这样一些类似的问题：

1. 这个愿望有刺激性、激励性吗？
2. 这个愿望足够让自己行动吗？
3. 这个愿望能让自己不断追求吗？

（二）我要怎样实现它

如果说“我要实现什么”是一个愿望，那么“我要怎样实现它”就是愿望基础上的行动。这时，要不断确认类似下面的问题：

1. 我要怎么做？
2. 我该怎么做？

仍以上面“减肥”的愿望为例，“我要怎么做”就是“我要多运动”。“我该做什么”就是“我要每天做40分钟有氧运动”。

（三）我要取得怎样的结果

“减肥”并不是一个合理的目标，只能算作一个“愿望”，之所以这么说是因为它没有一个明确的标准，或者可以量化的结果。而“要取得怎样的结果”就必须是一个可量化和衡量的结果，如结果可以是“瘦10斤”。

（四）我要什么时间完成

除了有一个可量化的结果，达成结果的时间也必须是可量化的，否则多久完成这个结果才能叫完成呢？所以在设定结果的同时，得给自己规划一个时间。例如，设定要在2个月内瘦下去。

（五）将上面各问题的答案进行组合

结构是整体和部分的关系，一个好的目标也应把它看作各个部分的组合，就是上面每个问题答案的组合。所以减肥的目标就是，在未来两个月内，每天做40分钟有氧运动，减掉10斤。图4-1即为这个明确目标的结构。

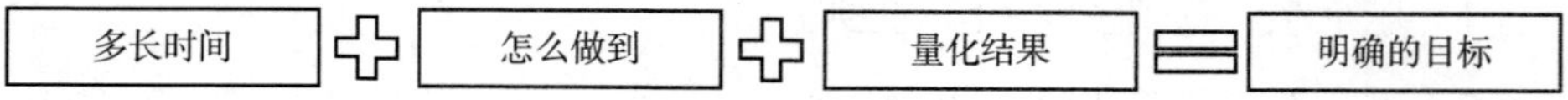

图4-1 “明确的目标”的结构图

三、设定明确目标的原则

（一）让目标始终存在

从绩效改进的观点看，目标与现状之间存在差距，根据这一判断，再来选择、设计和实施干预措施及方案，并在这一过程中不断地论证方案达成目标的可能性，最后还要以目标作为衡量的依据评价绩效改进的结果。

从结构性思维的角度看，无论是上下对应，还是分类清楚，都需要在结论和目标下，严格对应和分类。

所以必须保证始终有一个目标存在，才可以进行后面的动作。当然让目标存在，并不是简单设立一个目标，而是要让目标存在于每个相关人员的心里，得到大家的认同。例如，在减肥时，必须一直肯定和追求这个目标，每天都提醒自己这个目标，才能不断坚持运动、减肥。又如，本章第一节中实验中的第二组，当大家都知道快到达目的地了，才又振作起来。

（二）不求一次完美

谁都希望一次就把事情做到最好，就好像每一个家长都希望孩子考100分，但是对于一个刚刚拿到60分的孩子来说，100分或许太远，不如先把目标设定在70分，然后到80分……这样一步步来，是不是更有希望一些呢？同样，在设立目标之时，我们要有远大的目标，更要有合理的目标。设定一个合理的目标，会使工作起来更实际，效果更好。但是同为60分的孩子设定目标一样，这里的不求一次完美，并不是设定一次目标，只做一次就完了，而是在达到合理目标后坚持下去，不断改进，以求最后的完美。

（三）要科学调研

无论是明确目标还是怎么达成目标，都应当进行科学的调研和论证，对企业来说就得分析市场环境、公司情况、标杆企业等，对个人来说明确的目标也要和个人的时间、精力、能力等这些因素相匹配。这些都不能是一下子就想出来的。我曾经见过一家公司为了制订未来三年的规划，就把公司的一批高管聚在一个小会议室里，然后大家分组讨论，今年要赚多少钱，明年赚多少钱，未来几年要上市。这样设定出来的目标更像是在做梦。不过这里所说的科学调研不是希望大家严格把目标限定在调研的那些数据里，还要在小心求证的前提下，大胆假设，敢于突破。

四、如何明确对话的目标

上文介绍的是工作和生活中一般情况下，应该如何就做事情设定一个明确的目标。然而工作和生活中还有一些对话的情形，如沟通、谈判、辩论，那么在面对这些情况的时候，如何设定目标呢？

（一）提前预想场景，越具体越好

1. 场景不同，目标就不同

提前预想场景对设定对话目标乃至设计对话内容都是至关重要的，因为场景不同，目标或内容就会发生相应的变化。

比如，如果对话的场景是商务谈判，那么目标就不应是谁要说服谁，而是尽可能达成双赢。

再比如，如果对话场景是辩论赛，那么目标就不是要说服对方辩友，而是要说服观看辩论赛的评委或观众。

2. 同一场景，也有不同情况

通常一个大场景中，具体的小场景也会有不一样。同样是商务谈判的场景，可能其中某一些条款就是不能退让的，这个时候这个小场景就变成了说服和辩论综合的情况，所以在这一阶段目标也会做相应的变化。

综合以上两点就会发现，在对话前要想好对话的每一个环节可能出现的具体场景，因为场景的变化可能会导致主题或目标的变化。

（二）分析对话双方，站在不同角度

1. 清楚自己的目标

既然在做某件事情以前，要明确自己的目标，那么同样，在对话前，也需要想清楚自己想要达到什么样的目标。也许想要表达一个态度，也许只是陈述一个观点，也许是想让对方有所行动，这个目标不同，在和对方说话时候的

语气、内容就会发生不一样的变化。因此，一定要从表达的角度想清楚这一段对话的目标。

例如，在下班回家之后很累，就和家人说了一句“今天真是太累了”，其实这样一句话的目标或者主题是不明确的，也许只是想表达一下现在的感受，说完就完了。可是家人听后可能就会想，这是不想吃饭，准备直接休息了，还是希望寻求安慰呢？所以，在说话之前一定要把自己想表达的目标想清楚，然后把这个目标表达清楚，而不是在自己都不知道要实现的是什么的情况下，就随意表达，导致意思不明，模棱两可。

2. 分析对方要实现什么

这是出于两个原因，一是在对方表达清晰的情况下，让你和他的沟通能在一个频道上，乃至占一定优势；二是在对方表达不清晰的情况下，让你能更快地了解对方的目的。

比如，在谈判的过程中，如果能知道对方谈判的最终目标，那么肯定会在谈判的准备过程做相应的准备，如果大家的目标一致，更容易达成双赢。

再比如，在设计广告的时候，最终目标是“买我吧”，但是在广告的过程中，不应该使用这么直接的目标，而是要站在顾客角度设定一个目标来和顾客沟通，让顾客觉得这个产品也能实现他的目标，从而实现广告“买我吧”这个目标。

第三节　好主题是怎样炼成的

上文提到，主题是作者所表达出来的基本思想，而且主题是灵魂与统帅，在表达中有着至关重要的作用，那么一个新颖、深刻的主题是如何形成的呢？这个问题必须想清楚，才能在未来的工作和生活中善于发现和设置主题。主题的形成这并不是会因为灵光乍现，而是有一个酝酿、提炼和升华的过程。

一、酝酿：长期积累，偶然得之

高尔基曾说:“主题是从作者的经验中产生，由生活暗示给他的一种思想。”作者或者演讲者在长期工作和生活实践中，积累了大量的生活经验，或者是通过细致深入的调查、采访、阅读获得了大量的材料，逐步形成了一些朦胧的思想，在遇到一个偶然的契机时，如被某种事物、某篇文章、某个人、某个场景等刺激和启迪，心中豁然开朗，原来储存在记忆中的表象及某种意念闪现出来、明朗起来，同时产生了将朦胧的思想写出来或与别人进行探讨的想法。鲁迅在谈到《阿Q正传》的创作时说:“阿Q的形象在我心目中似乎确已有了好几年……”作家在长期的生活积累中，有些人和事总会牢固地留在他的记忆里，一旦被有关事物偶然触发，敏感的作家旋即产生了强烈的写作愿望，可谓茅塞顿开，豁然开朗。

朱自清先生的《背影》这篇散文，生动地刻画了一位慈父的形象，感人至深。朱自清先生曾说过，他写《背影》是由父亲的一封来信所引起的:“当时读了父亲的信，真的泪如泉涌。我父亲待我的许多好处，特别是《背影》里所叙的那一回，想起来跟在眼前一般无二。”父母养育之恩，情深似海。父母的任何一点细微的关怀都将激起子女心中感激的浪花。《背影》主题的形成，典型地体现了“长期积累，偶然得之”的这一过程。

由此可见，主题的形成并非凭空而来，而是经过长期积累的酝酿过程。

二、提炼：全面分析，发现本质

主题是作者或演讲者对现实工作、生活和客观事物深入思考的产物。酝酿得出的主题只是一个朦胧模糊的概念，那么如何更进一步提炼出主题呢?

首先，要对酝酿出的朦胧的主题有一个全面的理解，既要认清这个朦胧主题中所涉及的各种关系，也要把握它自身的构成及变化规律，不但要熟悉它的内部特征，还要了解它的内在联系。要对大量的感性材料进行认真分析研究，使认识由片面到全面，由表层到内质，由感性向理性发展。其次，要把朦胧主题放在一定的背景条件下进行系统的分析，用全局的眼光去衡量它，看它和周围的事物究竟有什么关系，意义何在。经过这样的分析，就能透过现象发现本质，理解其价值。最后，在提炼主题的过程中，还要把握事物的个性。任何事物都有它自身的特殊之处，只有发现它、抓住它，才能更好地提炼出主题来。

吴伯威先生在其主编的《基础写作教程》一书中，认为提炼主题要从人、事、景、物、情、理及其相互关系方面入手。

（1）与人相关，要突出人物的个性，尤其要剖析其内心世界。

（2）叙事的主题要说明事情的意义，并写清楚事情的来龙去脉，即事情的发生、发展、经过和结果等。

（3）与景相关的主题要体现景的情意作用，即借景抒情、情由景起、景因情异、情景交融等。

（4）言物的主题要把物的特征和人的特征联结起来，即“托物言志”或叫作“以物称意”。

（5）抒情的主题要表现情的缘由，以及曲折、波动、发展、变化等状况。

（6）说理的主题要从逻辑等方面讲清楚道理的关键点。

三、升华：主打价值，提升层次

其实做到提炼这一步，主题就相对比较明确了，比如叙事的主题，基本事情的来龙去脉都清晰了。那么，为什么还要进行升华，主打价值，提升层次呢？

首先看一下主打价值。通常描述或讨论一件事情的时候可以分两个层面，即事实层面和价值层面，也可以叫作实然层面和应然层面。

事实层面（实然层面）是指实际中存在的事实是什么。价值层面（应然层面）是指从价值上、感情上、理想上应该是什么样子的。例如，在讨论是否应该送老人进养老院的时候，不仅要看养老院实际的状况是什么样的，送老人进去是否能得到很好的照顾这一事实层面，还应该从老人和子女的情感角度出发，乃至对社会产生的影响等价值层面讨论送老人进养老院所产生的利弊。因此，好的主题一定有一个积极的价值。

其次看一下提升层次。在提炼主题时分析的各个方面，即使不举例子，也不难理解。但是在升华主题的时候，什么是主打价值，提升层次呢？这感觉有点空，让人摸不着头脑。这里举一个例子，具体看看如何提升层次，如何主打价值。

2015年4月，某女童在某城市街头“方便”一事因为一些媒体登出了类似“女童街头小便，折射国人很不文明”这样的标题，引发了一次网上的大讨论。当时这个话题涉及的范围还是挺广的，持续的时间也比较长。当时很多人提出了不同的意见，来反驳这样的标题和这样的结论，如该城市公共设施不齐全，小孩子街头“方便”另有原因等。我们看到，大家把讨论的主题仍然限定在了这个事件本身，纠结于细节之中，这就很难讨论清楚这件事到底是不是不文明的体现。

但是这时候陈道明的一篇微博立刻让这个讨论提升了一个层次。他的微博是这么写的：

文明的意义除了不当街便溺，还有善意与宽容。前者是表象，后者是根本。真正的文明是碰到这样的情况，走过去善意咨询那位母亲是否需要帮忙，或指引她找厕所，而不是冷漠地拍照当成渲染素质低下的证据。

资料来源：新浪微博（www.weibo.com）

为什么说陈道明将这个讨论提升了一个层次呢？因为他发表这篇微博的主题并没有局限在这件事本身，而是上升了一个层次，在讨论文明的意义。因为当街“方便”只是违反文明的表象，真正违反文明的本质的是那些媒体的行为。这种提升主题层次，乃至提升讨论层次的方法非常重要。

综上所述，主打价值和提升层次，都是为了让主题上升一个高度，使得主题更加有意义。

第四节　如何设计标题

人们经常把吸引力当作评判表达好坏的重要尺度之一，标题又是增强吸引力的第一要素。在网络时代，标题更成为竞争的第一“着眼点”，是表达的内容为受众所接收的必经通道，是内容发生作用的起始点。例如，当一篇报道出现在读者面前时，标题很有可能决定着读者的阅读取向；当一张报纸摆在报摊上时，标题很有可能决定了读者的购买取向。因此，很有必要为内容设计一个好的标题。

起标题，实际就是自下而上概括和总结的过程，只不过这个概括要求更高。下面就为大家介绍五种设计标题的方法。

一、求小

这里的“小”不是说标题的字数要特别少，而是标题所体现的范围要小。例如，写有关小学生考前作业减负的文章，《谈减负》就是一个范围很大的标题，但是如果改成《小学生作业减负》则缩小了范围，再改成《谈小学生考前作业减负》则范围更小、更具体了。

之所以要将标题的范围缩小，是因为范围大的标题让人一看就觉得很空，提不起兴趣；表达的人在根据标题整理内容的时候，也容易把素材整得太大、太空、太多，这些都不利于受众的接收和自身的呈现。

范围小的另一种表现就是接地气。例如，地方媒体报道国家出台的政策，标题就应当与对本地生活的影响相关。这样受众才有更大兴趣去了解这个政策的内容，否则即使内容和该政策再好，也容易被读者以事不关己为由，一扫而过。

二、求精

这要求文章标题应当短小精悍。在大众传播中，简明的样式能更快捷地被感知，首先成为注意的对象。根据法国著名心理学家亚复的研究，受众在阅读文字时，眼球跳动时看不见文字符号。只有眼球停下来时，才能看清字。一般人每次眼球停下来的时间为1/3秒，能感知到的字为6~7个，因而在受众的匆匆一瞥中，只有简明的标题才能被清晰地感知到。

标题短，传达信息快捷，才容易被受众感知。标题短看似和范围小之间有一些矛盾，但其实只是文字少，并非信息量小。标题又要短，又要有内容，这就考验语言的功夫。“一千个读者心目中就有一千个哈姆雷特”这个标题引用了别人的话，不能说不好，但是改写成“一千个哈姆雷特”可能更好些。哈姆雷特人人熟知，标题引用的话也是大家熟知的，改成“一千个哈姆雷特”，将没说的交给读者自动补全，文字简短了，可是范围依然不变。

三、求实

标题要忠于内容，即在概括内容时，不可虚构，也不能扩大。标题必须无条件地忠于内容，可以从内容中选择某一部分，但是这种选择不能不顾及内容的全貌，不能歪曲基本内容。这是设计标题必须遵循的基本原则，也是上下对应的要求。在制定标题和组织内容的时候都应该注意。

例如，一则文章的标题是“丰富多彩的理想”，可是在行文时，除了理想外，还过多地写了学习、人生观，这样的标题与内容就不是相等的了。题为“丰富多彩的理想”，可是谈的只是自己的理想变化，文题与内容没有重合，完全是两回事，这也是犯了大忌。[①]

求实还有一层意思是要朴实，不要花哨，要清楚，不要云山雾罩，让受众一头雾水。在紧张的工作之余，人们更愿意读一些简短明了、深入浅出、实实在在的标题，那些矫揉造作、故弄玄虚，看起来费解、读起来费劲、想起来费神的标题，虽然一时能够引起受众兴趣，但最终还是很难让受众喜欢的。

2005年10月23日，一家都市报刊出一则消息，标题是“网上调查近半数男性已婚者出过轨”，乍看题目，真是大吃一惊。但细看正文，才知道是虚惊一场。原来这个“近半数”有许多限制词——“知识层次很高、收入中上等、居住在大中城市、有上网习惯、绝大多数在40岁以下的一部分网民”。无独有偶，有段时间在网上被广泛转载的一则新闻《北京15%的爸爸“戴绿帽”，替别人养孩子》，很多人也是在看了正文后大呼上当。原来所谓的15%是指该年内北京人委托专家进行亲子鉴定的近600例检测中，有15%的检测结果为非亲子关系，所以标题改为“北京15%受试爸爸在替别人养孩子”才准确。[②]

四、求彩

“彩”在这里的含义有很多，标题有新意会出彩，有文采会出彩，在一些场合，标题的字体变化也会让标题出彩。

① 丁广杰，张港．如何设计一个好标题［J］．求学，2001（7~8）

② 郑伟．试论“读题时代”的标题制作技巧［J］．理论观察，2009（3）．

标题有新意，要求尽量不要使用别人用过的、千篇一律的标题。例如，写曹操的文章，如果标题就是“论曹操”不仅范围太大，而且很常见，一点新意也没有。可是如果改成“乱世奸雄　治世能臣”就会从标题上与大多数文章区别开来，显得更有新意，奸雄一词也容易让人联想到曹操，所以并不会让受众一头雾水。

有文采的表现形式有很多，在标题中使用修辞手法，引用名人名言，就是最简单的方法。谈创新的文章，肯定标题不能定为又大又空又没文采的“论创新”，如果用“答案真的丰富多彩吗？”就会显得有新意一些，再进一步，把标题定为“答案，你真的丰富多彩吗？”，尽管多了一个“你”，但运用了拟人的手法，就会显得更有文采。

在文案中，你还可以把标题的字体或表现形式设置得与众不同，从而让标题更出彩。例如，标题是“3亿用户共同的推荐——×××”，在表现形式上把“3亿”两个字放大、加粗、变换一个不同的字体，采用醒目的颜色，就会让这个标题更加突出，引人关注。

五、求思

“求思”要求标题并不只是简单的事实描述，还应该传达出表达者的思想和观点。这也是本书之前一直要求的：既要有事实，又要有观点。

英国苏格兰地区最大报纸之一的《苏格兰人报》的一次头版因为标题实在缺乏创意，又没有任何观点，被当地人称为史上最无趣的头版（如图4-2所示）。

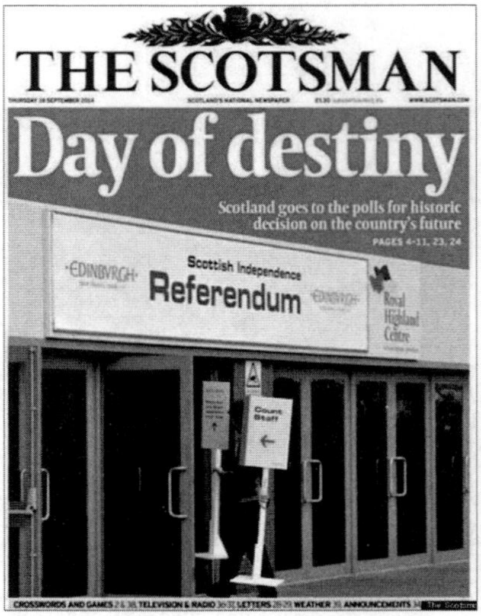
THE SCOTSMAN

Day of destiny

Scotland goes to the polls for historic decision on the country's future

PAGES 4-11, 23, 24

图4-2 《苏格拉人报》头版

可以看到，在苏格兰民众公投是否从英国独立出来的投票日当天，这篇头版的大标题为“命运之日”，副标题写的是“苏格兰对历史投票，决定国家未来”。这一标题，只描述了事实，没有任何观点，被评为史上最无趣的头版，说明了受众对于这些标题的不满。而当日英国其他地区报纸的头版标题则是有事实、有观点的。“镜报”的标题为“不要以这样的方式离开我们”；泰晤士报的标题为“苏格兰公民应该支持独立”；独立报的大标题是“307年之痒”，副标题为“不管结果如何，我们都应该庆祝这一场民主的胜利，这是全世界都可以向我们学习的地方”。这些报纸的头版标题和《苏格兰人报》形成了鲜明对比，不论它们是否支持独立，标题都突出了自己的观点，有自己的思想。

标题设计的规则和方法从来不是一成不变的，随着时代的发展和人们审美的变化，其设计的方向、方法也在不断突破、创新。而这种创新，对于相关工作者而言，就要不断研究新情况，不为过去的成功经验所束缚，不被固定的模式所束缚，敢于从“无模式”中找到新方向、创设新规则，让内容的眼睛更美更亮。

第五节　序言的结构

前文说到，序言是结构性思维标准结构中的一个子结构。序言可以向受众说明表达的意图及表达内容中阐明的主要问题，也可以概述受众已知的信息，并将这些信息和未来表达的主要内容之间建立联系。序言是表达内容的门面，是受众进入内容的引领。由此可见，序言在整个表达中具有很重要的作用。

有人说，要有序言是因为受众者在刚进入话题时，往往脑中想着别的事情，不容易接纳刚开始的内容，所以需要序言，先和对方聊起来，让对方不再想别的内容，进入你们的对话。那么按照这样的逻辑，序言随便说一些东西，只要能吸引对方就好。然而并不仅仅是这样的。如果对方真心想听（看）你所表达的内容，那有没有序言都没关系，因为对方在乎的是你或者你表达的主题；如果对方并不想听（看），那么你的序言说什么都没有用。或者还有一种极端的情况，对方一开始想听（看）你说的内容，但是听着听着却走神了，这样反而后面的内容会打水漂。

因此，要想对方一开始就愿意听（看），想听（看），除了有一个从一开始就吸引他的标题或主题之外，还要使序言也符合主题，并有吸引力。那么如何做到呢？可以按照一定的结构来组织序言，这个结构就是SCQA，其中S是指背景，C是指冲突，Q是指疑问，A是指回答。

背景，又可以称为现状，通常情况下是指交代一些受众已知的信息，或者是与主题有关的，受众已经认可或者肯定会认可的内容。因为在接收信息时，人们往往更愿意去接受那些他们已知的或已经认可的内容，如果不认可，大部分人就会产生抵触情绪。

冲突，又可以称为矛盾，通常情况下是指某种和现状不一致的，相反的甚至是不和谐的情况。例如，要从众多方案中选择最佳方案，但是没有选择的指标或模型，或评估各种方案的方法，那么“背景”就是要选择最佳方案，“冲突”就是没有选择的方法。这里的冲突一般需要具备两个要素，一是和现状存在不一致或对立，二是需要被双方感知。之所以需要被对方感知，是因为如果对方没有意识到这样的冲突，强加给对方，就很容易引起受众的反感，引发真正的矛盾。

疑问，又可以称为提出问题，在本书第二章，介绍结构性思维四大原则之一——上下对应的时候，曾提到过，人的大脑会自然反应出“为什么”之类的问题。所以在讲述背景和冲突的过程中，受众者的心里也会问“为什么呢”“那怎么办呢”“怎么解决呢”类似的问题。既然这样，在陈述序言的时候，就可以在其中加入受众可能存在的疑问，让受众知道："哦，原来他下面要解释我的疑问，那我就接着听他说吧。"这样一方面可以让受众感觉到表达者是跟他站在一起的，从而得到受众的认同；另一方面又可以进一步抓住受众的思维，使他对后面的内容产生兴趣。

回答，又可以称为答案或解决方案。既然前面提出了问题，后面就要解决问题。这里的回答就是要解决前面的问题，同时也为后面的主要内容做开头，表明要表达的内容都是围绕着这个回答或者解决方案来进行的。

在了解SCQA之后，为了进一步加深认识，需要看看SCQA具体呈现出来是什么样的。以下是一段序言，找出其中的SCQA吧：

随着经济的发展和科技的进步，人群结构中的"老龄化"已经呈现明显的趋势。然而记者在调查中发现，虽然老年人越来越多，然而他们在服装购买方面却存在各种各样的困难，在商场中很难找到老年人专柜，老年人也没有自己的"名牌"。如何满足老年人的服装购买需要，这一问题使得嗅觉敏捷的商家开始专门经营老年人服装，并初见成效。

资料来源：豆丁网（www.docin.com）

在这一段序言中，SCQA分别是：

背景（S）：随着经济的发展和科技的进步，人群结构中的"老龄化"已经呈现明显的趋势。

冲突（C）：然而记者在调查中发现，虽然老年人越来越多，然而他们在服装购买方面却存在各种各样的困难，在商场中很难找到老年人专柜，老年人也没有自己的"名牌"。

疑问（Q）：如何满足老年人的服装购买需要。

回答（A）：这一问题使得嗅觉敏捷的商家开始经营老年人的服装，并初见成效。

除了这样按照SCQA的顺序所作的序言外，还可以将SCQA按其他顺序排列，以突出不同的重点。

在学习结构性思维以前，对于序言中的SCQA，可能就会直接按照这样的顺序进行了，但是在学习结构性思维以后，就必须建立一个排序的概念，就要问一问自己：这样的排序逻辑吗？有没有其他排序方式，能不能按照别的顺序排列SCQA呢？答案是，可以的。不同的排列方式强调的重点不一样。

如果把SCQA看作序言的标准结构，那么以S、C、Q、A为基础，还可以有其他三种不同的结构，它们分别是：

一、开门见山结构：顺序是回答—背景—冲突

因为序言中的回答，实际就是要表达的主题，即标准结构图中的G，未来表达的内容都是围绕着这个回答或者解决方案来进行的，那么把回答放在第一位就是一种开门见山式的表达。

既然存在把回答放在首位的序言结构，那么就意味着认为在表达之初受众者心里想着别的内容，所以要在刚开始表达的时候用序言把他们的思维拉过来的想法是不对的。

开门见山结构同结论先行一样，应当在信息复杂，或是时间紧迫，或是对方需要的时候使用。因为只有回答可能是对方之前没有了解或认可的，所以贸然使用开门见山的序言结构，很有可能会让受众从一开始就对表达的内容产生反感。

以经营老人服装的序言为例，开门见山的结构可以写成："嗅觉敏捷的商家已经注意到如何满足老年人的服装购买需要的问题。随着经济的发展和科技

的进步，人群结构中的‘老龄化’已经呈现明显的趋势。然而记者在调查中发现，虽然老年人越来越多，然而他们在服装购买方面却存在各种各样的困难，在商场中很难找到老年人专柜，老年人也没有自己的‘名牌’。”

二、冲突优先结构：顺序是冲突—背景—疑问—回答

在冲突优先的结构中，把冲突放在了首位，这种情况通常适用于现实冲突很强烈的时候，大家都知晓这个冲突，那么可以在表达的一开始就直接说明这个冲突，这样反倒能够引起受众的兴趣。因为受众很快就发现，这个事情很热门、很重要，得好好看看他是怎么说的。

以经营老人服装的序言为例，冲突优先的结构可以写成：“记者在调查中发现，虽然老年人越来越多，然而他们在服装购买方面却存在各种各样的困难，在商场中很难找到老年人专柜，老年人也没有自己的‘名牌’。随着经济的发展和科技的进步，人群结构中的‘老龄化’已经呈现明显的趋势。如何满足老年人的服装购买需要，这一问题引起了嗅觉敏捷的商家的注意。”

三、突出信心结构：顺序是疑问—背景—冲突—回答

这种结构之所以把疑问放在第一位，又命名为突出信心结构，是因为即便没有背景和冲突的交代，受众者也可能有过类似的疑问，表达者有信心使自己的回答可以切实解决这一疑问，并且能让受众者信服。

以经营老人服装的序言为例，突出信心的结构可以写成：“如何满足老年人的服装购买需要？随着经济的发展和科技的进步，人群结构中的‘老龄化’已经呈现明显的趋势。然而记者在调查中发现，虽然老年人越来越多，然而他们在服装购买方面却存在各种各样的困难，在商场中很难找到老年人专柜，老年人也没有自己的‘名牌’。这一问题引起了嗅觉敏捷的商家的注意。”

综上所述，这一节一共介绍了四种序言结构（如图4–3所示）。

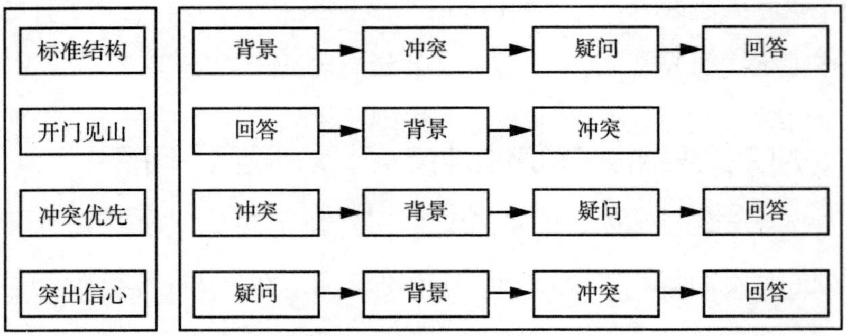

图4–3 四种序言结构

本章小结

第四章主要介绍了目标、主题、标题和序言这四种在表达中需要注意或用到的内容：

第一节介绍了为什么需要关注目标、主题、标题和序言。

第二节不仅说明了如何制定目标，也介绍了让目标始终存在、不追求一次完美、要科学调研这三个制定目标的原则。

第三节讲的是主题是经过酝酿、提炼和升华而成的，不仅需要平时的积累，更需要从价值层面进行升华。

第四节介绍了如何设计标题，标题应当短小精悍，又不失新意和观点。

第五节重点分析序言结构，它是结构性思维标准结构中的一部分，可以从背景、冲突、疑问和回答这四个方面撰写序言。

这一章是对结构性思维内容的一个扩展，撰写这部分内容是为了让读者不仅能深入结构性思维，还能了解与其相关的概念。其实平时工作和生活中也应该这样，不仅要了解事情本身，还要对周围涉及的相关要素都有所了解，这样才能在分析问题时更加全面。

第五章
遇见句子结构

句子是语言运用的基本单位，它由词、词组（短语）构成，能表达一个完整的意思，比如描述一件事、提出一个问题，也能表示可以或禁止，或表达某种情绪等。

自研发和讲授“结构性思维”这门课程至今，已经有10年的时间了。在课堂上，没有关于句子结构的内容。市面上也有参加过培训的学生撰写的有关结构性思维的书籍，里面同样没有关于句子结构的内容。但是本书作者专门为句子结构单列了一章，希望大家能从中收获一些不一样的内容。

第一节　为什么是句子结构

一、世界与句子有关

为什么世界会与句子有关？要解释这个问题就必须先介绍一个人：路德维希·维特根斯坦（Ludwig Wittgenstein）出生于奥地利，后入英国籍；他是数理逻辑学家，语言哲学的奠基人，也是20世纪最有影响的哲学家之一，被罗素称为“天才人物的最完美范例”——热情、深刻、认真、纯正、出类拔萃。

第一次世界大战开始后，本可免服兵役的维特根斯坦作为志愿兵积极入伍，在战场上，他完成了《逻辑哲学论》的初稿。维特根斯坦自以为《逻辑哲学论》这本书已解决所谓的哲学问题，也标志着哲学的语言学的新方向。1929年，维特根斯坦重返剑桥，以《逻辑哲学论》作为论文通过了由罗素主持评审的博士答辩。在《逻辑哲学论》这本书中，维特根斯坦最主要的思路就是“世界—事实—思想—句子”。

为了更清楚地说明维特根斯坦的思想，在此先说明书中这前四个主要部分的第一句话：（1）世界是情况所示的那样；（2）情况所示那样，即事实，是事物状态的存在；（3）事实的逻辑图像是思想；（4）思想是有意义的句子。①

这里的思路十分清楚：从世界出发，世界是由事实构成的，是事实的总和；事实在人脑中的反应就是思想，思想又是有意义的句子。世界和事实相关，事实和思想相关，思想和句子相关，所以世界和句子相关。我们也可以简单地理解为，逻辑层面的世界是由句子构成的。

怎么理解“逻辑层面的世界是由句子构成的”这句话呢？它换一种说法就是，你听到的是别人脑海中的世界，你想象的是你自己脑海中的世界，无论是你听到的还是想象的，一旦通过语言表达出来，就是由句子构成的，所以句子构成了你和别人脑海中的世界。比如说，对一个没有见过桌子的人而言，你要怎么描述桌子？说它有四条腿、一个面，还可能需要描述材质、颜色等内容。桌子在这里就是客观世界的一部分，它先在你的脑海中形成思想，再通过你描述的句子向别人表达出来。

二、思维和句子密不可分

从前面维特根斯坦的论述中可以看出，思想是由句子构成的，思想和句子密不可分。思想是大脑中形成的有系统的概念化的思维，在此可以换个角度

---

① 王路. 逻辑与哲学［M］. 北京：人民出版社，2007.

来看一下思维和句子的关系。

语言向来是人类特有的工具，它既是交际工具，也是思维工具。语言首先是人类最重要的交际工具。虽然人们还有其他的方式来传递信息、交流思想，如文字、手势、表情符号、礼节动作等，但它们都是辅助性的交际工具，表达能力还十分有限。只有语言才是人类社会一天也不能缺少的，与人类社会生活的各个方面关系最深，最能充分交流思想、传递信息的工具。因为句子是语言的一种表现形式，所以句子也是我们重要的交际工具。

语言不仅是交流思想、传递信息的工具，还是思维、工具。人们对于客观事物任何一种较为完整的认识，都得经历一定的思维过程。这样的过程就必须借助语言的基本单位——句子才能明确地展开和完成。因为只有在句子中，概念和概念才可以互相比较、联系，形成命题和推理，一步步发展成思想。[①]所以，很多思维的过程都必须有语言中的句子参加，没有句子，就不能进行。

三、句子对表达效果很关键

本书第一章在分析为什么需要结构性思维时提到，有两个方面和语言表达息息相关，一是解决沟通不畅的问题，二是解决写作头疼的问题。既然句子是语言运用的基本单位，那么想要解决沟通和写作的问题就自然需要掌握 句子的相关知识。

下面是一个辩论队训练时的小游戏，相信很多人在学生时代做过类似的游戏。

结构游戏

用所给词语说一段话，介绍上海世博会的盛况，要求语意完整，句子通顺。

---

① 李峰．逻辑与语言表达［M］．北京：中国传媒大学出版社，2013.

络绎不绝、海内外、每天30万人次、排队。

答案：上海世博会开园以来，前来参观的游客络绎不绝，每天排队参观的海内外游客超过30万人次。

可能上述答案并不是最好的，但是这里用这个小游戏是想说明，在生活和工作中的很多时候，我们面临的问题和这个小游戏是一样的：我们面对着各种各样的信息，需要把这些信息串联起来，变成一句话或者一段文字或者一篇文章，再向受众进行表述。结构性思维很重要的一个功能就是帮大家把这些信息有序组合在一起，而这些有序组合的基础就是句子，所以我们可以把句子看作结构性思维最基础的一部分。尽管句子和句子结构并没有出现在结构性思维的标准结构图中，但之前说过，结构图就好比是搭积木时的图纸，这里将与句子结构相关的内容写出来，也是希望提供这张图纸，供大家在未来大的结构性思维框架下进行语言表达时使用。

第二节 句子的分类

在工作和生活中，时不时会出现这样一种情况：想要表达的是询问，但是到了对方那里，却变成了命令。这很可能是因为用错了句子，或者用错了句子中的某一个关键词。

一、按达成目标分类

句子是语言运用的基本单位，语言是沟通的工具，所以通过使用句子，可以实现言语的行为。换句话说，可以通过说或写句子进行沟通，实现某些目标，如接受或拒绝、提问或回答、承诺或要求，也表达感受、问候、道歉、感谢等。

一般来说，语言沟通的工具功能可以分为四类：一是描述事实；二是使听众做某事；三是表达我们的内心世界；四是表明我们对做某事的承诺。①

针对这四类作用，也可以把句子分成四类（如图5–1所示）。

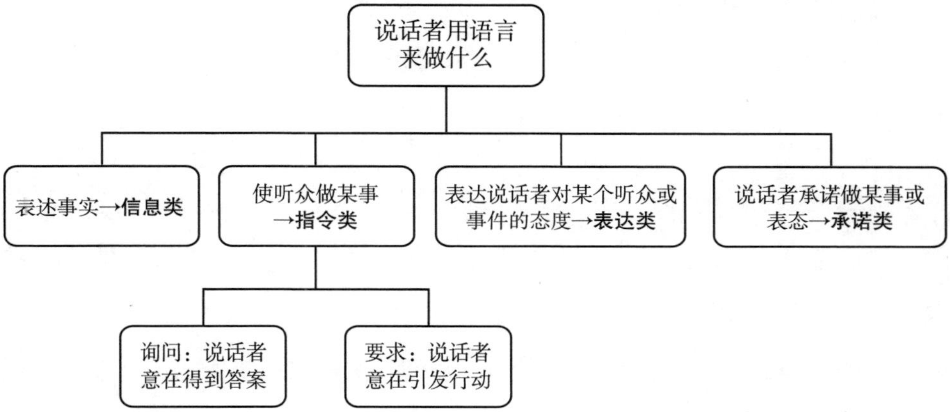

图5–1　按使用目的给句子分类

（一）信息类

信息类句子旨在描述事物的状态，这种状态一般分为两种：一是表达某个事物具有（或不具有）某个性质或状态，如天是蓝色的；二是一个事物与另一个事物以某种方式相关联，如海比天蓝。

在表达信息类句子的时候，通常使用的词汇有声称、断言、确认、报告、声明、否认、宣告、确定、通知、预测、回答、描述等。例如，“我宣布，我要结婚了！”就是表达要结婚这个状态。

（二）指令类

指令类话语希望引发听众的两种反应，一是回答，二是行动。比如，“你有

① ［美］加里·西伊，苏珊娜·努切泰利．逻辑思维简易入门［M］．廖备水，雷丽赟，冯立荣，译．北京：机械工业出版社，2015.

多高？”这是一种指令类话语，主要目的是询问。又比如，“请把筷子拿给我！”这也是一种指令类话语，主要目的是引发行动。有引发行动就有禁止行动，禁止是制止做某事的要求，所以也属于指令类话语，如“非本公司员工禁止入内”。

在指令类的句子中，一般会使用规定、要求、建议、告诫、恳求、乞求、驳回、宽恕、禁止、允许、指示、命令、请求、督促、警示等词。例如，“我命令你们全部撤退”就是引发行动的指令。

（三）表达类

表达类话语是在交流说话者的内心世界，包括态度，如希望、害怕、愿望等；以及感觉，如后悔、感激、接受、拒绝、恼怒、生气等。

在表达类的句子中，感慨、后悔、道歉、祝贺、问候、感谢、接受、拒绝、反对、欢呼等词是比较常用的。例如，“我很后悔没有努力学习”就表达了说话者的感觉。

（四）承诺类

承诺类句子表达了说话者的意图，意欲引起某个事态的发生，如承诺、宣布、同意、馈赠等。例如，“上市公司承诺6个月内不减持”。

承诺类句子可以引发某类事态，当然其应满足某些条件：“我把我的特斯拉送给你”，必须在“我拥有一辆特斯拉”的前提下才有效。

承诺类的句子表现的动作有承诺、宣布体会、打电话订购、遗赠、担保、邀请、志愿服务、命名等。例如，“小明给他的变形金刚命名为‘菲利克斯’”，这个命名的行为就是一种承诺。

二、按表达语气分类

如果说上面的分类方法比较陌生的话，还可以换一种熟悉的分类方式，即按表达语气分类，也就是句型。其实句型是小学时就学习过的，这里再复习一下。

句型一般分为陈述句、祈使句、疑问句和感叹句四类。句型不同，所具有的作用也不一样。

（1）陈述句，最常用于描述事态，其中的动词是陈述语气。陈述句也适用于传播语气，如新闻播报通常都是陈述句。

（2）疑问句，主要用于提问或问好，期待从听众那里获得回复，且使用疑问语调，如在打招呼时说："你好吗？"

（3）祈使句，主要用于提出请求或表达愿望。

（4）感叹句，主要用于传递说话者的情感或强烈的观点，具有感叹或强调语气。

三、两种分类之间的相互联系

在句子分类中，按达成目标分类和按句子语气分类之间是相互关联的。用标准结构图来表示这种联系，即如图5-2所示。

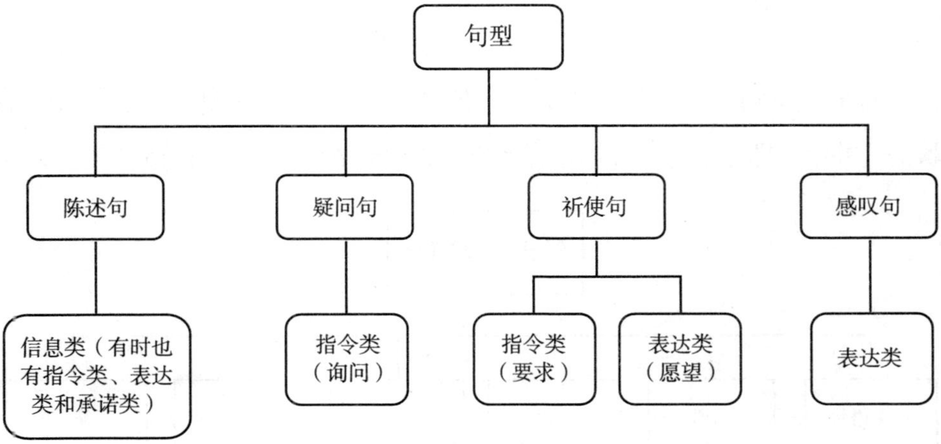

图5-2　两种句子分类之间的关联

陈述句通常都是用陈述语气表达信息类的句子，如“草是绿色的”；但它们有时也可用作表达指令类的句子，如“请看管好自己的小孩”；有时也用作承诺类或表达类的句子，如“我希望考试顺利通过”。

祈使句主要用于指令类和表达类，如“玩得开心！”

疑问句用作指令类中询问目的的句子，如“你今年多大啦？”

感叹句用作表达类的句子，如“北京真大啊！”

按表达语气分类和按目标分类虽然没有一对一的关系，但是运用得当的话，可以使表达的目标和态度更为清楚；同时，不要在“北京真大”这样表达类的句子中使用陈述语气，否则在语气上会显得过于平淡。

第三节　标准句子结构

一、句子的组成部分

对于句子的组成部分，我们在小学的时候就学习过，不过既然要讲句子结构，而结构又是整体和部分的有序组合，所以有必要再复习一下句子的组成部分。

通常一个句子当中包含了6个组成部分，即主语、谓语、宾语、定语、状语、补语。把这个整体与部分的组合变成标准结构图，就如图5-3所示。

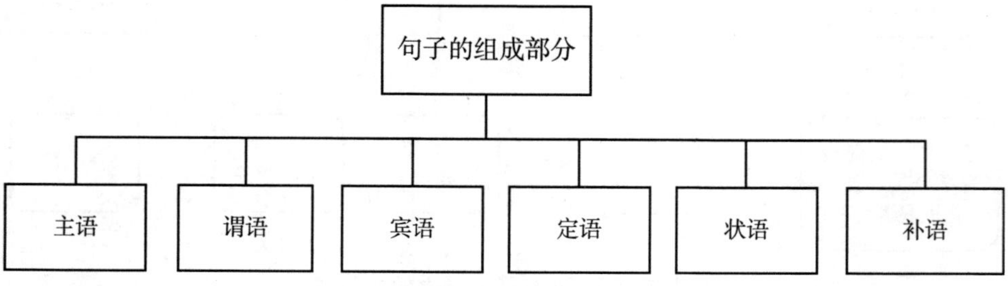

图5-3　句子的组成部分

主语是一个句子中所要表达、描述的人或物，是句子叙述的主体。主语通常由名词、代词、名词性短语、主语从句等充当。比如，在“我爱你”这句话里主语就是“我”。

谓语是用来陈述主语的，即对主语加以判断、说明、描写的部分，说明主语做了什么动作或处在什么状态。谓语可以由动词来充当，一般放在主语的后面。比如，在“我爱你”这句话中，谓语就是“爱”。

宾语是动作的对象或承受者，可由名词、代词、数词、宾语从句等来充当，凡能愿动词，如“希望、想、可以、说”等词后面的一般都作宾语处理。在“我爱你”这句中，宾语就是“你”。

定语是用在主语和宾语前面，起修饰和限制作用的语言单位，用于描述名词、代词、短语或从句的性质、特征、范围等情况。一般，定语与中心词之间由“的”字连接。定语可以由名词、形容词、具有形容作用的词或短语等充当。比如，在“帅帅的我爱美美的你”这句话中，“帅帅的”和“美美的”都是定语，分别描述主语和宾语。

状语一般用在动词、形容词谓语前，说明事物发生的时间、地点、原因、目的、程度等情况。一般，状语与中心词之间由“地”字连接。状语经常由副词、形容词、动词、表示处所和时间的名词和方位词充当。比如，在“帅帅的我深深地爱着美美的你”这句话里，“深深地”就是状语。

补语是谓语后面的附加成分，对谓语起补充说明作用，说明结果、程度、趋向、可能、状态、数量等。补语都放在中心语后面，可以回答“怎么样”“多少次”“何处”“何时”“什么结果”等问题。比如，在“帅帅的我深深地爱着美美的你”这句话中，“爱”这个谓语后面的“着”就是补语，表示一种状态。

二、标准句子结构

既然一个句子有那么多的组成部分，就一定会涉及这些组成部分怎么排列组合的问题，接下来要讲的正是标准句子结构。

一般情况下，对于一个完整句子，其成分排列为：定语（修饰主语）+主语+状语+谓语+补语+定语（修饰宾语）+宾语。符合这样一个排列顺序的完整句子结构，就可以看作标准句子结构（如图5–4所示）。

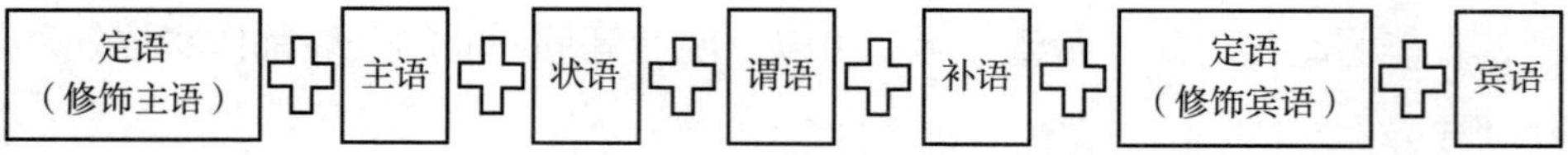

图5–4　标准句子结构

如果将这个排列图转化为结构性思维的标准结构图，就如图5–5所示。

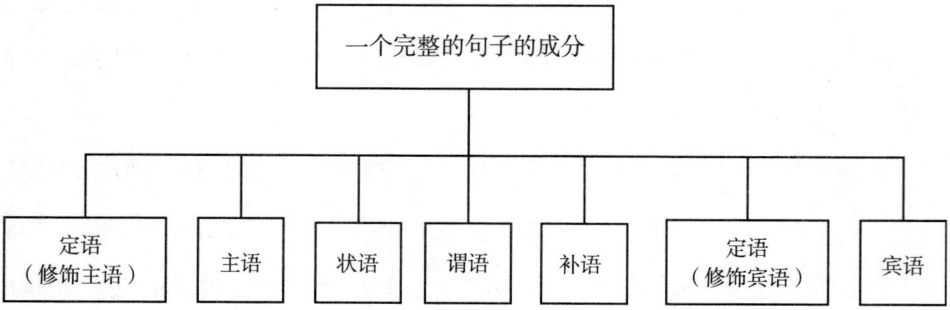

图5–5　句子的标准结构图

在之前介绍标准结构图的内容时提到：A、B、C横向结构之间存在逻辑关系。在这个句子的标准结构图中，横向的排序就符合所在句子中前后顺序的逻辑。

上文中提到“帅帅的我深深地爱着美美的你”，这里再系统地看一下它的结构：帅帅的（修饰主语的定语）我（主语）深深地（状语）爱（谓语）着（补语）美美的（修饰宾语的定语）你（宾语）。

当一个句子有多个定语的时候就会遇到排序的问题，一般来说，离中心语的位置由远及近依次为：表示领属和表示时间、处所的名词、代词和词组→指示代词和数量词组→动词性词语→介宾词组→形容词性词语→表示属性的名词。例如：国家队的（领属）一位（数量）有20多年教学经验的（时间）优秀的（形容）篮球（属性）女教练。

如果定语是单个词，就放在被修饰词的前面，如“肥猪”；如果定语是词组，就放在被修饰词的后面，如“猪肥肥的”。

三、为什么要明确标准句子结构

之所以要明确标准句子结构，是因为我们在平时的工作和生活当中往往会省略一些部分。然而站在接受者的角度，虽然有时省略的部分是可以自动脑补出来的，但也有很多时候会存在理解偏差。因此，在明确表达某一个部分的时候，就一定不能省略，而要尽可能地表达完整，并进行强调。

通常一句话中至少包含了主语、谓语和宾语三个部分。例如，在“我是老师”中，主语是“我”，谓语是“是”，宾语是“老师”。在一些情况下，可能会省略某些部分，如在疑问句“你是？”中，就省略了宾语“谁”这个字。再比如，女生问：“你爱我吗？”男生回答：“爱！”这个回答只有一个字，它省略了主语和宾语，如果补全了的话，应该是“我爱你”。

以上这两种情况，在一般工作和生活中都不会出现歧义，但在其他情况下，省略某部分就会影响理解。例如，在开会的时候，领导问：“对于亏损的店面，应该怎么办？”这个时候可能会有人回答：“应该关闭亏本的店铺。”这个回答就没有主语，找不到“关闭”这个动作的实施主体。然而，在商务文案中，如果缺少主语，即缺少实施主体，那么责任归属就有可能不清楚，从而导致后续一系列的问题，所以一定要特别注意。

第四节 句子中的主语和连词

一、至关重要的主语

主语是句子的主要成分之一，是句子中被陈述、被说明的对象或话题。它指明了句子所说的是谁，或者是什么。在语言中，因特定的语言环境或上下文关系，在不致引起表意混乱的情况下，主语往往被省略。但是，当句子必须有主语而没有的时候，句子就缺少被陈述、被说明的对象，使人不知其所云者为何人、何物，从而产生误会和误解。在日本的江户时代，有一则有名的小故事[①]。

结构故事

黑夜里，两名年轻男子正悄悄地交谈。

"今天晚上趁着月黑风高，咱们正好可以偷隔壁的柿子。"

"嗯，那我爬上树，用木棒把柿子敲下来，你在下面捡。"

话说完，一名男子立刻爬到树上，用木棒敲柿子，柿子一个个掉到地上。负责捡拾的男子急忙捡起柿子，但是天色实在太暗了，一不小心失足跌入水沟。水沟还挺深的，他怎么爬也爬不上来。

"掉下去了。"

"当然掉下去啦，因为是我敲的。"

"不是啦，掉下去了，掉下去了。"

"这不是废话吗？赶快捡啊。"

"不是啦，掉到水沟里了。"

"掉到水沟里的就不要捡了。"

"……"

---

① ［日］高杉尚孝．麦肯锡教我的写作武器［M］．郑舜珑，译．北京：北京联合出版公司，2013.

要让信息变得更清楚，就要在句子的结构上多下功夫，其中一个办法就是要让句子的主谓关系更加明确。上面偷柿子的小故事，就是因明显缺少主语而导致主谓关系不明的例子。主语是动作或状态的主体，所以要让别人明确你所描述的对象，首先要注意的是主语是否明确。

（一）特定时候可以省略主语

在汉语中，有时候是可以省略主语的，但是这只在特定的语境中才可以实现。省略主语的目的是消除表达中的累赘部分，如果省略之后使得表达简而不明，则没有达到省略主语的目的。比如在某些对话中，因为彼此了解之前的语境，接下来的一些对话就可以省略主语。例如，A问B："你最近好吗？"B回答："挺好的。"B的回答其实省略了很多句子成分，包括主语，因为在这之前存在一个语境，对话双方都明确知道主语指的是谁，这种情况下省略主语，可以使表达更简洁。可是一旦离开了这个语境，只有"挺好的"这三个字，就很难让人理解了。

（二）商务环境下尽量不要省略主语

1.省略主语造成责任归属不清

在报告中，通常会使用一些口号式的短语来代替完整的句子，以使页面更加整洁、美观，念起来也朗朗上口。但是这些短语往往缺少主语，如果不加以说明，就会使得实施主体不够明确，导致后续工作产生诸多问题，乃至相互推诿。

例如，某个公司内部研讨会的材料中，标题栏写着"保护消费者权益"，然后下面写着"主动沟通""及时反馈""跟踪到底""有问必答"这样四个小标题（如图5–6所示）。

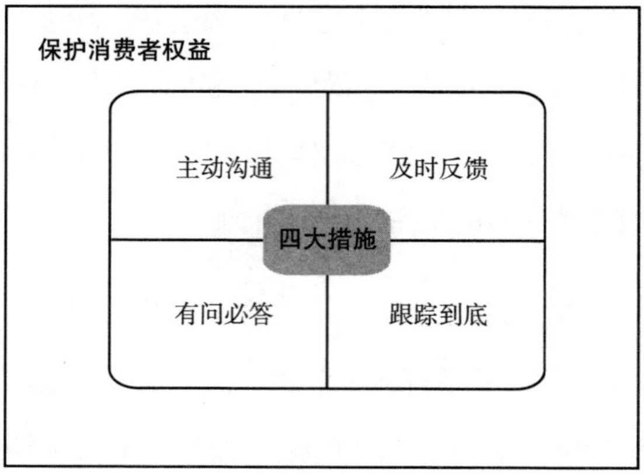

图5-6 “保护消费者权益”材料示例

相信类似的材料很常见，但是这里存在问题，如果只有这样一页，或者在表达的过程中没有说明具体的实施者，那么到底是哪个部门需要主动和消费者沟通，又是哪个部门需要跟踪到底呢？是销售部门，还是客户服务部门，抑或这两个部门都需要？这就可能给日后的工作带来诸多问题。所以如果改成“销售部主动沟通，客服部跟踪到底”这样的短语（如图5-7所示）就会解决因为主语不明而产生的问题。

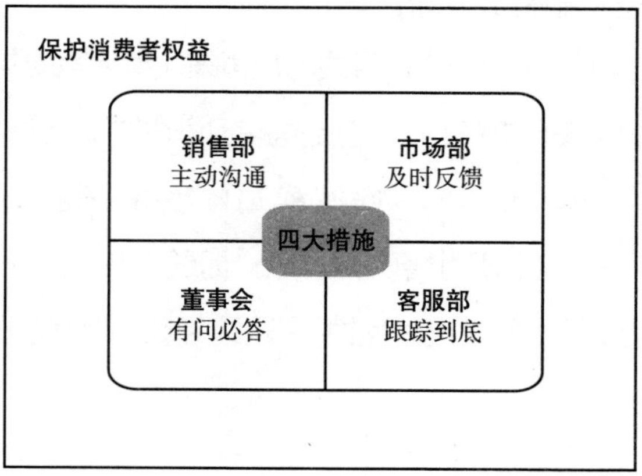

图5-7 修改后的页面示例

在商务文案的写作中，如果欠缺动作的实施者，即主语，那么就有可能造成责任归属不清，所以一定要特别注意。

2. 省略主语容易造成误解

如上文所述，当对话的双方处于同一语境中时，没有主语也不会让人产生误解。可是在一般的商务环境中，并不容易判断对方是否与你在一个语境中，所以省略主语的做法不太明智。

在商务环境中，省略主语有可能导致沟通双方产生矛盾，甚至可能导致谈判破裂。例如，A公司和B公司正在就独家代理权进行最后的谈判。A公司的代表说："我们很重视和你们的合作，最近在和别的公司沟通，这点需要注意。"如果你是B公司的代表，听了这番话可能就会产生疑问：A公司代表说的"别的公司"是指A公司，还是指B公司？他说的"注意"是要他们自己注意，还是在指责我们？

因此，在商务环境中不管双方是否已经在一个语境中，都不要省略主语。

3. 有主语的语气更强烈

在日常对话中，即便是在同一个语境中，有没有主语表达出来会让人有不同的感受，比如男生对女生说"爱你"和"我爱你"，对方的感受可能就完全不同，"爱你"让人觉得有点俏皮，"我爱你"就显得比较正式，表达的感情更加强烈一些。

在商务环境中也是如此，如"你帮我打份文件出来"和"帮我打份文件"这两句话在实际表达中前面一句的命令感会更强。特别是在发布命令的主体为重要领导，而你进行转达的时候，如总经理要求把办公室打扫干净，你传达通知的时候跟大家说"请大家把办公室打扫干净"或"总经理要求大家把办公室打扫干净"就会产生完全不同的效果。

因此，如果要表达更强烈的语气，最好加入主语。

4. 有主语可以刺激思考

怎么理解“有主语可以刺激思考”呢？这里先看两个句子，一个是没有主语的，一个是有主语的，感受一下有什么不一样：“应该把这些灯关了。”“我应该把这些灯关了。”按照自上而下的询问和回答的方式，你听到这两句话会产生什么样的问题？对于前者，可能产生的问题就是“为什么要关灯”。对于后者，就有可能多一个问题“为什么你应该关灯，而不是其他人”。所以，如果需要刺激他人去想有关动作实施者相关的问题，就必须有主语。

在商务环境中，动作的实施者往往是人，既然是人在表达和行动就会有感情、有想法、有态度，那么就会有关于他的一系列问题产生，如“他为什么会这么做”。例如，在听到“总经理要求大家把办公室打扫干净”这句话时，员工就会想“今天怎么是总经理要求的，而不是平时的行政部门呢”“总经理怎么突然要求打扫办公室了”“总经理这是怎么了？公司有什么重要人物要来吗”等类似的疑问，在明白原因后，大家可能就会更认真地打扫办公室。

同样，如果你表达的是“应该提高售价”。对方就会想：“为什么应该提高？”然而如果你表达“我认为应该提高售价”引发的思考就会不一样，对方就会想“你为什么这么认为”“你有什么根据”“别人是这么认为的吗”“只是你这么认为吧”“我就不这么认为”等。

因此，可以利用自上而下的思考这一点，把主语放在句子中，刺激对方思考。

综上所述，为了让信息更加明了，让语气更加强烈，让思考更广泛，最好还是不要省略主语。

（三）如何让主语更明确

1. 有意识的训练

在商务环境中的表达缺少主语，可能是因为在生活中习惯了没有主语的表达，也可能是因为没有意识到商务环境中缺少主语会带来的问题。现在既然了解了主语的重要性，就要有意识地训练自己思考所表达的这个动作或者状态的发出者是谁，这里的主语应该是什么，那么在表达中就会更明确地加上主语。

2. 让主语和谓语更接近

与此同时，还应该让主语与谓语离得尽量近一点，因为一般表达中都不会缺少谓语，即一定会说明主语做了什么动作或处在什么状态。所以就应遵守上下对应原则，确保有上一定要有下，有谓语一定要有主语。而且只有主语和谓语距离更近，才能够清楚表达“谁怎么了”“什么是什么”“谁应该做什么”等信息。例如，在下面这个句子中，主语与谓语离得太远了。

总经理在昨天的会议中，听到各个部门第三季度的工作进展都比前两个季度好，并且销售部在新市场的拓展方面取得了重大突破，感到非常满意。

这句话中的主语“总经理”和谓语“感到非常满意”之间相隔了几十个字，接受者在听的时候可能都忘记了前面的主语说的是谁，或者感觉整句不够通顺和连贯。

这时候有两种方法可以使主语和谓语靠得更近一些：一种是直接缩短主语与谓语之间的距离；另一种则是根据情况，分成两个句子进行表达。以上面“总经理感到非常满意”这句为例来说明。

第一种缩短主谓的方法：

在昨天的会议中，听到各个部门第三季度的工作进展都比前两个季度好，并且销售部在新市场的拓展方面取得了重大突破，总经理感到非常满意。

现在主语与谓语确实靠近了，不过之前出现了很长一段文字，也不符合结论先行的原则，听起来让人感觉很累。

第二种缩短主谓的方法：

总经理感到非常满意，因为他在昨天的会议中，听到各个部门第三季度的工作进展都比前两个季度好，并且销售部在新市场的拓展方面取得了重大突破。

这种方法把一句话分成了两句，并且遵循结论先行的原则，将原因放在了后面。可是，在说明原因的过程中，主语“他”与谓语“听到”又离得远了一些，所以还有一种方法。

第三种缩短主谓的方法：

总经理在昨天的会议中感到非常满意。因为各个部门第三季度的工作进展都比前两个季度好，并且销售部在新市场的拓展方面取得了重大突破。

这次把“在昨天的会议中”移到了结论部分的主语与谓语中间。同时，删掉了原来在后面的谓语“听到”。

3. 少用被动语态，避免缺少主语

在各种文案中，经常可以看到使用被动语态的句子，例如“×××被认为是最好的”“×××被评为第一”“×××被称为国民老公”等。这样的表达方式让人感觉特别客观，但事实上仔细一想根本站不住脚。谁认为×××是最好的了？谁评选出×××是第一的？谁称×××是国民老公的？这些都经不起思考。很多时候，表达者自己也没有想过上面动作实施的主体是谁，或者其使用被动语态是无意识的，等到对方提出问题，才开始思考行为者是谁。

因此，在商务环境中最好不要使用这样的表达方式，它不够严谨，使得对方“有刺可挑”。即便是需要使用被动语态，也可以把主语加入进去，比如“被某第三方机构评选为第一”等。

二、不可不知的连词

（一）复句与连词

上述的句子和句子结构都是单句。单句一般只有一个主谓结构，也就是只有一个主语并对应一个谓语。例如：“就坚定不移地为当时的进步事业服务这一原则来说，我们祖先的许多有骨气的动人事迹，还有它积极的教育意义”这句话的主语是“事迹”，谓语是“有”，宾语是“意义”。句子虽长，但只有一套句子成分，因此，它是单句。然而在平时的工作和生活中，一个句子中通常包含了不止一个主语或谓语，这就是复句。例如，在“戏剧是必须从序幕开始的，但序幕还不是高潮”这句话中，前一分句的主语是“戏剧”，谓语是“开始”，后一分句的主语是“序幕”，谓语是“是”，宾语是“高潮”。这句话中有两套主谓成分，所以它是复句。

通常，复句的构成方式有两种：一种是由两个或两个以上的分句按一定的次序直接组合起来；一种是借助起关联作用的词语（通称“关联词语”），把两个或两个以上的分句组合起来。例如，在上文有关戏剧的复句中，借助关联词语“但”，把两个分句组合起来。

那么能够将两个或两个以上的分句组合起来的关联词语有哪些呢？这里仅介绍一些比较常见的关联词语。因为关联词语主要由连词充当，所以下面重点介绍连词。

汉语的连词是一种具有多层级连接功能的虚词，既可以连接词和短语，也可以连接句子和句子，还可以连接句子和句组。而且，连词除了具有连接的语法功能之外，还兼有修饰的语义功能和表述的语用功能。例如：

长期以来，“钻石男”一直是许多女人梦寐以求的择偶对象。但是和“钻石男”组建家庭需要面对太多不安定因素，高风险下未必获得高回报。“牛奋男”虽然暂时没有良好的经济基础，但却拥有可靠的人格魅力和信得过的品质：不乏上进心，能够为家庭努力奋斗；对爱情忠诚度高，像牛一样执着。

资料来源：比钻石男靠谱的牛奋男长啥样？中国日报网（www.china daily.com.cn），2010-09-07

前一个“但在这个物欲横流的社会”中的“但”连接句子构成句组，后一个”但却拥有可靠的人格魅力和信得过的品质“中的“但”连接分句，构成复句。

（二）常见的连词

根据以前语文课上学习到的知识，大家都知道连词不止一两个，如“虽然……但是……”“因为……所以……”“不但……而且……”都属于连词。如果是没有学习结构性思维，肯定会一一列举这些常见的连词，但是既然已经学习了结构性思维，就至少要把结构性思维的四大原则实时放在心中。这四大原则中，有一个原则叫作：分类清楚。在介绍具有很多项目的内容时，就可以考虑如何对它们进行分类，并且尽量做到MECE，即相互独立，完全穷尽。

根据复句中连词（包括与之配合的关联副词）所起到的关联意义的不同，可以将连词分为表联合和表偏正两类。

联合关系主要有并列、连贯、递进、选择、取舍五种。连词在使用时又可以分为单用和合用。下面将经常用于联合关系的主要关联连词（含与之配合的关联副词）罗列一下，如表5-1所示。

表 5–1 用于联合关系的主要关联连词

关系 \ 连词		单 用	合 用
并列	平列式	同时 还有 此外 另外	既……也…… 既……又…… 边……边…… 且……且…… 一面……一面…… 一边……一边…… 一方面……一方面…… 一会儿……一会儿……
	对列式	而 反而 反之	不是……而是…… 是……不是……
连贯	顺连式	从而 转而 而后 于是 接着 然后	一……就…… 起先……后来…… 首先……然后…… 于是……就…… 接着……再…… 然后……终于……
	互连式	于是 接着 然后	一……就…… 于是……就…… 接着……然后……
递进	正递式	而且 并且 况且 甚至（于）再说	不但 / 仅 / 单 / 独 / 光 / 只……而且 / 甚至 / 并且…… 既……更…… 非但 / 不仅仅……而且…… 尚且……何况……
	反递式	反而 相反	不但 / 仅……反而…… 不但 / 仅不……反而……
选择	相容式	或 抑 或者 抑或 再不 还是 要么	或……或…… 是……还是…… ……也好 / 罢……也好 / 罢
	析取式	要么 还是	要么……要么…… 不是……就是…… 是……还是……
取舍	先取后舍	宁 宁肯 宁可 宁愿	宁 / 宁肯 / 宁可 / 宁愿……也不 / 不如 / 无如 / 也要……
	先舍后取	与其 如其	与其……不如 / 还不如 / 倒不如…… 与其……毋宁…… 与其……何如 / 不如…… 如其……宁可……

偏正关系主要有转折、因果、假设、条件、目的、让步六种。现在将经常用于偏正关系的主要关联连词（含与之配合的关联副词）罗列一下，如表5–2所示。

表 5–2 用于偏正关系的主要关联连词

关系	连词	单用	合用
转折	轻转（追加）	不过 就是 只是 只不过	
	平转（对照）	而 倒 则 然 然而 然则 诚 诚然 自然	而……却…… 而……则…… 然而……却……
	重转（矛盾）	虽 却 但 可 固 虽然 反倒 固然 反而	虽然 / 虽 / 虽说 / 虽则 / 虽则……但是 / 但 / 可 / 却…… 尽管……但是…… 固然……但是…… 可是……却……
因果	说明因果	因此 所以 以致 以至于 从而	因为……所以 / 就 / 才…… 由于……因而 / 因此 / 于是…… 之所以……是因为……所以……在于……
	推论因果	可见 那么 既是	既然……那么 / 就 / 则 / 也 / 便…… 既然……于是…… 既然……所以…… 既然……那就……
假设	推测假设	要 要是 果真 果然 的话	如果 / 如 / 若 / 假如 / 假使 / 倘若……那么 / 就 / 便 / 则 / 也…… 要是……就 / 那就……
	反证假设	要不是 要不然 的话 否则 否则的话	要不是……那么 / 就 / 也…… 若不是……那……
条件	必要条件	才 如果不	只有……才…… 唯有……才…… 除非……才……
	充分条件	就 便 即	只要……就 / 便 / 都…… 一……就 / 便…… 一旦 / 一经……就 / 便……
	无条件	任 无论 任凭 不管	无论 / 不论……都 / 总 / 也 / 就…… 无论……还是…… 不管……都……
目的	正目的（达到）	为了 为的是 以 好 以便 以求 借以	为了……就 / 便…… 为了……就得 / 就要……
	负目的（避免）	以免 免得 省得	
让步	虚拟性让步	即使 即便	即 / 即使 / 即便 / 即令 / 即或……也 / 还 / 总 / 总是…… 纵 / 纵然 / 就算 / 哪怕……也……
	现实性让步	即使 即便	即 / 即使 / 即便……也…… 即使……但 / 但是 / 却 / 然而……

（三）连词在表达和理解中的作用

有读者可能会质疑：这些连词以前在语文课上都学习过，有必要再介绍一遍吗？实际上，连词具有非常重大的作用，有必要在句子结构中进行重点讲述。

1. 合理运用连词是思维清晰的表现

本章第一节提到，句子是人类交流和思维的重要工具，那么句子由什么来表现交流的准确和思维的巧妙呢？这就是句子中的逻辑关系。在上面介绍连词分类的时候，已经列出了多种逻辑关系，如并列、递进、取舍、因果等，而这些逻辑关系又可以由连词来体现。因此，正确使用连词是思维清晰的表现。

2. 正确运用连词能让受众更容易理解你的表达

我们常被要求“写文章要通顺”。其实，“通顺”就是具体建立在逻辑连接词基础上的，因为所谓“通顺”就是指每则信息之间的前后关系明确。文章通不通顺，全在于能否将每一则信息之间的前后关系，明了地传达给对方。[①]在表达之前，自己的思考非常重要，因为只有想清楚了才有可能表达清楚。在表达的过程中，更重要的是在受众的头脑中重建你的思想。这时候表达者就需要按照受众已有的逻辑概念进行表达，这样受众才能更好地理解。例如，向一个没有见过大象的人很难清楚地描述大象，但是如果他见过大象，即便是只言片语，他也能很快知道你所描述的是大象。同样，既然连词是之前所学过的内容，不同的连词表示的逻辑关系也不同，那么在表达时使用了正确的连词，对方就能知道你所表达的逻辑关系是什么。比如，你用了“因为……所以……”这个表示因果关系的连词，对方也知道“因为……所以……”这个连词表示的是因果关系，那么对方自然就会知道你所表达的内容是有因果关系的。

---

① ［日］高杉尚孝．麦肯锡教我的写作武器［M］．郑舜珑，译．北京：北京联合出版公司，2013.

3. 使用不同的连词所表达的重点也不同

因为连词所表示的意义不同，所以表达的重点也会不同，作为受众在接收信息时，就需要关注连词的使用，把握所接收信息中重要的部分。

例如，在表并列的连词中，又可以分为平列和对列，当出现平列的连词时，就表明单用连词前后的信息同样重要，合用的两个连词后的信息同样重要。

例如，“小鸟一会儿跳上窗台，一会儿跳在病人的被子上，一会儿跳在玩具小钢琴上，踩得键盘叮叮响了起来”中的连词表示并列，而且3个“一会儿”合用，所以每个“一会儿”后面所描写的小鸟的动作，都同样重要。

再比如：“虽然受到场地限制，到场的观众很少，但经过卫星电视转播预计将有50亿人次通过电视小屏幕看到这场比赛”这句话中出现了表示转折并且是重转的连词“虽然……但是……”。在这个组合连词中，“但是”后面的内容是着重强调的内容，所以受众更应该关注“但是”后面的内容，也就是有50亿人次可以看到比赛。

根据上文常用连词的表格去思考各类连词所在句中表达的重点在哪里，以后再看到或听到相关连词时，就能更容易抓住重点了。

第五节　实用的句子结构

除了标准句子结构之外，在实际生活和工作中，还有一些实用的句子结构。所谓实用的句子结构，就是使用一些固定搭配的结构，从而使表达更加清晰、通顺，更容易被受众所理解和接纳。

例如，常常有女生会问自己的男朋友：“你喜欢我什么？”这个问题其实很难回答，稍不留心就会让女生觉得“你都说不清喜欢我什么，你没有那么喜欢我”。有人给了这样一则标准答案：一个时间点+一件小事+一点润色+一段誓言+一个动作（如图5-8所示）。

图5-8　“你喜欢我什么”的标准答案结构

用这样的结构组成一段话就可以回答“你喜欢我什么”，如：“4年前的一个早上（一个时间点），你忙碌着为我准备早餐（一件小事），看到你的身影，我仿佛看到了天使，美极了（一点润色），那时我便默默对自己说，这是我要用一辈子去爱去疼的女人（一段誓言）。”然后从后面紧紧抱住她（一个动作）。

运用了这个结构之后，回答就非常好，有理有据，形象生动，一定会打动问这个问题的女生。这样一种看似公式化，却很实用的结构，就可以被称为实用的句子结构。这里再介绍几种实用的句子结构。

一、表示指令，先说“为了”

本章曾提到，有一种句子类型是指令性的，旨在引发听众的反应，一种反应是回答，一种反应是行动。但是这样的指令往往会违背当事人的意愿，如对于喜欢抽烟的人来说，公共场所不让抽烟就违背了他本人的意愿。如果直接上去跟他说：“这里不准吸烟。”得到的回应往往是负面的，可能是一个白眼，可能是一句：“关你什么事。”如果仔细听相关禁止吸烟的广播，就会发现，其表达是有结构的。例如，候车室的广播里通常是这么说的：“为了您和他人的健康，请您不要在候车室里吸烟。”这里就用了一个结构：“为了您……请……”（如图5-9所示）。

图5-9　传达指令时实用的句子结构

之所以要先说“为了您”，原因很简单，就是要体现出站在对方立场，为了对方着想，以消除敌对感。只有这样，才会让对方觉得，“命令”是为了他好。另外“请”也是文明用语，会让对方感受到，都这样文明、客气地跟他协商了，如果再不配合或者恶语相向，就会显得自己很没有素质。

使用“为了您……请……”这样实用的句子结构的例子还有很多。例如，在地铁站过安检时，会听到：“为了您和他人的安全，请您接受安检”在车站进站口，会听到：“为了您和他人的安全，请不要随身携带烟花爆竹、有毒有害气体等危险品上车”；在商场里，会听到：“为了您的财产安全，请您保管好随身携带的贵重物品，以免丢失”；在人多的公共场所，会听到：“为了您孩子的人身安全，请您看管好同行的小孩，防止走失”。

这些场合都使用了“为了您……请……”并不是偶然，而是因为这样的句子结构的确非常实用。

二、概括只要一句话

本书第三章第三节中介绍了一些概括总结的方法，在概括总结出相关信息之后，如何把这些信息串联起来，表达清楚呢？这里也可以使用一个结构。为了更好地体现这个结构的实用性，先来看一段文字，这是开心麻花总裁刘洪涛在北京大学中文系2014年毕业典礼上的演讲《在骨感中走向丰满》节选：

各位敬爱的老师、可爱的师弟师妹，上午好！感谢你们让我来分享生命中重要的时刻，这是我的荣幸！毕业是结束，更是开始，从此你们将走进一个全新世界。在这样一个临界点，你们的心中，除了万丈豪情、离愁别绪，或许还有一点点茫然，对于未来的茫然。历史是公正的，一代人有一代人的困境。我们毕业时，有单位，有宿舍，但没有选择的机会；今天，你们没有保障，但有选择的机会。我想说，即便现实很骨感，仍然要努力实现丰满的理想。我想和大家分享三个人生故事。

第一个故事是拿得起放得下。我的同班同学于川，1988年毕业于北京大学中文系，90年代中期已经拥有一家规模可观的科技公司，在世俗的眼光中，他无疑是令人艳羡的成功者。但他却惊世骇俗地关闭公司，彻底回归文学梦想。也许是纪伯伦提醒了他：不要因为走得太远，以至于忘记自己为什么出发。

为了挽回此前所有蹉跎的岁月，他以超常的真诚、勤奋、热情投入写作，转型的阵痛剧烈并且持久，他却甘之如饴，终于大器晚成，迄今已发表12部长篇小说、3部电视剧本，其中，小说《最后一个贝勒》2012年创造了影视改编授权费用的全国纪录，电视剧《青果巷》今年3月在央视八套黄金时段播出，并获得广电总局首届年度优秀剧本奖，全国只有18部剧本获奖。

第二个故事是持之以恒。我的好友孙维宁，1988年毕业于复旦大学新闻系，1991年自费赴美留学，临行前他说未来的人生目标是用英语写作。外人很难想象他是如何度过那些漫长而艰难的日子的，也很难想象他经历过多少坎坷。语言不通，所有开支都得靠自己打工，但他矢志不渝，积极融入美国社会，在语言、文化上为理想做准备。2002年，他获得南加利福尼亚大学电影学院编剧硕士，是这所美国顶级电影学院历史上第一位母语非英语的华人编剧硕士，并且他的一部英文电影剧本在好莱坞的大赛上获得一等奖，为他颁奖的是乔治·卢卡斯。

孙维宁刚刚进入电影业时，好莱坞竞争残酷，中国电影在低谷徘徊，谁也无法预见未来。所有人都劝他，从事别的挣钱又快又多的行业，但他喜欢电影，并坚持下来，终于厚积薄发，等到了中国电影的爆发期。今天，邀请他写剧本的都是中国一流的电影导演。请记住他的名字，他的事业高峰远未到来！

第三个故事是听从内心召唤，做自己喜欢并且快乐的事。我毕业就进了中国新闻社，那里寄予着我的青春与梦想，我也殚精竭虑付出了无数汗水，中国新闻社传统业务有文字通稿、图片通稿，我率领团队发起并创立了第三个通稿业务——视频新闻，当时被互联网同行誉为最领先的视频新闻。2010年，我决定离开，许多好友劝阻我："你老大不小的，别折腾了！再说你那个位置还不错。"我说："中新社有很多才华横溢的前辈，但他们退休时可能对自己的人生有遗憾，我不想重复他们的命运！"

就这样，我走进了开心麻花。有朋友问我："当时为什么敢于在四十多岁的高龄下海？"我说："我对钱没有太多的欲望，下海本来是为了找乐，但找到的不仅是乐。"

于川、孙维宁，还有我们那一届很多同学，无论多么坎坷，无论走过多少弯路，也许默默无闻，但都坚守梦想，都在脚踏实地地做着自己无比钟爱的事，他们是这个时代的脊梁。你们如此年轻，有着大把时间，有着足够多的选择，未来有着无限可能，还会担心骨感刺破丰满吗？那么，请勇敢地出发吧！

资料来源：刘洪涛.在骨感中走向丰满［J］.课外阅读，2014（20）

看完这段演讲的文字稿，请你用一句话概括出他所讲的内容，你要如何概括？显然，把这段1 000多字的演讲稿变成短短几十个字甚至十几个字的一句话，并不是一件容易的事情。这里提供一个用于概括的结构："在（序言）的基础上，从（A），（B），（C）N个方面，说明了（G）。"还记得标准结构图中G和A、B、C分别代表什么吗？G是主题，A、B、C是横向结构的分论点。利用这样的结构，就可以进行一句话概括了。

先看序言，它在第一段，这段的最后一句话并不是序言，而是主题，"一代人有一代人的困境"才是真正的序言。其次，后面讲了三个故事，演讲者用了结论先行的方法，每个故事的开头第一句话就是该故事的中心思想。最后一段是对上文的总结，体现了主题——要坚守梦想，在骨感中走向丰满。把整篇内容画成结构图，就如图5-10所示。

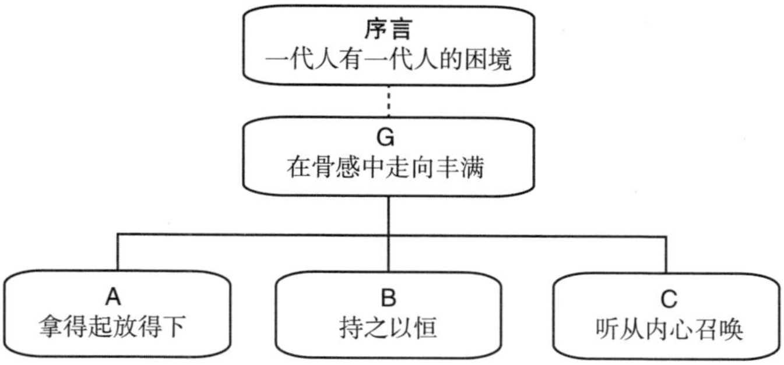

图5-10　刘洪涛演讲的结构图

依照刚介绍的实用结构，就可以把以上演讲用一句话概括为：在一代人有一代人的困境的基础上，从拿得起放得下，持之以恒和听从召唤三个方面，说明了要在骨感中走向丰满。

由以上案例可见，“在（序言）的基础上，从（A），（B），（C）N个方面，说明了（G）”这一结构在概括总结方面具有很好的实用性。

三、这样表达证明你感同身受

在沟通中，如果你的表达能让对方觉得他的感受你能清楚地体会到，一定会让沟通取到更好的效果。那么如何做到呢？例如，对方在沟通中表达了许多内容：“只有两天的时间，要做一、二、三、四等几件事，把这次100人的大会办好真是时间紧任务重，压力好大。”如果你仅仅用一句话回应：“我知道你压力很大了。”这样并不能反映出你真切地感受到了他的压力。这里提供一个实用的句子结构：先总结或复述事实，再表达对方感受（如图5-11所示）。

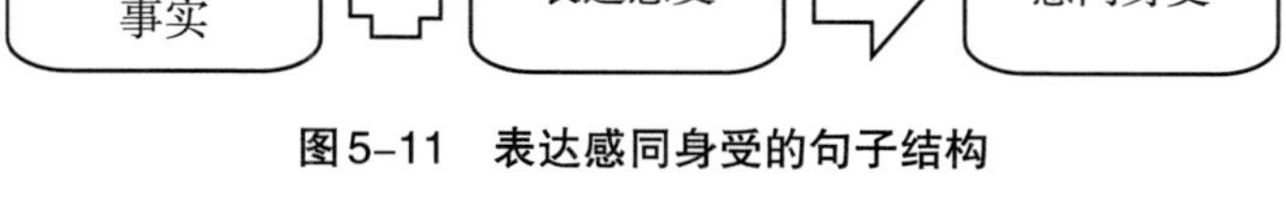

图5-11　表达感同身受的句子结构

之所以前半段分为总结和复述，是因为在信息量比较大的时候，为了避免表述过于累赘，就需要对事实内容进行总结。如果信息量比较小，则直接复述即可。

仍以“压力大”为例，回应时可以首先总结对方所陈述的事实：“只有两天时间要做那么多事才能完成100人的大会。”接着，表达对方感受：“听起来真是让你感受到很大压力。”最后，连贯起来：“只有两天时间要做那么多事才能完成100人的大会，听起来真的让你感受到很大压力。”这样有事实有观点（感受）的表达，就比干巴巴地说一句“我知道你压力很大了”要好很多，更能够让对方觉得你刚才在认真听他说话，对他的压力感同身受。

类似的例子还有很多。例如：“两个月的时间要完成10万字的研究报告，听起来这件事真的让你很为难。”“皇家马德里队以1:0夺得了冠军，看起来你因此很激动。”

第一个例句后半句表达感受时，用了“听起来”三个字，是因为前半句是对对方所说事实的总结，第二个例句的后半句用了“看起来”三个字，是因为前半句是对看到的事实进行的表述。这两个例句说明，在沟通中，无论是对方所说的内容，还是看到的事实，都可以用这样的结构，表达出你的感同身受。

实用的句子结构还有很多，只要在生活中善于发现和总结，一定可以找到类似的句子结构，并将其运用在表达中，让表达的技巧更丰富，更容易被接受。

本章小结

第五章主要介绍了与句子结构相关的内容：

第一节说明了句子和世界、思维和表达都息息相关、密不可分。

第二节通过对句子的分类，表现出不同类型的句子实现了不同的目标，可以根据想要达成的目的来选择表达的句子类型。

第三节介绍了标准句子结构，包含了主、谓、宾、定、状、补六部分。

第四节讲的是句子结构中主语和连词的重要作用，希望读者在了解之后，能善用主语和连词，使得表达更明确，逻辑更清晰。

第五节主要讲了三种实用的句子结构，利用这些结构可以让表达更流畅，更容易被接受。

这一章所写的句子内容并不在结构性思维标准结构之中，之所以要介绍句子内容，一方面是因为它对于表达起到很重要的作用，另一方面是因为它对于表达者的思考和受众的理解都可提供很大的帮助。

第六章
结构性思维与想

第一节　结构性思维帮助更好地认识世界

本书第一章介绍了为什么思维也能有结构，其中就明确了两点：客观事物和思维都是有结构的，而且结构性思维能帮助解决沟通不畅、写作头疼、记忆力差等问题。总结一下就是，结构性思维有助于更好地认识世界。

为什么这么说呢?

根据第一章中的内容也可以知道，人类认知主要由三部分构成：客观存在的事物；事物在大脑中的反映，也就是思维；为思维创造的语言，借此才能与他人交流。

人类区别于动物的最大差异就是语言（以及在语言的基础上产生的文字），正是有了语言作为人类思维与行为等诸多信息的交流载体，才能将处于分散发育与发展的人类无数个体形成一个强有力的整体，才能使个体对周围世界的发现与发明通过信息交流成为整体人类的共同财产，从而促进人类社会的飞跃发展。

所以，无论是沟通还是写作，抑或早于语言的思维和记忆，都是为了认识世界。

因此，如果想更好地认识和发展社会，就必须做好两个前提：一是有清晰明确且忠实地反映了客观事物的思维，二是有与思维紧密切合的语言。然而有清晰且忠实反映客观事物的思维，看似简单却并不容易做到；给思维找到合适的语言也无法自动实现，这一工作常常充满挑战性。

正因为这两个前提都很难做到，我们常常会在工作和生活中犯一些不该犯的错误，如词不达意、文不对题、说不清楚、听不明白等。大而言之，如今我国各种组织都在感慨软实力不如西方，部分原因便是思维出现问题。管理的基石是思维，管理中的组织、排序、命令、测量、监督、评估和改进，一切都应按照逻辑思维的次序进行，而不能在面对各种纷繁复杂的信息时，靠一时感性的沟通来解决问题。

那么，结构性思维是如何做好思维和语言这两大前提的呢?

实际上，运用结构性思维的四大原则就可以让思维更清晰、明确和忠实地反映客观事物。

第一，结论先行，能够明确认识的目标。第四章第一节中说到，从思维的角度讲，平时思考的时候也应当结论先行，换一种说法就是关注目标。从表达的角度讲，结论先行后，内容就要围绕结论进行论述。那么，从思维和认识世界的角度讲，在关注目标之后，对于世界的探索和认识，就要围绕着这个目标来进行，即结论先行为认识客观事物制定了目标。人们在认识世界与改造世界的过程中，必须有明确的目标，根据目标来制订计划，选择方法。

第二，分类清楚，能够更忠实反映客观事物。认识世界的过程是最基本的心理过程，它是人脑对客观事物的属性及其规律的认识，包括感觉、知觉、记忆、思维、想象等。例如，在一个春光明媚的早晨，你来到户外锻炼，当微风拂面时，你会感到凉爽；阳光照在身上又感觉很温暖；此时空气中不时送来阵阵清香；环顾四周，可以看到五颜六色的东西，还可听到各种声音……凉爽、清香、五颜六色、各种声音都是外部世界作用于眼、耳、鼻、舌、身各感觉器官所产生的感觉。在认识世界的时候，就可以将所有输入的信息根据不同的来源进行分类，或者用其他更好的方式进行分类，合理的分类可以做到相互独立，完全穷尽，从而对客观事物形成尽可能全面的认识。

第三，排序逻辑，能够更好地认识世界。不仅仅表达的内容可以进行排序，认识的过程也是可以进行排序的。通常情况下都是按照由浅入深、由简单到困难、由一般到特殊、由普通到特别这样的顺序进行的。只有按照合理的逻辑顺序，才能更好地认识世界。例如，学习就是认识前人已经认识的世界的过程，在此过程中，无论哪一门课程，都是由易到难逐渐开始学习的，学习数学一定是先从数字开始，到加减法，再到乘除法，越往后越难。如果一上来就学习函数，恐怕多数人都很难继续下去。因此，认识世界的过程也应当按照一定的逻辑顺序进行。

第四，上下对应，能够更深入地了解客观事物。认识世界不但需要看到表面现象，更需要研究深层次的原因，从现象到本质，从结果到原因。上下对应这一原则要求将结论和原因进行严格的上下对应。上下对应有两个方向：自上而下和自上而下。在自上而下认识世界的过程中，就需要把原因和结果做好对应，而自下而上认识世界的过程可以帮助我们从特殊到一般、从个性到共性地进行总结和概括，从而更好地掌握规律。

因此，运用结构性思维的四大原则可以使思维更清晰明确且忠实地反映客观事物。当然，结构性思维更能让语言与思维紧密结合。在认识世界的过程中之所以需要语言，是因为既需要语言的记录让自己记住已经认识的相关信息，并帮助思考，又需要与别人交流这些信息。

这样的紧密结合首先反映在句子上。之前提到句子是完整描述世界的基本单位，连词能够反映出思考的逻辑，所以运用好句子结构是记录和交流的第一步。

其次，这样的紧密结合可以从段落中反映出来。在文章中，通常把需要表达的同一类信息放在同一个段落中，这就用到了结构性思维中横向归纳的相关内容。而段落与段落之间的排序也是需要考虑的，这就用到了横向演绎的相关知识。

最后，全文所反映的思想，又可以通过结论先行的原则从标题和总结性的内容中了解到。由此可见，结构性思维能够使文章从句子到段落再到全文与思维紧密结合起来，从而让思维更好地反映客观世界，让人们更好地认识世界。

第二节　结构性思维有利于记忆

本书第一章第五节提到，结构性思维能够解决记忆力差的问题，并通过相关游戏和案例进行了佐证。这一节就对人脑的构造进行剖析，来看看为什么结构性思维能够帮助记忆。

一、记忆至关重要

人脑这台令人惊异的机器具有五大功能[①]——接收、保持、分析、输出和控制，详情如下：

接收：任何感觉器官所感觉到的任何东西。

保持：记忆能力（存储信息的能力）和回忆能力（可以调取被存储信息的能力）。

分析：模式辨认和信息处理。

输出：任何形式的联系或者创造性行为，包括思维在内。

---

① ［英］东尼·博赞，巴利·博赞 . 思维导图［M］. 卜煜婷，译 . 北京：化学工业出版社，2015.

控制：所有的精神和身体功能。

其中“保持”这一功能，说的就是记忆。《纽约时报》的一次调查显示：所谓成功者，96%记忆力都非常好；所谓失败者，绝大多数记忆力都较差。这栏的说法或许有些绝对，但一个记忆力很差的人会具有成就事业所必需的广博知识吗？一个见了别人几次，甚至十几次都记不住对方名字的人，会赢得好感和尊重吗？答案显然是否定的。

人类出生之后除了最原始的吃、喝、睡等一些生存能力外，其他能力都是靠学习得来的。而记忆是最基本的学习能力，任何高层次的学习能力及其运用都建立在这个基础之上。英国著名哲学家培根曾说：“一切知识的获得都是记忆，记忆是一切智力活动的基础。”

拿破仑曾说过：“没有记忆的脑袋，等于没有警卫的要塞。”拿破仑本人记忆力超群。据说，他能记住他的每一个士兵的面孔和姓名，也能记住每一门大炮所在的位置。他曾经说：“在我的词典里，没有不可能三个字。”他每天的睡眠只有3个小时。可以说，他所具有的超人记忆力与他坚持不懈地努力密切相关。英国哲学家密尔10岁前就已经掌握了好几种语言。发掘出特洛伊遗址的德国学者修里曼，孩提时就能背诵父母教授的霍梅罗斯的长篇，长大以后，他只需几个月就能掌握一门外语。据说，日本盲人学者高保已一能把相当于十几册大字典上的知识完全记忆在大脑中，并且还能背诵出许多围棋、象棋的棋谱。在那些实业家中，具有超凡记忆力的人更是举不胜举。由此可见，良好的记忆力能够帮助一个人取得成就。

每一个新观念都是由记忆的许多旧信息重新组合而成的，如果没有记忆，就不可能产生观念，学习更是无法进行，所以说记忆是学习的重要前提。很难想象，一个记忆力很差的人能够在现在社会的学习浪潮中保持头脑清醒，更不用说在知识经济时代可以凭借知识大展身手了。

二、记忆的分类

记忆可以按照两种不同的方法进行分类：一种是按时间量，也就是能够保留自己所记忆信息的时间长短；第二种是按信息的来源分类。这里需要提醒的是，既然学习了结构性思维，就要把分类的概念实时记在脑子里，遵守分类清楚这一原则，在遇到问题时尽量分类讨论，一方面可以缩小每次讨论的范围，另一方面可以进行更全面的讨论。

（一）按时间量分类

按时间量分类，可以将记忆分为短期记忆、中期记忆和长期记忆。

短期记忆的持续时间很短，如我们对数字只能保持几秒钟的记忆，所以有很多人会发现，当有人告知一个电话号码时，如果没有马上把它记录下来很快就会忘记。有时，我们会不断地重复那些数字，这样便能从自己的声音中获取号码，从而让自己能够更好地进行记忆。

中期记忆是指信息在大脑中最长保留一天或两天的情况。

长期记忆是指信息在大脑中保留了几个月或者几年，而且只需要最轻微的刺激，便能清晰地记起的情况。可以长期记忆的内容有很多，如出生的地方、兄弟姐妹的面孔或者父亲的声音。

（二）按信息来源分类

按信息来源分类，可以把记忆分为视觉记忆、听觉记忆、味觉记忆、嗅觉记忆、触觉记忆和动觉记忆六种。

视觉记忆就是通过将看到的内容转为图像去记忆。视觉是最为重要、最为强大的一种感觉。正是由于视觉记忆，我们记住了自己所看到的食物。

听觉记忆是我们每天都会使用的一种记忆，它让我们可以做很多事情，如熟悉并记住一首歌。

味觉记忆，这种记忆无须加以说明。因为谁都会记得自己最喜欢的食物的味道，尤其是正在品尝的时候。

嗅觉记忆，正是因为它，我们才记住了各种气味。

触觉记忆让我们记住那些通过皮肤去接触某些东西而产生的感觉。

最后，还有一种叫作动觉记忆的记忆类型。这种记忆可以让我们完成各和各样的动作和肌肉运动。而且，这些动作都是我们通过惯性，在不知不觉中将其“吸收”并“消化”的，如散步、写作或开车。动觉记忆的最佳方法是恰到好处地一遍又一遍练习这些动作。在这一点上的目标是，尽可能少地考虑自己正在做的事情，让自己在无意识的状态下完成这些动作。

三、大脑与记忆

现代关于记忆的经典研究源自20世纪三四十年代。当时，以美国芝加哥大学后转到哈佛大学任教的卡尔·拉什利（Karl Lashley）为代表的心理学家研究出了一系列成果，其中包括发现知识和记忆并不是被分别存储在大脑皮层的特定位置，而是遍布整个大脑皮层。起初，拉什利打算找出大脑的学习中枢，他把一群大鼠分成几组，然后有计划地切断它们不同脑区之间的联系。出乎他意料的是，所有大鼠都出现了不同程度的失忆症状，但情况都不严重。①

这些发现具有重大而深远的意义。这意味着记忆是分散储存的，在大脑中形成了与负责语言、视觉、情感及其他一些功能不同的区域。同时也意味着，记忆源于神经元中的变化，这些变化是随着神经元之间相互连接和交流而发生的。此外，这些发现还说明，在回忆一件事的时候，只要一点提示就可以激活相互连接的整个神经元网络，为你再现那个事件。回忆就是再现。

---

① 安东尼·J·格林．联想、记忆和学习［A］．周林文，译．大脑与认知［C］．北京：电子工业出版社，2012.

在大脑内，一大群神经元相互协作，形成了对以往事件的记忆。①

除了心理学家之外，神经科学家也一直在研究大脑，希望解开记忆形成的秘密。近些年，在一系列构思巧妙的实验中，科学家通过利用可以同时记录200多个神经元活动的先进技术，结合高效的数字分析工具，发现了大脑从经历中提取重要信息的方式，以及将信息转变为记忆的基本机理。单个神经元间简单的线性信号传递，不足以产生知觉和记忆；相反，这一过程需要大量神经元的参与。

神经元之间的联系会根据神经系统的活性而发生改变。记忆就是这样进行编码的，这也是所有神经元的特征。从这个意义上再次证明了，记忆广泛地分布于神经系统中。

大脑前额叶皮层拥有许多功能（见图6–1），也负责协调各个脑区以建立短期记忆。这种记忆能使人在短时间内记住某些信息，如想拨打的电话号码、制订的计划或者需要解决的问题。短期记忆对于处理语言也具有极其重要的作用。目前人们认为，那些具有诵读困难症的儿童就存在短期记忆发育不充分的问题。

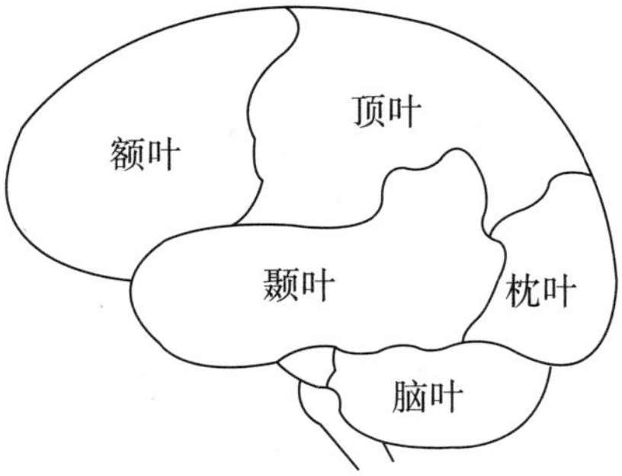

图6–1　大脑前额叶皮层示意图

① 克里斯托夫·凯泽.用眼睛倾听［A］.秦韬，译.大脑与认知［C］.北京：电子工业出版社，2012.

在前额叶皮层的指导下，信息会在短时间内在颞叶中的海马体中储存（海马体，顾名思义就是这个脑结构外形像是海马的尾部卷曲并呈齿轮状的背鳍，见图6–2）。从海马体开始，信息沿着两条通路传递：一条回到颞叶皮层进行长时间记忆储存；另一条更长的路径是沿着穹窿的巨大弓型，悬浮于膈膜之上传递到下丘脑，纤维继续传递到乳头体。接下来，信息通过丘脑而传递到皮层的不同区域。位于颞叶内海马正前方的杏仁状结构——杏仁核，对携带着强烈情感负荷的信息进行记忆存储。

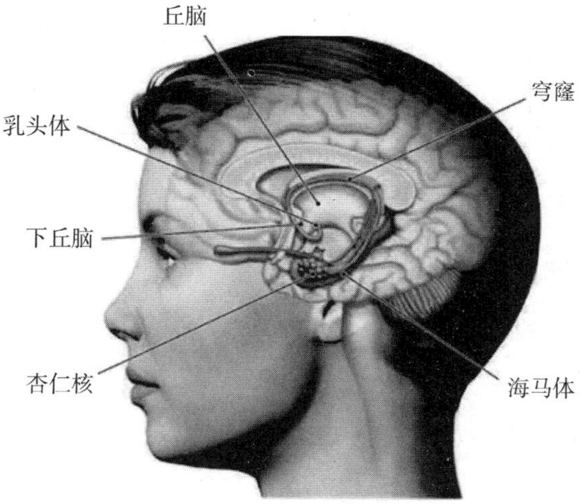

图6–2 大脑内侧边缘系统示意图

颞叶中的海马体对记忆起到了至关重要的作用，在医学领域有这样一侧著名的案例：

直到1953年，人们才发现颞叶对记忆的重要作用。当时，美国神经外科医生威廉·斯科维乐（William Scoville）切除了一名在自行车事故中患上了严重癫痫症名叫亨利·莫莱森（Henry Molaison）的2/3的海马体，因为亨利·莫莱森的癫痫症病源位于海马体。手术治好了他的癫痫症，但是导致他患上了严重的健忘症。他无法学习和接受信息，尽管他的短时记忆还保存完好。例如，他可以通过持续复述数字7而在短期内记住这个数字，但是一旦这个过程被打断，他就根本不知道自己刚才在试图记忆的是什么。换句话说，从短时记忆到长时记忆的通路被切断了。神经心理学家布伦达·米尔纳（Brenda Millner）是亨利·莫莱森的治疗医生，在她与他交谈后的几分钟再次踏入其病房时，亨利·莫莱森总是会说："好久没看到你了啊！"亨利·莫莱森的个人历史在手术之后就彻底停止了。在他的意识中，他一直停留在30岁。在他年老后，他无法认出自己最近照片中的形象。直到2008年他去世时，他还坚定地认为哈利·杜鲁门是当时的美国总统。搬家之后，他总是回到自己的老房子，因此当他外出时家人总是不得不陪着他。

资料来源：生物谷网（www.bioon.com）

在记忆实验中，那些能同时激活前额皮层和海马体这两个脑区的词语是被记得最牢的词语。如果你仅仅想记住一个电话号码而打个电话，那么只需要应用你的短期记忆。不过，如果你经常重复这个号码，那么你就能将它储存到长时记忆中。短期记忆是为了一般用途而存在的，它对人们完成复杂任务至关重要。它使亨利·莫莱森记住了一些数字或词语，但是接下来他无法以正常的方式重复这些信息，即无法将它们从短时记忆转化为长时记忆。

科学家经过更深入的研究发现海马体专门负责整合来自感官的信息。例如，你和朋友约在餐厅吃饭，那么餐厅的位置、朋友的长相、室内的声音和食物的气味这些信息就会融合为一段记忆。这段记忆至少在这次吃饭时会被记住，当这段记忆值得长久记住时，如是和女朋友的初次约会，那么这些信息就会被储存到长时记忆中。

上文提到，记忆是分散储存的，回忆的时候需要激活神经元网络，那么这个网络是如何激活的呢？

每个人的大脑中，约1万亿个脑细胞。其中，负责思考的脑细胞，即神经元，就有1 000亿个。每个神经元都包含一个巨大的电化复合体和功能强大的微数据处理及传递系统。尽管异常复杂，但是，它却只有针尖那么大。这些神经元看起来都像超级章鱼，中间有身体，周围有十根、百根，或者上千根触须。每根触须像是树干，从细胞中央或者细胞核向四周发散。神经元的枝干叫作树突。特别大且长的分支，叫作轴突，它是信息的主要出口，信息就由它传递。整个神经元的样子如图6–3所示。

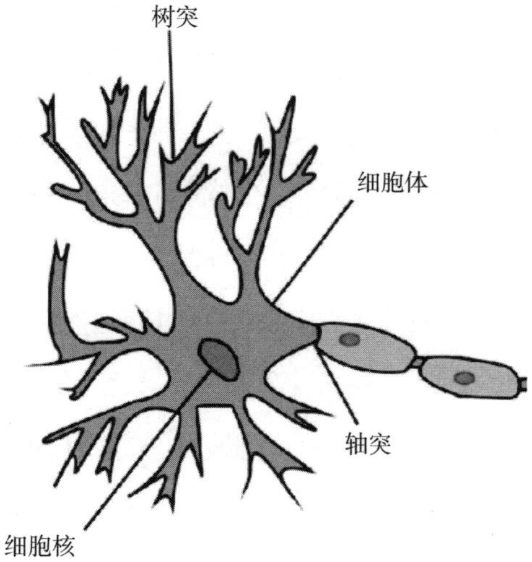

图6–3　神经元示意图

树突和轴突的长度从1毫米到1.5米不等，其周围布满蘑菇一样的突起部分，叫作树突棘或突触小体。每个树突棘或突触小体都包含一些化学物质，它们是人类思维过程信息的主要携带者。[①]

图6–4　神经元突触小体示意图

① ［英］东尼·博赞，巴利·博赞.思维导图［M］.卜煜婷，译.北京：化学工业出版社，2015.

当一个电脉冲通过神经元时，化学物质会通过一个神经元中的树突棘与另一个神经元的树突棘这两者之间微小的、充满液体的空间传递过去，被导入相邻的另一个神经元。神经元每秒钟从相连的点上接收成百上千个传进来的脉冲。它所起的作用就像一台巨大的程控电话交换机，以微秒为单位，很快地计算所有进来的数据，然后再将它们导入合适的通道。

当一个记忆在脑细胞（神经元）之间传递时，就建立起了一个生化电磁通道，每产生一个想法，带有这个想法的神经通道中的生化电磁阻力就会减少。这就像在丛林之中清出一条小路来一样。第一次得耗费很大气力，因为必须清除掉一路的杂草缠藤。第二次就容易多了，因为第一次走过这里时已经做了很多清障工作。你从这里经过的次数越多，存在的阻力就越小，直到重复很多次以后，这条小路就变得又宽又平，基本没有或者只有很少的东西需要清除了。在大脑中亦是如此：重复思维模式或图谱的次数越多，对它们造成的阻力就越小。因此，重复本身就增大了自我重复的可能性，这一点至关重要。换句话说，“思维事件”发生的次数越多，它再次发生的可能性就越大。[①]这正是为什么一个电话号码多重复几次就能记住的原因。

存储在大脑不同位置的信息就这样在大脑中传递，到达处理信息的不同部位，比如海马体等，从而形成了人类复杂的记忆、思考、行为等。

这里花了许多篇幅来解释大脑与记忆相关的科学知识，一方面是让大家对这些内容有一个了解；另一方面也是希望大家通过本书，不仅仅能了解与结构性思维直接相关的知识，还能学到更丰富的内容，从而扩展知识面。

---

① ［英］东尼·博赞，巴利·博赞．思维导图［M］．卜煜婷，译．北京：化学工业出版社，2015.

四、结构性思维在记忆中的作用

（一）画结构图可以加强视觉记忆

从上文关于记忆的分类中，可以知道有一种记忆叫作视觉记忆。科学家经过研究发现，视觉记忆往往比其他几种记忆更容易被记住。视觉记忆最极致的一种记忆方法叫作影像记忆法。就是把看到的物体也好，文字也好，像拍照片或摄像一样，拍下来，以影像的方式记忆在大脑中。很多人希望自己的记忆力像摄像机一样：如果忘记车钥匙放哪儿了，只要从上次拿着钥匙的时候开始"播放"，就能找到它们；再也不会错过约会或者忘记还款，会记住每个人的生日，还会在每场考试中取得高分。虽然很难做到这一点，但至少有人在尝试。在江苏卫视的一档电视节目《最强大脑》中，就有记忆力超强的参赛者表示，他是运用影像记忆法来记忆的。

尽管影像记忆法很难，但视觉记忆却是记忆当中最容易的。所以在听别人说话，或者阅读文章时就可以顺手画出所听或所看到的内容的结构图，把原先的听觉记忆变成视觉记忆，把复杂的视觉记忆变成简单、形象的视觉记忆，这样一来就更容易记住。

（二）结构性思维有助于找到联系

从上文中可以得知，记忆的内容是分散在各个地方的，孤立地存在于神经元之中。对于不能建立联系的大脑来说，每一个瞬间都是一个孤立而非连续的事件，每一次思考都是跳跃而没有联系的，每一次感知都没有关联，每个人都是陌生人，每件事都是预料之外的。如果两个记忆之间没有联系，那么它们所在的神经元就没有联系，也就很难被同时调用，因为神经通道中的阻力太大，所以很难关联。这在生活和工作当中很常见，明明感觉这个人的名字就在嘴边，可是突然就想不起了。

但是如果在两个可能同时被调用的记忆之间建立联系，再同时调用的时候就方便了。这就好比放在两个地方的球，当需要用到这两个球时，可能只会找到一个球，另一个球已经不知道放到哪里去了。但是如果将这两个球用绳子连起来，在拿一个球时另一个球也就自然而然地出来了。

结构性思维有助于在两个记忆之间建立起联系，如其四大原则中的上下对应、分类清楚，都是为了找到信息和信息之间的联系，这样在同一个纵向中的记忆，在同一个分类中的信息，就都能一起被记住，被调用了。

（三）结构性思维有助于加深理解

在小时候背诵课文时，老师就告诉我们要在理解的基础上加以记忆。

对于结构性思维而言，理解是为了找到更进一步的联系，即不仅仅找到事物表面的联系，还要找到本质的联系。例如，在上下对应中，有一种对应的方式是因果对应，上面一层是结果，下面一层是导致这种结果的原因。如果这样一种对应关系出现在文章里，就可以更好地理解上下文，从而有助于记忆。

（四）结论先行具有首因效应

首因效应由美国心理学家洛钦斯首先提出，也叫首次效应、优先效应或第一印象效应。首因效应是指个体在社会认知过程中，通过“第一印象”最先输入的信息对以后对客体的认知所产生的影响最大，持续的时间也最长。

对于这种因信息输入顺序而产生不同效应的现象，有种种不同的解释。其中一种解释认为，最先接受的信息所形成的最初印象，构成大脑中的核心知识或记忆图式；后输入的其他信息只是被整合到了这个记忆图式中去，即这是一种同化模式，后续的信息被同化进了由最先输入的信息所形成的记忆结构中，因此后续的新的信息也就具有了先前信息的属性痕迹。

实验心理学研究表明，外界信息输入大脑时的顺序，在决定认知效果的作用上是不容忽视的。最先输入的信息作用最大。大脑处理信息的这种特点是形成首因效应的内在原因。首因效应本质上是一种优先效应，当不同的信息结合在一起的时候，人们总是倾向于重视前面的信息。

首因效应使得最先输入的信息最容易被记忆。而在结构性思维当中，结论往往被要求先行，这就使得重要的结论被放在了最先输入的位置，也就最容易被记住。而结论恰好往往是表达者最希望受众能够记住的内容。

（五）结构性思维有助于整理思路

在面对一堆数量较多又杂乱无章的信息时，可以运用结构性思维里的方法进行整理，如运用自下而上的概括和总结，概括出主要内容，抓住重点；也可以运用横向演绎和归纳，找到信息与信息之间的关系，帮助理解。在将所有信息进行整理之后，就可画出结构图或者运用结构图整理出提纲。如此一来，简单、清晰、概括性的提纲肯定会比之前多而乱的信息要好记很多。

第三节 经典模型中的结构性思维

本章的大标题叫作“结构性思维与想”，这里的“想”其实就是指大脑思维的过程。其实前人已经经过了很多想的过程，并把这些过程总结成了经典咨询模型。本书第一章也以五力模型为例，来说明很多模型都是符合结构性思维的特点的。这里再介绍两个经典模型，并详述一下它们和结构性思维之间的联系。目的是一方面让大家对结构性思维有一个更深的认识，另一方面也希望这里介绍的模型能帮助大家在未来的工作中解决相关问题。

一、麦肯锡7S模型

麦肯锡7S模型（Mckinsey 7S Model）简称7S模型（如图6–5所示），是麦肯锡公司研究中心设计的企业组织七要素，其中指出了企业在发展过程中需要全面考虑的各方面情况，包括结构（Structure）、制度（System）、风格（Style）、员工（Staff）、技能（Skills）、战略（Strategy）、共同的价值观（Shared Vision）。

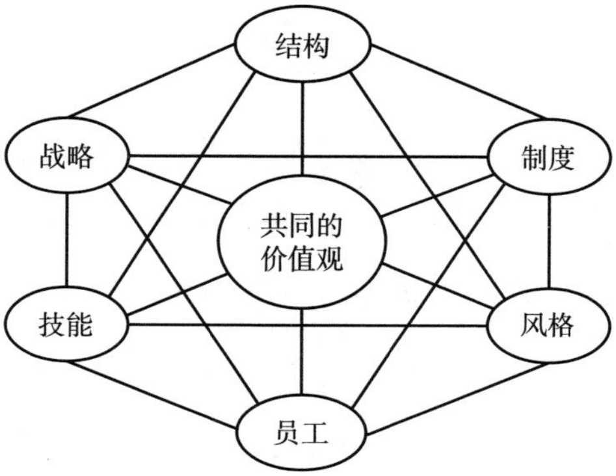

图6–5　7S模型

在该模型中，战略、结构和制度被认为是企业成功的“硬件”，风格、员工、技能和共同的价值观被认为是企业成功经营的“软件”。麦肯锡的7S模型提醒世界各国企业的管理人员，企业的软件和硬件同样重要。

以上两段描述，至少反映了结构性思维的三个方面。

第一是分类清楚。结构、制度、风格、员工、技能、战略和共同的价值观，这7S几乎考察了企业内部的方方面面，并且7S之间做到了相互独立、完全穷尽。

第二是自下而上的概括和总结。这7S可以概括总结为“软件”和“硬件”两个方面。

第三是横向归纳。如果把这7S画一个结构图（如图6-6所示），那么“硬件”这个主题下可以横向排列“战略”“结构”和“制度”，“软件”主题下可以横向排列四个要素。

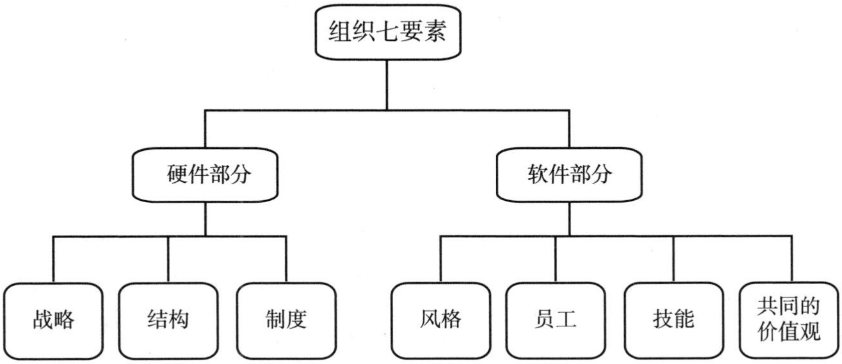

图6-6　7S模型的标准结构图

（一）战略

战略是企业根据内外部环境及可取得资源的情况，为求得企业生存和长期稳定的发展，对企业发展目标、达到目标的途径和手段的总体谋划。它是企业经营思想的集中体现，是一系列战略决策的结果，同时又是制订企业规划和计划的基础。企业管理者必须清晰定义本公司的战略、远景等目标性的内容，制定可衡量的发展目标；可以要求中高层管理者拆解目标到月度目标，并在每个月进行监控与督察，若连续3个月不能完成任务，需要及时纠正与调整。确定目标后各管理者需要制定公司的产品策略、市场营销策略、服务策略、人才发展规划以此来指导中高层管理者顺利按目标完成各项任务指标。

在7S中，战略就像是结构性思维当中的结论先行，必须先明确目标，才能有的放矢，后续的各种计划的制订都需要按照这个目标进行。

（二）结构

组织结构是为战略实施服务的，不同的战略需要不同的组织结构与之对应，组织结构必须与战略相协调。企业组织结构一定要适应实施企业战略的需要，它是企业战略贯彻实施的组织保证。企业的组织结构类型有金字塔型、职能型、事业部制、模拟分权制、扁平式等结构，企业选择哪一种组织结构，需要根据企业的业务、人员规模、人员能力等综合因素来进行考虑，但需要尽可能满足如下4个原则:（1）最短汇报路径原则;（2）职能相关原则;（3）责任清晰原则;（4）工作流程简单清晰原则。组织结构是企业的基础框架，组织结构可以根据公司现处的阶段和业务模式等变化做出调整，但不宜过于频繁，很多中小企业的通病是老板根据个人的想法随意变动组织结构，可能一个月一次，可能是三个月一次，如此频繁的变动必会导致人心惶惶，员工总是猜测下一步会变成什么样，而无法将精力用在业务的拓展上，这势必会严重制约公司的发展。

组织结构和结构性思维以及标准结构图紧密相关。很多公司的组织结构都可以用标准结构图来表示（如图6–7所示）。而且设计组织结构的职能相关

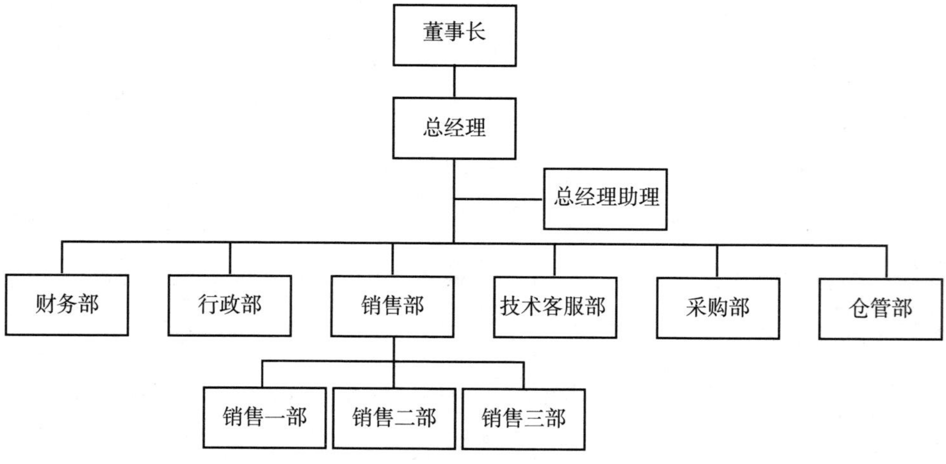

图6–7　组织结构示意图

原则，也就是结构性思维的上下对应原则，相应岗位的人员要做相应职能的事情。责任清晰原则也就是结构性思维的分类清楚原则，各部门之间的权责要划分清楚，尽量做到不重复，同时设计架构时还应完全穷尽，把公司所有相关的事情都分配到相关部门。

（三）制度

企业的发展和战略实施需要完善的制度作为保证，而实际上各项制度又是企业精神和战略思想的具体体现。所以，在战略实施过程中应制定与战略思想相一致的制度体系，要防止制度的不配套、不协调，更要避免背离战略的制度出现。企业制度不可能一开始就非常完善，也不必追求十全十美的制度。百年企业的制度都是经过长期的修订才达到现今的完善程度。所以，很多中小企业的制度只要是合适的并不断完善即可。制度的制定要体现企业的核心价值观，符合发展的战略需要，简单可行。对于中小企业而言，薪酬与绩效考核激励制度和人才梯队建设制度需要作为一家企业的核心制度，应充分调动员工的积极性，尽可能地体现出公司所鼓励的行为与奖励相结合的原则，鼓励大胆创新，而且要实施全面激励，包括物质激励（薪资、奖金、福利）、职业激励（升职、晋级）、精神激励（事业心、上进心、责任心）及感情激励（沟通、理解、关心、爱护）等。

上文以激励制度为例，阐述了对激励制度进行的分类。其实在制定其他制度的过程中，也应把每个制度下的分类考虑清楚，从各个方面完善制度，使得做每件事情都能有章可循。

（四）风格

每家企业都有自己的管理风格，即企业文化。管理应关注过程但更看重结果，对于中小企业而言，任何事情都必须快速反应，注重效益，重视性价比。

（五）共同的价值观

企业成员共同的价值观具有导向、约束、凝聚、激励及辐射作用，可以激发全体员工的热情，统一企业成员的意志和欲望，齐心协力地为实现企业的战略目标而努力。这就需要企业在准备战略实施时，要通过各种手段进行引导、宣传，使企业的所有成员都能够理解它，并用它来指导自己的行动。管理者需要总结及提炼出适合自身公司特点与风格的共同价值观，激发员工的热情，促进企业发展壮大。

在共同价值观这个要素方面，可以看到结构性思维当中的一个演绎结构，即共同价值观可以起到激励作用，企业需要激励员工，所以企业需要共同价值观（如图6–8所示）。

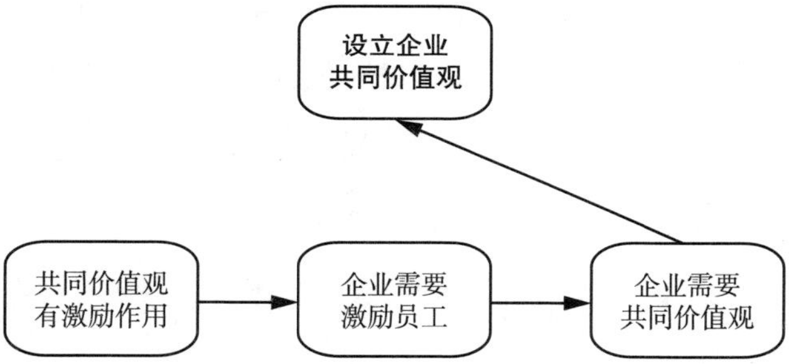

图6–8 “企业需要共同价值观”的演绎结构图

（六）员工

实践证明，人力准备是战略实施的关键。企业应注意配备符合战略思想需要的员工队伍，将他们培训好，分配给他们适当的工作，并加强宣传教育，使企业各层次人员都树立起与企业的战略相适应的思想观念和工作作风。中小企业需要结合公司现有人力进行分析，诊断问题，根据报告建立合适的人才序列，如管理序列（主管、经理、总监、总裁等）、专业序列（包括初级工程师、中级工程师、高级工程师、资深工程师等）。在团队的建设中，管理队伍的建设尤为重要，管理队伍是整个团队的骨架和脊梁，只有强有力的管理队伍才能撑得起强有力的团队。专业团队的建设中要注意中高级人员的搭配比例，既能保证团队实力，又能降低团队成本，而且能形成团队的成长梯队。如何选人、用人、育人和留人是每家企业所面临的一个重要课题。

在对管理序列和专业序列这两类人才进行描述的时候，也应当按照排序逻辑的原则，要么从低到高，如从初级到资深；要么从高到低，如从资深到初级。

（七）技能

员工必须掌握合适的技能，以完成各项任务，这需要依靠严格、系统的培训。技能的掌握主要通过三种方式的培训：在实际工作中的指导、内部培训、外部培训。工作中的指导很好理解，内部培训就是邀请企业内部人员为企业内部人员进行培训，外部培训则是邀请外部讲师，或相关专业人员为企业内部人员进行培训。与此同时，人力资源部需要建立培训课程池，建立人员技能池，及时检查培训效果与能力，提高组织级的培训能力，建立组织完善的培训机制。

从结构性思维的角度来说，建立培训课程池需要运用横向归纳和自上而下的询问和问答，以及自下而上的概括和总结等方法。运用横向归纳，可以把同类的课程放在一个课程池中，比如销售的课程，可能分为大客户销售、门店销售技巧、顾问式销售等，这些都可以归在销售课程池中。运用自上而下的询问和回答，可以对学员进行访谈，询问学员需要哪些课程，为什么需要这些课程等。自下而上的总结和概括可以将学员一些零散的、不成系统的建议和想法进行总结，从而提供更合适的课程。

二、PEST分析

如果说麦肯锡7S模型可以用来分析企业内部，早前的五力模型可以用来分析企业所处行业情况，那么PEST可以用来分析企业所处的大环境。在介绍三种模型的这句话中，首先进行了分类，即这三种分析分别用来分析不同的环境，同时还进行了排序，按照了从内到外的顺序将这三个分析模型进行排序。言归正传，下面继续介绍PEST分析。

PEST是一种对企业所处宏观环境进行分析的模型，所谓PEST即政治（Political），经济（Economic），社会（Social）和科技（Technological）。PEST有时也被称为STEP，后来有了一定的演变，增加了考察因素，如环境（Environmental）、教育（Education）与人口统计（Demographics）等。这里仍以PEST作为基础来介绍。

（一）政治

政治会对企业监管、消费能力以及其他与企业有关的活动产生十分重大的影响。一个国家或地区的政治制度、体制、方针政策、法律法规等因素常常制约、影响着企业的经营行为，尤其影响企业较长期的投资行为。具体涉及以下问题：

1. 政治环境是否稳定；

2. 国家政策是否会改变法律，从而增强对企业的监管并收取更多的赋税；

3. 政府所持的市场道德标准是什么；

4. 政府的经济政策是什么；

…………

（二）经济

经济是指国民经济发展的总概况，表明国际和国内经济形式、经济发展趋势，以及企业所面临的产业环境和竞争环境等。企业需要从短期与长期两个方面来看待一个国家的经济与贸易，特别是在进行国际营销的时候。

构成经济环境的关键战略要素包括GDP（国内生产总值）、利率水平、财政货币政策、通货膨胀、失业率水平、居民可支配收入水平、汇率、能源供给成本、市场机制、市场需求等。

（三）社会

社会是指一定时期整个社会发展的一般状况，主要包括社会道德风尚、文化传统、人口变动趋势、文化教育、价值观念、社会结构等。各国的社会状况对于企业的影响不尽相同，但其中影响最大的两个因素是人口和文化。

（四）科技

科技方面主要考查社会技术总水平及变化趋势、技术变迁、技术突破对企业的影响，以及技术与政治、经济社会环境之间的相互作用的表现等。科技不仅是全球化的驱动力，也是企业的竞争优势所在。下面几点解释了科技方面的影响：

1. 科技是否降低了产品和服务的成本，并提高了质量；
2. 科技是否为消费者和企业提供了更多的创新产品与服务，如网上银行、新一代手机等；
3. 科技是如何改变分销渠道的，如网络书店、机票、拍卖等；
4. 科技是否为企业提供了一种全新的与消费者进行沟通的渠道，如Banner（网幅广告）广告条、CRM（客户关系管理）软件等；

…………

PEST分析也可以画成结构图，即如图6–9所示。

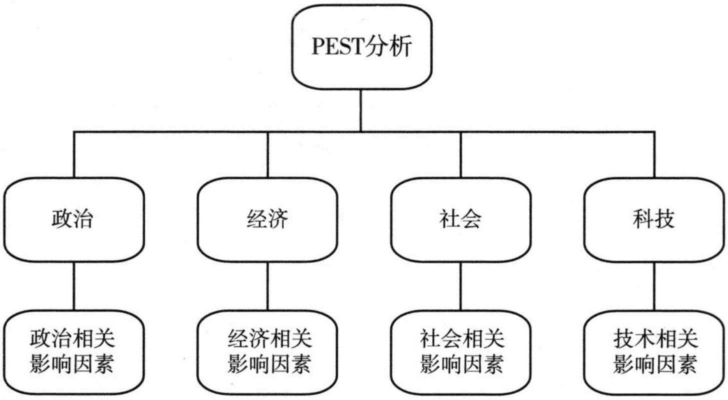

图6–9 PEST分析的标准结构图

PEST分析通常与矩阵分析一起使用。例如，用政治和经济两项作为矩阵的两个坐标（如图6–10所示）。在政治环境和经济环境都好的情况下，就应该发展；政治和经济都不理想的情况下，就不能发展；一个好一个不太好时，就要适当考虑，可以发展也可以不发展。

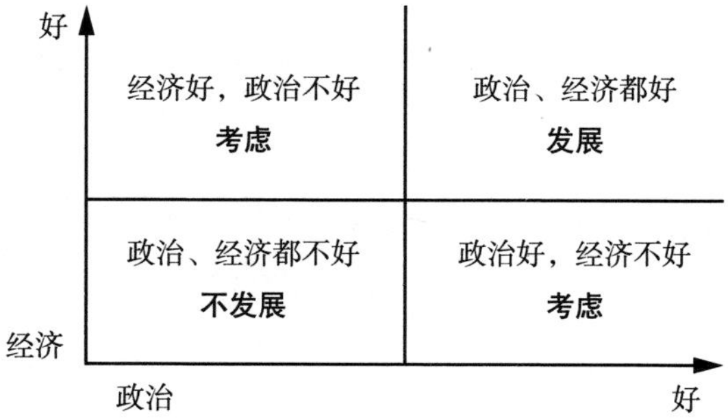

图6–10 政治、经济的矩阵分析图

这样的矩阵也可以变成结构图（如图6–11所示）。虽然把矩阵变成结构图后，可能没有矩阵那么直观，但是如果将相关内容形成书面文字或口头汇报的内容，就可以按照结构图进行整理、表达。

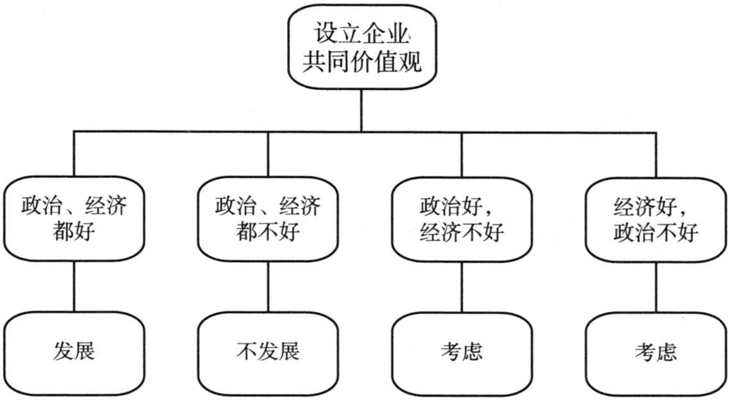

图6-11　政治、经济矩阵分析的标准结构图

从第一章的五力分析和本章的PEST分析、7S分析三个模型可以看出，凡是遇到复杂问题的时候都要进行分类讨论，只有做好分类，才有可能把相关情况都讨论清楚。与此同时也要做到上下对应，在讨论政治环境的时候，接下来的问题都应与政治环境有关；在讨论社会环境的时候，紧接着的内容都应与社会环境相关。一旦上下不对应，就说明讨论时有错误，逻辑有问题，得出的结论可能也不正确。

本章小结

第六章主要介绍了“想”也就是思维、思考与结构性思维有关的内容。

第一节从清晰、忠实地反映客观事物和形成与思维密切相关的语言两个角度说明运用结构性思维可以更好地认识世界。

第二节主要讲的是结构性思维可以帮助人们更好地进行记忆。从生物科学的角度详细说明了人脑在记忆方面是如何运转的，从而说明结构性思维的科学性。

第三节里主要介绍了7S分析模型和PEST分析模型，从经典模型的角度出发既说明了模型的使用方法，又以此进一步体现结构性思维的相关原则和运用，便于读者加深对于结构性思维的理解。

本书从这一章开始就从理念、概念性的内容正式进入了应用性的内容，一方面是为了加强对于结构性思维的理解，另一方面也为解决实际问题提供了参考。

第七章
结构性思维与听

第一节　听的障碍与克服

一、听的重要性

本书之前的内容，几乎一直在阐述思考与表达，两者都与传达信息相关。然而在日常的工作和生活中，除了传达信息，接收信息也很重要。在接收信息时，看和听是两个很重要的来源。这一章重点关注一下“听”。之所以如此，是因为现在的基础教育在中文听力训练方面存在问题。在学习英语的时候，学生要练习听力，理由是英语不是母语，听说读写都需要训练。但是，母语听力就不需要训练了吗？现实当中很多时候，即使说的是中文，受众可能也没有听懂。这一方面可能是因为表达上存在问题，而另一方面也可能是因为受众在听的时候出现了问题。

其实，听是特别重要的一个环节，如与家人、朋友、同事沟通的过程中需要听，与合作伙伴、竞争对手进行商务谈判的过程中也需要听。听是了解和把握对方观点与立场的基本手段和途径，也是人们制定目标和进行行动的依据。只有在清楚对方观点和立场的真正含义之后，才能准确地接收对方所传达的信息。

从心理学和日常的生活经验来看，当人们专注地倾听，表示对讲话者的观点很感兴趣或很重视时，可以给对方以一种满足感，并有助于增进双方之间的信任。正如美国科学家富兰克林曾经说过的那样："与人交谈取得成功的重要秘诀，就是多听，永远不要不懂装懂。"

二、倾听的障碍与克服

美国国家传播协会主席朱迪·皮尔逊博士把听分为两种形式，即积极的听与消极的听。[①]积极的听，就是听者全神贯注，充分调动自己的知识、经验储备及感情等，使大脑处于紧张状态，以便在接收信号后立即进行识别、归类、解码，并做出相应反应，如表示理解或疑惑、支持或反对、愉快或难过等。积极的听既涉及对语言信息的接收，也涉及对语言信息的反馈。消极的听，就是听者在接收信息时处于比较松弛的状态中，即处于一种随意状态中，如平时家庭中的闲谈或者非正式场合下的交谈等。

经过多年的研究，有学者发现即使是积极地听对方讲话，听者也仅仅能记住不到50%的讲话内容，而且只有1/3的讲话内容按原意听取了，1/3被曲解了，另外1/3则丝毫没有听进去。此外，不同的人对于自己听取的1/3的理解也是不同的。[②]一系列试验与现实情况表明，听是存在障碍的。例如，当你无法接受一个人的观点时，你心中自然地就会筑起一道封闭的墙，无法听进对方的话，从而成为你倾听的障碍。要想保证听的质量，就必须了解在听的过程中存在哪些障碍，并掌握积极的倾听技巧。这里为大家介绍以下四种主要障碍。

---

① 刘春生. 国际商务谈判［M］. 北京：对外经济贸易大学出版社，2013.

② 姚立. 商务谈判［M］. 北京：中国城市出版社，2003.

（一）注意力不集中，思路跟不上

人的注意力集中时间是有极限的。美国宾夕法尼亚大学神经系统学家戴维·丁格斯发现，随着时间推移，人们的反应会越来越迟钝，大脑某些部位的活动也慢慢减少。对于大部分人来说，注意力最多能集中12小时，时间越长，注意力越难以集中，而一般情况呢？一般情况下，不同年龄段的人，注意力能够集中的时间是不一样的，幼儿注意力集中的时间仅为15分钟左右，随着年龄增长，能达到40分钟左右，青少年也不过50分钟左右，所以，一节课一般持续45分钟。有研究证明，成年人注意力高度集中完成一件简单枯燥的任务，一般也就只能专注20~30分钟的时间，时间越长，出错的概率越大。

但是现实情况往往难以让人高度集中注意力，如外界有干扰，自身有心事等，有时候过于关注分析、研究对方讲话的内容，也会造成注意力分散。因此，真实情况是注意力能集中的时间往往要少于20分钟，甚至有可能只有短短几分钟。心理学统计证明，一般人说话的速度为每分钟120~200个字，而倾听及思维的速度，则大约要比说的速度快4倍左右。[①]因此，往往是表达的人还没有说完，听的人就已经理解大部分了。这样一来，听的人常常由于精力富余而分神。

一旦出现注意力难以集中的情况，就会造成思路跟不上，从而少听、漏听。

造成注意力不集中的原因有很多，针对不同的原因有不同的克服方法。例如，因为环境嘈杂而造成的注意力不集中，在条件允许的情况下就可以暂停一下，等噪声过去，或者换一个交流的环境。那么，有没有一种方法是比较通用的呢？把笔记记全就是其中的一种。

要特别注意，这里不是说记笔记，而是要求把笔记记全。把笔记记全是

---

① 姚立.商务谈判［M］.北京：中国城市出版社，2003.

一件比只听内容要更复杂的事情，需要加倍集中注意力去听，同时利用富余的精力去完成笔记。

另一方面，笔记可以帮助自己进行回忆，即使在听的过程中有一些内容，因为注意力不够集中，没有完全记住，事后也可以通过翻阅笔记进行复习。

记笔记还有一个好处就是让表达的人觉得你对他所表达的内容很重视，对他本人很尊重。

（二）主观判断，急于表达

人们总是从自己的立场出发进行判断，而这样的判断往往是有效收听的严重障碍。

一般来说，判断会产生两种结果，一种是做出积极的反应或评价，这种积极评价可能会使听者觉得对方说的都对，而且都懂，不需要再听下去了。另一种是负面的反应，这可能会使听者觉得对方说的都不对，也就不再想听对方说的内容了。

一旦听众做出判断并急于表达，就有可能会形成干扰，打乱对方的思维过程，使得对方接下来要表达的内容可能会说不清或说不全，从而导致听众也无法听到全部内容。

克服的方法可以是采用白纸原则，进行事后交流。

白纸原则说的是在听别人说话的时候，大脑要像一张上面什么内容都没有的白纸一样，一是听的时候没有任何颜色，也就是没有任何倾向性；二是听的过程中不往白纸上写东西，也就是不做任何判断。

白纸原则其实很难做到，心理学的研究显示:人们都喜欢对别人的话进行判断、评价，然后决定赞成或不赞成。那该怎么办呢？可以在笔记的过程中把自己的想法也简单列出来，等对方把想要表达的内容都说完之后，再就自己的想法和判断与对方进行交流。当然，在此期间仍要尽量做完整的笔记。

这里介绍一个记录自己观点的方法。将做笔记的纸事先分成左右两个区域，可以用折叠的方式分割，也可以画一条分割线来分割。这两个区域的宽度之比为3∶1。较宽的那部分记录对方所说的内容，较窄的那部分记录自己的观点，并且将内容和观点在纸上一一对应（如图7–1所示）。

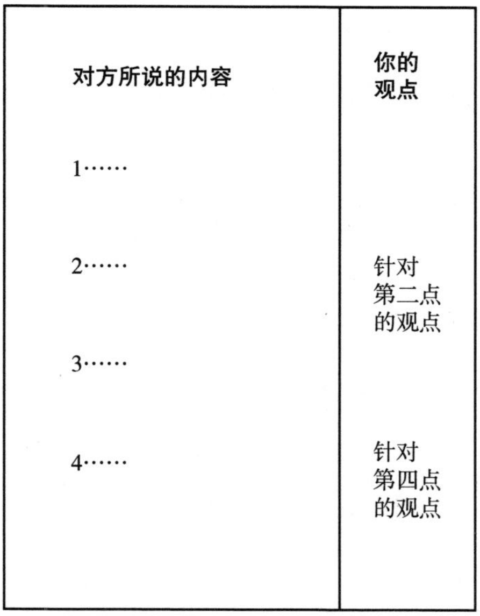

图7–1　记录观点的笔记示意图

（三）带着偏见，易受刺激

带着偏见的听也会对听的效果产生很大的影响。常常存在这样一种情况，就是你喜欢某个人，他说什么感觉都是对的，但是如果你讨厌某个人，他说什么你都不想听。偏见通常有以下三种情况：

一是对表达者本身存在偏见；

二是对表达的主题或某一部分内容，乃至一个用词存在偏见，当看到这个主题或听到这些内容的时候，就会产生反感，从而影响听的效果；

三是由于表达者的语音语调或现场环境等因素，对这一次的演讲或对话或谈判感到厌恶。

不论是由于哪一种原因产生了偏见，都会影响倾听或者记录对方所表达的内容。克服的方法就是提升修养，学会包容。

如果是对表达者个人有偏见，那么就需要提升自己的修养，尊重对方。认真听对方所说的内容就是表示尊重的方式之一。

如果是对主题或者某些内容产生偏见，那么就应当培养更加开放、包容和接纳的心态。听一下对方想要表达的主题到底是什么，为什么会有这样的观点，他是怎么论证的。总之，听的目的应当是通过听来获取新的观点、内容、知识，了解别人的想法，而不是为了强化已有观点。

如果是因其他某些因素造成的偏见，就更应当具有包容的心态。不可能每个人说话的声音都好听，也不可能每一次听演讲或对话的场地都非常完美，不管怎样，这都是对方精心准备后的结果，至少要对此有所尊重。尊重最好的体现就是仔细听，认真记。

（四）自身不足，难以听懂

这里所说的自身不足可能包含很多方面，如对于专业知识不了解，对于对方所说的语言听不懂，对于对方所说内容的文化背景不清楚等。这些都会形成听的障碍，影响最终效果。

很多时候，所表达的内容会包含专业知识，因此，如果听众不了解相关知识，在听的过程中一旦遇到这方面知识，就会由于知识水平的限制而形成收听障碍。

对于国际商务交流，一般会由于语言上的差别而形成倾听障碍。中国企业在涉外谈判时，多数情况下会配备一个专门的翻译人员，问题在于这些翻译人员往往是从外语院校毕业的，对某些业务知识不甚了解，一旦需要对某些技术含量较高的业务进行全过程的翻译，就很容易对某些精微细小的环节一带而过，或者只是翻译出大概意思。实际上，这些细小环节有时恰恰是理解对方讲话的内容、把握对方立场和观点的关键。一词多义现象在语言当中十分常见，语言本身的细微差别对未受过专门训练的人来说难以体察得到。例如，英语中常用的大约只有500个词语，但每个词起码有20~25种不同的解释。换言之，两个人就可以对500个常用词做出20 000多种不同的解释，这会让翻译人员感到困惑，形成理解上的障碍。

一门语言不仅仅是字词的总和，它的文化背景是决定倾听者理解他人讲话的关键。美国的通用汽车公司，在向波多黎各市场推销它的Chevrolet Nova车时，就得到了一个代价昂贵的教训。尽管Nova在西班牙语的意思是“新星”，但它的读音听上去像西班牙语的“走不了”。在讲西班牙语的国家当然就没人愿意买一辆那样的车了。①

对于以上问题，克服的方法只能是做足准备。哪怕是听不懂对方的语言，需要聘请翻译，都应当了解清楚哪一个翻译擅长该专业领域。

以上综述了在听的时候常见的几种障碍和相应的克服方法。如果能在未来听的过程中克服这些障碍，相信一定会使听的效果，以及交流的效果更好。

第二节 巧听关键词理解对方

克服了听的一些障碍，只是能够把信息听全了，离听懂了，还有一些差

① 李嫦英，刘立莉，乔志杰．浅论商务谈判的倾听技巧［J］．河北北方学院学报，2007（10）．

距。在听的过程中，是不会像看书一样有回头重看的机会的，所以要想在听的过程中就能清楚对方所说的主要内容或者中心思想，就需要特别注意一些关键词，来帮助理解和记忆。正如参加英语听力考试一样，有些时候并不需要把整段内容都听懂，只要抓住了一些关键词，就能做题了。

一、听关键词明确时间顺序

有逻辑的表达者在说话的时候，往往也是有逻辑的，他们会在句子中使用一些表示顺序的词语，听众可以通过听这些词掌握对方所表达的要点或者事情发展的前后顺序。

比如下面这段文字：

在社会生活中，与人合作是难免的，选择怎样的人作为自己的朋友和伙伴，这是一个非常值得思考的问题。我认为：

第一要看的是人品，这是原则性问题。

第二要考察的是态度，有一个好的态度很重要。

第三才是能力。

当听到这段话中的“第一”时，就要予以特别关注，听清楚“第一”后面的内容，有了“第一”，自然会有“第二”“第三”等，那么在听的时候也要特别注意“第二”“第三”以及这类词后面的内容。因为这些内容往往都是对方所表达内容的要点。并且从这些要点的次序上，也可以看出重要性，通常“第一”后面的内容会比“第三”后面的更为重要。

再比如听到以下内容：

小松鼠搭窝的时候先搬来一些小树枝，交错着放在一起，再找一些干苔藓铺在上面，然后把苔藓压紧，踏平，最后，在搭好的窝上面加一个盖。

在这一段内容中，听到“先”这个词的时候就要开始注意了，后面还有“再”“接着”“然后”这样一些词，来表示时间顺序。例如，上面一段话中表示时间顺序的词就有“先”“再”“然后”“最后”。听到这些词的时候就能清楚地知道具体的动作顺序或者事情发展的顺序是什么样的了。

除了上述的“第一……第二……第三”，“先……再……”，还有一些别的这样的词，例如：

首先……其次……再次……

首先……然后……最后……

过去……现在……将来……

从前……现在……未来……

小时候……长大后……

我们熟悉的一首诗，余光中先生的《乡愁》中，就也有这样表示时间的关键词：

小时候，乡愁是一枚小小的邮票，我在这头，母亲在那头。

长大后，乡愁是一张窄窄的船票，我在这头，新娘在那头。

后来啊，乡愁是一方矮矮的坟墓，我在外头，母亲在里头。

而现在，乡愁是一湾浅浅的海峡，我在这头，大陆在那头。

资料来源：百度百科（www.baike.baidu.com）

这首诗中这样的关键词就是“小时候”“长大后”“后来啊”“而现在”，通过这些表示人生阶段的顺序的词，既能看到这首诗在时间的次序上的构思，又能感受到时光流逝后作者的思乡情怀。

所以，以后再听到这类表示时间顺序的词的时候要格外注意听紧跟在后面的内容，这样可以更好地理解对方表达的要点或者事情发展的前后顺序，乃至对方的思绪。

二、听连词了解逻辑关系

看到这里，就能理解前面介绍句子结构的必要性了。当然，这些内容与结构性思维也密切相关，因为只要涉及排序，就需要考虑结构性思维四大原则之一的排序逻辑。

本书第五章第四节中有两张表，介绍了表示联合关系和偏正关系的连词。当听到这些连词的时候，就需要集中注意力，因为其中往往蕴含着逻辑关系，只有听懂对方所表达的逻辑关系，才能听懂对方的重点。

例如，在“虽然你很聪明，但你不会生而知之，只有努力学习，才能取得好成绩”这句话中出现了两组连词“虽然……但是……”和“只有……才……”。在介绍连词的时候已经提到，通常“但是”后面的才是重点，所以“但是”前面的内容如果在听的过程中实在记不住，几乎都可以忽略，即把这句话变成“你不会生而知之，只有努力学习，才能取得好成绩”也不会影响所表达的意思。

“只有……才……”是一组表示必要条件的连词，“只有”后面是条件，“才”后面是结论。其意思是如果没有努力学习，则必然没有好成绩；如果努力学习也未必有好成绩，所以努力学习就是有好成绩的必要条件。这个时候就要理解表达者在强调，虽然努力学习不会必然导致有好成绩，但是努力学习很重要。因此，以后再听到对方说“只有……才……”这样的连词的时候，就可知道“只有”后面的内容是作者所强调的，虽然它不能必然得出“才”后面的结论。

在听到上面所示例的那句话之时，必须记住的是："你不会生而知之，要努力学习。"

而在听到"不但……而且……"这样一组连词时："一个球的输赢，不但关系到个人的声誉，而且关系到祖国的荣誉。"应该明白这句话的重点其实不在于"不但"后面的"个人声誉"，而在"而且"后面的"祖国荣誉"，所以听到"而且"这个词的时候就要特别注意其后面的内容。

上面这几个例子都是通过听关键词，发现所表达的重点。还可以通过关注连词来理解对方所表达内容的因果关系。例如，当听到"因为……所以……""由于……于是……""之所以……是因为……""既然……那么……"这些连词的时候，就可以知道对方在表达一个因果关系。因果关系中的"原因"和"结果"哪个更为重要？这就要具体问题具体分析了。通常情况下，如果两者中有一个描述的是看得见的、已知的现状，那另一个就更重要。

例如，"因为这个社会的竞争更加激烈，所以我们更应该提升自身的综合素质"这句话中的原因"竞争更加激烈"是众所周知的，所以这时候结果"更应该提升综合素质"就更为重要。

再比如："因为承受得还不够，所以你才有时间抱怨"这句话中"有时间抱怨"是现状，那么这时候"承受得不够"这个原因就显得更为重要。

综上所述，连词在表达中具有多种作用，不仅反映了信息之间的逻辑关系，还能提示所表达的重点，所以在听的过程中，要特别注意连词。

三、听关键词区分事实和观点

在很多情况下，表达的内容都是事实与观点混合在一起的，在本书第三章第三节自下而上的概括和总结中就提到要分清事实和观点。因为事实只有一个，而观点却各不相同。所以在听的时候就要分清对方说的哪些是事实，哪些是观点，这样既可以了解对方的观点，也可以根据他所描述的事实形成自己的观点。那么，如何在听的过程中区分事实和观点呢？其实也是可以通过听关键词来区分的。

事实只对事物只进行描述、展示而不进行诠释，通常包括姓名、地点、日期、时间、数据、事件、科学规律和基本定理等。所以，事实通常会采用有具体含义的词，如小明、汤、黄色、十个、一小时等。

观点是指表达者的判断、感受等，通常可以被分为价值判断、品味或偏好、信念、态度、情感或感觉这五种类型。每种类型的关键词也会有所差别。

价值判断是指根据个人价值观来判断价值，通常表现价值判断的关键词有“好的、重要的、可怜的、自卑的、最好的”等。

品味或偏好指的是喜好，可以通过“成功的、糟糕的、有效的、有趣的”等这样一类词来表达。

信念指的是强烈认同的观点，相关的关键词有“相信、同意、应该”等。

态度是对事物的心理倾向，相关的关键词有“顽固的、顽强的、严格的、精确的”等。

情感或感觉主要是指表达者的心理活动，如“喜欢、讨厌、开心”等词都是用来表达情感或感觉的。

根据以上所举的一些表现观点的关键词，可以归纳出其他一些同类的关键词来。在听到相关词语的时候，就应该引起重视，从而判断对方所说的是事实还是观点。因为对方描述的事实可能有对错，而观点没有绝对的对错之分，所以不能对对方的观点进行指责。明确这一点以后，在接下来交流的过程中就能和对方探讨事实是否有误、自己的观点是什么等内容。

第三节　用结构性思维的方式边听边记

做笔记对于“听”来说非常重要，这一点在本章的第一节中有所介绍。做笔记一方面有助于集中注意力倾听，另一方面也可以在听后进行回顾、复习。一般而言，做笔记的方式就是按要点记，在一张纸上从上到下列出“一、二、三”，如果一级标题下面还有内容就可能会用“1、2、3”这样的小标题接着写（如图7–2所示）。

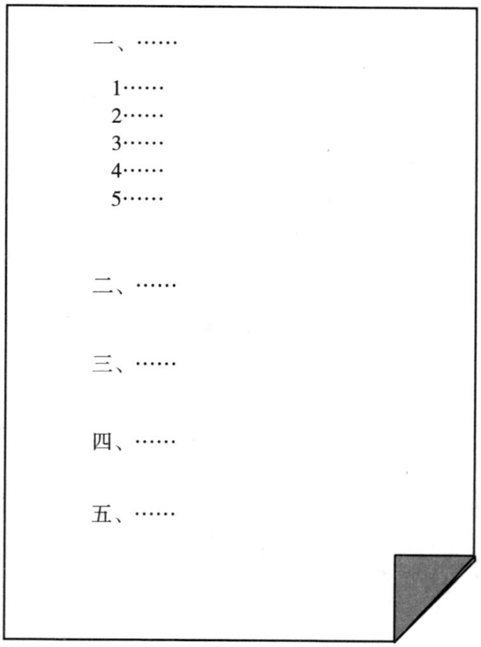

图7–2　常规的笔记示意图

本章的第一节，又介绍了一种做笔记的方式，即在图7–2的基础上又增加了一栏。

这两种笔记的方式其实没有太大不同，第二种只是对区域进行了划分，用一部分区域记录听时的感受、观点、意见等，在记录对方表述的内容方面没有差别。那么学习结构性思维之后的笔记部分可以做成什么样子呢？可以用结构图来做笔记。

经过刚刚的头脑风暴，大家想出了很多增加公司利润的方法，如降低成本、增加销量、减少折扣率、减少设备投资、降低加工费用、活用股票市场、增加既有顾客的购买量、开发新产品、加大广告宣传、减少人事费用、减少包装费用、减少水电费用、创立品牌、商品高级化、做各种促销活动、降低固定费用……

如果听完上面的表述，需要做笔记，按照第一种方式可能如图7–3所示。

图7–3　常规笔记方法所记录的头脑风暴内容

做了区域划分以后可能如图7–4所示。

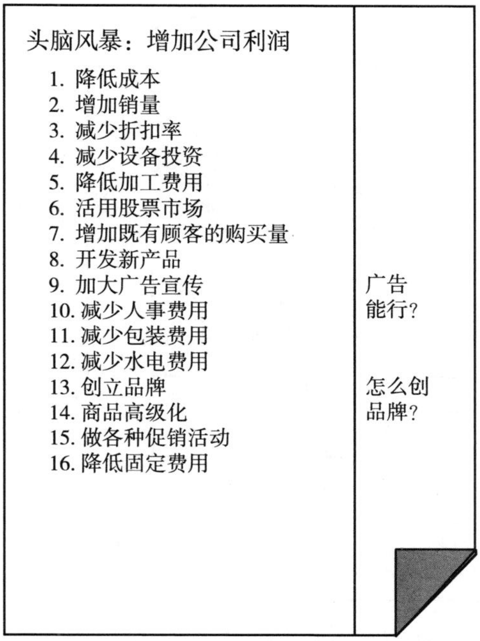

图7–4　新方法记录的笔记示意图

如果是运用结构性思维的标准图来做笔记，最终的呈现结果就会如图7–5所示。

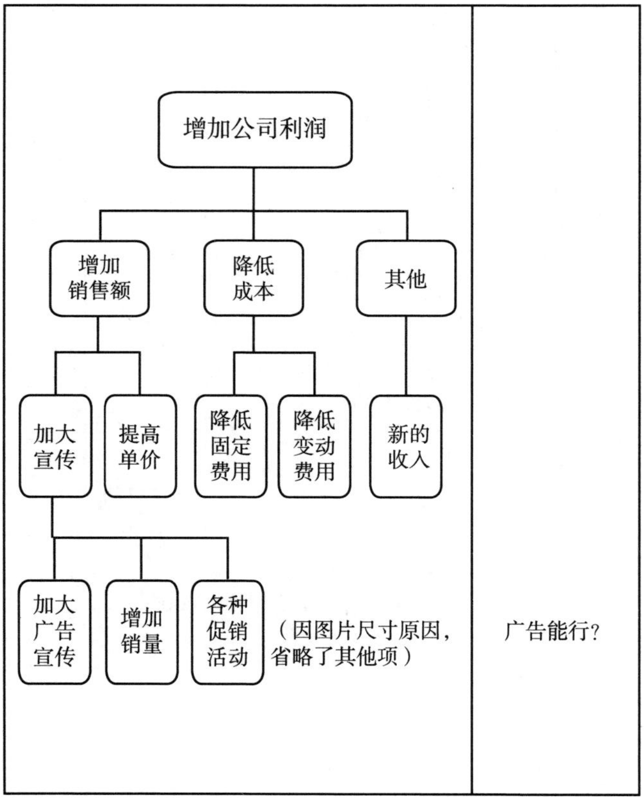

图7–5　运用结构性思维记录的笔记

考虑到图片的尺寸，这里省略了其他小项，在“提高单价”的下一层级是产品高级化，创立品牌；“降低固定费用”的下一层级是降低包装成本、降低材料成本、降低加工成本；“降低变动费用”的下一层级是降低人事费用、减少设备投资；“新的收入”的下一层级是开发新产品、活用股票市场。

这样的笔记方式，就比之前的两种方式更加形象，更加清楚。也许有人会质疑：头脑风暴的例子中要点很明确，而如果在表述中没有那么明确地指出要点，如何立刻画出这样的图呢？确实，很难一下子就画出这么标准的结构图，但是并非不可能。

仍以头脑风暴为例，如果第一个人站起来说了两点：降低包装成本和降低人事费用。可以把这两点先分开列在本子上，因为这时候还不能确定这两点是不是一类的（如图7–6所示）。

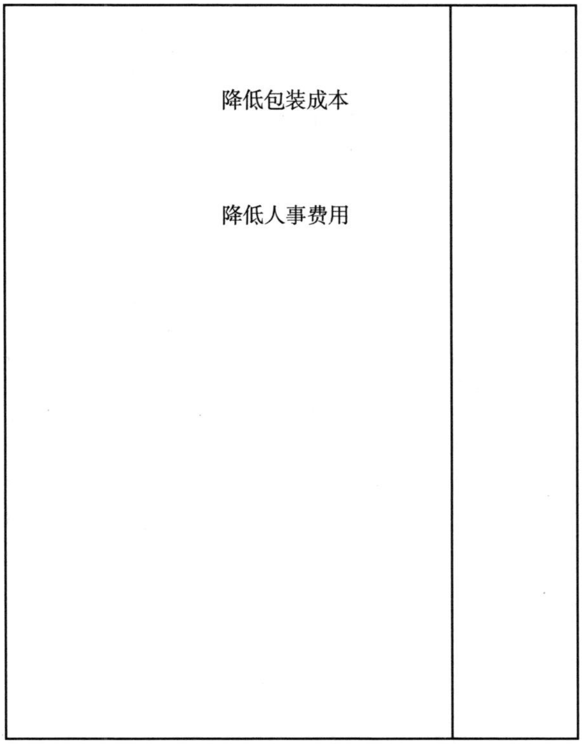

图7–6　记笔记第一步

第二个人又站起来说了三点：降低材料成本、活用股票市场、做各种促销活动。当听到他说降低材料成本的时候，可以发现这与降低包装成本好像是一类的，都属于降低固定成本。于是，就可以把“降低材料成本”和“降低包装成本”写在一起。剩下两个好像没有同类，就再分开一点，先写下来。而且在“降低包装成本”和“降低材料成本”之前应写上“降低固定成本”，这就是总结概括（如图7–7所示）。

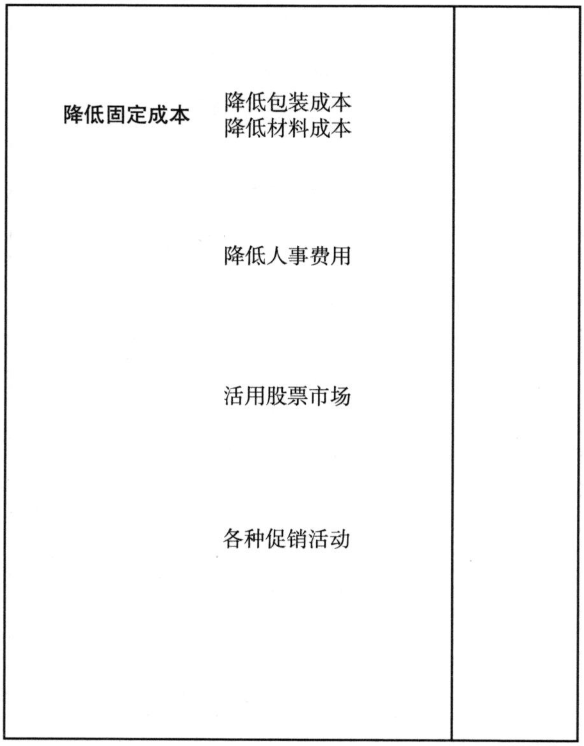

图7–7　记笔记第二步

紧接着，第三个人又站起来说：增加购买量，降低加工成本。由此可以发现“增加购买量”和“促销”好像是一类的，如果暂时不能概括出更高一级的标题来，就可以先放在一起。“降低加工成本”是在“降低固定成本”里的，那就和“降低材料成本”写在一起，这属于归纳。这时的笔记如图7–8所示。

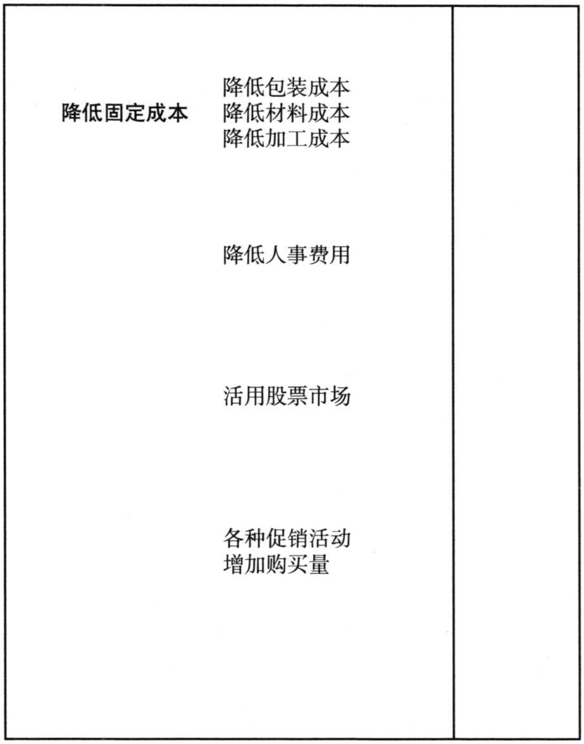

图7–8　记笔记第三步

根据这样的方法依次记录下去，最后这张纸上写出来的内容很有可能就是如图7–9所示的样子。

头脑风暴：增加公司利润		
降低固定成本	降低包装成本 降低材料成本 降低加工成本	
降低变动成本	降低人事费用 减少设备投资	
其他新收入	活用股票市场 开发新产品	
加大宣传	各种促销活动 增加购买量 加大广告宣传	广告能行？
提高单价	商品高级化 创立品牌	怎么创品牌？

图7–9　最终的笔记

尽管运用结构性思维边听边记下来的笔记，没有画出一张标准结构图好看，但仍然要比最初版本要清晰很多。这样一来，在做头脑风暴之后的小结时，就可以直接讲："今天大家一共说了11点内容，主要是从……这么几个方面来说的，在……方面，大家说了这么几点……"而且在头脑风暴会结束之后，以这样的笔记去做文字版的会议总结和画结构图，是不是就更轻松了呢？

除了运用文字来记笔记，还可以在笔记中使用一些符号。运用符号既可以使笔记看上去不那么乏味，又可以节省时间，更能明确相互之间的逻辑关系。

例如，使用加号“+”、箭头“→”和圆圈“○”来表达不同的逻辑关系。以上一段话为例：

运用符号既可以使笔记看上去不那么乏味，又可以节省时间，更能明确相互之间的逻辑关系！

当听到“既”这个字的时候就可以画一个圆圈，里面填上内容“看上去不乏味”，听到“又”这个字的时候可以画一个同样大小的圆圈，因为“既……又……”是表示并列，并且是平列的连词。在后一个圆圈里面填上“节省时间”。当听到“更……”的时候，就再画一个圆圈，这里的圆圈要比前两个大一点，因为“更”字说明更重要一点。在这个圆圈里面写上“明确逻辑关系”。最后这三个圆圈里面的内容都为了说明“用符号做笔记的好处”，所以可以在三个圆圈中间画上两个加号，画一个箭头往上指向“用符号做笔记的好处”这几个字。加号说明这三个圆圈里的内容，共同证明了最后的结论；箭头的指向说明，上面是结论，下面是原因。之所以箭头向上，而不是往后，是为了遵守结论先行这一原则，即结论在视觉上也应该先行。这样呈现出来的笔记就如图7-10所示。这样的笔记就比列一个标题，再写上“一、二、三”那这样看着舒服多了。

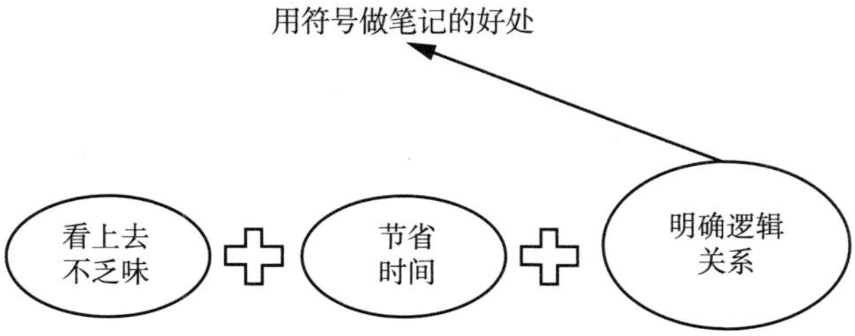

图7-10　用符号做笔记的好处

本章小结

第七章主要介绍了结构性思维与听：

第一节中首先强调了听的重要性，然后从四个方面介绍了听的过程中其实是有障碍的，也阐述了克服这些障碍的方法。

第二节主要讲了如何通过听关键词来掌握对方所表达的顺序、逻辑关系以及事实和观点的内容。

第三节介绍了用结构性思维来边听边记的方法，既可以通过文字来进行，也可以运用符号。

这一章的目的是希望大家不仅在思考和表达的时候能够运用结构性思维，在听这样接收信息的时候也可以应用结构性思维。

第八章
结构性思维与说

第一节　演讲中的结构性思维

一、让介绍词也结构起来

对于大部分演讲来说，在演讲者上台正式开讲之前，主持人会有一段对这次演讲活动、演讲主题和演讲者的介绍。主持人要说的这一段话就是介绍词。一般情况下，介绍词往往是这次演讲活动中听众所听到的第一段话，所以其好坏与否还是很重要的。介绍词是演讲者和听众之间沟通的桥梁，好的介绍词会让听众对演讲者产生好感，并有进一步倾听演讲的兴趣。

有的主持人的介绍词只有一句话："今天我们很荣幸地邀请到了 ××× 先生为我们带来题为'×××'的演讲，大家掌声欢迎！"这样的介绍词除了正确地介绍演讲者的身份和演讲题目外，就没有别的作用了，特别"浪费"它作为第一段话与听众"见面"的重要位置。既然万事万物都是有结构的，那么介绍词也当然可以有结构。

著名的美国人际关系学大师卡耐基，就曾为介绍词的结构做过总结。他认为，对大部分介绍词来说，"题—重—讲"是一个很不错的结构，可以帮助主持人组织好资料。

“题”代表演讲的题目，即宣布演讲者的准确演讲题目。卡耐基先生把介绍演讲的题目放在最前面，遵循了结构性思维的结论先行这一原则。

“重”代表重要性，即说明这次演讲主题的重要性。在这一部分，主持人需要通过介绍重要性来引起听众的关注。

“讲”代表演讲者，即应该介绍演讲者的特殊资历，尤其是与其演讲主题有关的内容。最后，要明确而清楚地说出演讲者的姓名。

这样结构的介绍词看似有些公式化，但事实上，在“题”和“重”这两部分，根据具体方法与内容的不同，可以有很多变化。卡耐基先生也在他的书中举了一个例子，来说明如何灵活运用“题—重—讲”这个结构进行介绍。这是一位主持人为纽约电话公司的副总裁乔治·韦伯先生做的介绍词：

我们演讲的题目是“电话为你服务”。

对我来说，这个世界上有许多奇妙的东西，如爱情、赌马者的执着……而其中之一，便是打电话时发生的奇妙事情。

你的电话号码怎么会错？为什么你有时从纽约打电话到芝加哥，反而比从家里打到相邻的另一个城市还要快？这些问题的答案，我们的演讲者都知道，他还知道其他一切有关电话问题的答案。20年来，他的工作一直是整理分类有关电话的各种详细资料，让所有人了解这一事业。由于工作勤奋，他当上了电话公司的副总裁。

现在，他将告诉我们，他的公司将为公众提供哪些服务，以及服务的方法。如果各位对电话服务深有感情的话，就请把他当作施恩的圣者。如果各位最近饱受电话困扰的话，就请让他来为你做一次答辩。

各位先生，各位女士，现在，让我们欢迎我们的演讲者，他就是纽约电话公司的副总裁——乔治·韦伯先生。

资料来源：[美]戴尔·卡耐基.演讲与口才[M].刘祜，译.北京：中国城市出版社，2006

在“题”的部分，这位主持人首先介绍了演讲题目；“重”的部分，主持人通过运用自己的感受巧妙地让听众联想到了电话，接着他提出一些问题，激起了听众的好奇心；最后“讲”这部分中，主持人指出了演讲者20年的工作经历，并说明他可以回答这些问题，以及其他一些相关的大家感兴趣的问题。

二、演讲内容要有结构

演讲可以按照结构性思维的标准结构图来进行，包括序言、主题、内容。在演讲中，序言就是演讲者开场白的部分。本书的第四章详细介绍了序言和主题，这里主要介绍内容的结构。

（一）内容排序逻辑

演讲内容可以依据其内在的逻辑关系来体现层次，安排结构。

演讲稿各部分内容之间的逻辑关系，属于结构中的内在的深层的联系，往往表现为复杂的因果关系。几乎所有演讲都可以根据一定的时间顺序、空间顺序或者事物内在逻辑顺序来展开。

在时间顺序上，可以按照“过去、现在、将来”顺叙的方式展开，也可以从某一天开始进行倒叙。

在空间顺序上，演讲者可以某个点为立足点，然后由此向外拓展；或者按照东、南、西、北的方位来处理。例如，在描述北京城时，可以从天安门开始往各个方向来叙述。

叙事型演讲稿，除了按照时间和空间的逻辑来排序外，可以按人物认识的发展、感情的变化等顺序，如由浅入深、由表及里、由局部到全局、由怀疑到相信、由错误到正确、由落后到先进等来体现层次；可以按事物发生的先后顺序，如发展、高潮、结局来体现层次；可以按事物发生的直接因果关系来体现层次。

议论型演讲稿各段落之间或步步深入，或条项罗列，或正反相衬，都包含逻辑上的因果必然性。因此，可以按提出问题、分析问题、解决问题（做出结论）的顺序来体现层次。

也有一些演讲题材本身就具有自己的内在逻辑顺序。例如，美国政府的结构有它原有的组织形态，只要按照立法、行政、司法三部门来介绍，内容就必然清晰。如果要说明一架喷气式飞机或者一辆汽车，最好是把它分解成各部分，再逐一讨论。

（二）运用与顺序有关的词说明重点

如果想让听众对你的演讲产生一种结构清晰、井然有序、条理分明的印象，最简单的方法就是在演讲过程中明确地表示你有几个重点，你会先讲哪一点，接下来再讲哪一点。例如，可以这样开门见山地说："我要讲三点，第一点是……"在讨论完这一点之后，你可以提示将要谈的第二点、第三点……就这样一直讲到结尾。

罗夫博士担任联合国秘书长助理的时候，曾在纽约的"罗契斯城市俱乐部"主办的一次演讲会上做过演讲，他一开始就是采用这种直率的方式："今晚我演讲的题目'人际关系的挑战'是因为以下两个原因，"他说，"第一……第二……"他从头到尾，都能够让听众明白他的每一个重点。他一路引领着听众，最后得出结论："我们不能对人类向善的天性失去信心。"

郭沫若先生在萧红墓前的演讲词，也使用了这种方法。

年轻的朋友！

讲演对于我倒不是件难事，然而要不多不少恰好"五分钟"，却使我感到困难。而主席又只要我做"五分钟"的滩头讲演，让你们好早点跳下海去，做你们的青春之舞泳。

我想，本来我可以这么开始我的讲演：“各位先生、各位女士，请大家沉默五分钟！”可是当大家沉默到五分钟的时候，我便说：“沉默毕，我的讲演完了。”

大家假如要反诘我：“你向我们做五分钟的讲演，为什么叫我们沉默五分钟呢？”我可以理直气壮地回答：“朋友，人们不是说‘沉默胜于雄辩’吗？”

本来我可以这么开始我的讲演的，但是当我听了刚才 × 先生两分钟的讲演，太漂亮了！他说：“人们的作家萧红女士一生为人民解放事业奔走，到头来死在这南国的海边，伙伴们把她埋在这浅水湾上，今天，围绕在她周围的都是年轻人，今后的日子里，不知有多少年轻人来围绕着她。朋友们！我们是年轻人，我们没有悲伤，我们没有感慨，请大家向萧红女士鼓掌。”太好了，我的五分钟讲演只好改变计划，让我把年轻人引申来说一下吧。

年轻人之所以为年轻人，并不是单靠着年纪轻，假如是单靠年纪轻，我们倒看见有好些年纪轻轻的人，却已经成了老腐败、老顽固，甚至活的木乃伊——虽然还活着，但早已死了，而且死了几千年。

反过来我们在历史上也看见有好些年纪老的人，精神并不老，甚至有的人死了几千年，而一直都还像活着的年轻人一样。所以一个人的年轻不年轻，并不是专靠着生理上的年龄，而主要的还是精神上的年龄。便是“年轻精神”充分的，虽老而不死；“年轻精神”丧失的，年虽轻而人已死。

那么，什么是年轻精神的品质呢？

第一，是真理的追求者。他是一张白纸，毫无成见地去接受客观事实，他如饥似渴地请人指教，虚心坦怀地受人指教，他肯向一切学习，以养成他的智慧。这是年轻人的第一特征。

第二，是博爱的实践者。他大公无私，好打抱不平，决不或很少为自己打算，实切实地有着人饥己饥、人溺己溺的怀抱，而为他人服务。这是年轻人的第二特征。

第三，是勇敢的勇士。他不怕任何艰难困苦，他富于弹性，倒下去立刻跳起来，碰伤了舐干血迹，若无其事，他以牺牲自我的意志征服一切。这是年轻人的第三特征。

这三种年轻精神的特征，每一个年轻人都是有的，假如他把这些特征保持着，并扩大着，那他便永远年轻，即使死了还年轻；假如他把这些特征失掉，比如年纪轻轻，便做狗腿子的事，那他不仅不年轻，而且老早就是个死鬼子。

就在这样的认识之下，我们向“年轻精神”饱满的青年朋友们学习，使自己年轻，使中国年轻。

资料来源：陈伟，谢伦浩. 当代演讲词写作格式与构思技巧［M］. 北京：石油工业出版社，2007

上文是郭沫若在萧红墓前发表的即兴凭吊演讲。该演讲表达亲切，情感真挚，幽默风趣。演讲并没有表现出一种哀痛的感情，也没有向听众表达萧红一生的功绩，而是由萧红年轻的死说起，发出了对年轻的感慨，引出了两种人：有的人年轻却早已死了；有些人老了、死了，精神却永远是年轻的。接着谈了三个年轻精神的特质，最后发出号召。在讲两种人的时候，郭沫若先生并没有使用与顺序有关的词，所以需要在听的过程中去理解分析，才能清楚。而在谈三个特质的时候，他运用了“第一、第二、第三”这样明确代表顺序的词语，让人一听就明白了。

（三）利用标志词句让结构增色

在演讲中，为使听众能够明确地感到演讲层次的存在和脉络的清晰，除了使用上述与顺序有关的词语外，还可以有意识地通过鲜明的标志性的词句来表明层次，体现结构，即利用标志性的词句作用于听众的听觉，使听众感觉到演讲稿结构层次的存在。

比如，一篇名叫《莫让年华付流水》的演讲稿，就是在每个段落的开头，都采用“时间”这个词作为标志，再选用与时间紧密关联的短句来表达层次：

时间是个常数。

时间是青春的要素。

时间是无情的。

时间是速度。

时间就是胜利。

时间就是生命。

我们要做时间的主人。

资料来源：学优高考网（www.gkstk.com）

这样既承上启下，又各不相同，从多侧面、多角度说明了青年朋友应珍惜宝贵的青春年华。在演讲中这样多层次反复地强调时间的重要性，而在每个短句的后面，都有丰富的内容，使得前后互相关联。它作用于听众的听觉后，便使听众感觉到层次清楚，印象深刻。

除了运用词语，还可以运用标志性的句子，这样的句子可以是内容相同的句子，也可以是结构和内容相关的排比句，为内容增色。

例如，在名为《长城颂》的演讲稿中，为了证明中国人民解放军这座绿色长城始终如一地坚持党的绝对领导，用自己的血肉之躯，经受了无数次血与火的洗礼，捍卫了祖国的尊严，一次又一次地向党和人民交出了合格的答卷，就是采用排比段来显示层次的：

祖国可以作证——在外来侵略者面前，我们的“长城”是一道不可逾越的铜墙铁壁。

人民可以作证——在自然灾害面前，我们的“长城”是抢险救灾、扶助危难的中流砥柱。

共和国可以作证——在国际资本主义和国内外敌对势力面前，我们的“长城”是抗击八面来风、防止“和平演变”的无产阶级专政的坚强柱石。

资料来源：刘建祥.演讲与口才应用知识大全——能说善辩是一种本事［M］.长沙：湖南人民出版社，2006

这篇演讲稿中的标志词是“长城”，但演讲者不仅仅采用了标志词，还把标志词放在了排比句当中（每段的段首句组成排比句，三段组成了排比段），采用这种排比句的方式建立起鲜明的标志，诉诸听众的视觉后，听众自然会感觉到演讲结构分明、层次清楚、脉络清晰。与此同时，这样的排比句也增加了演讲的气势。

三、演讲中的演绎和归纳

演绎推理和归纳推理是结构性思维结构中的两种横向结构，因为这两种推理也是逻辑学中的重要论证方式，所以如果在演讲中进行恰当应用，就会产生强大的说服力。下面就展示一下在演讲中演绎和归纳这两种结构的具体应用。

（一）演绎结构

古罗马有一位著名的政治家、演说家、雄辩家、法学家和哲学家，名叫西塞罗。公元前81年，他通过发表诉讼演说步入政治生涯。在罗马共和国的内争中，他徒劳地维护共和制，但以其广博知识和雄辩艺术被誉为罗马最伟大的演说家。在政治、法律思想方面，他的代表作有《国家篇》和《法律篇》等，演讲理论方面的著作有《论演讲家》《论雄辩家》等。公元前70年他控告总督威勒斯贪赃枉法，名闻政坛。

下面即是这篇对威勒斯的控告，它虽然篇幅不长，但是内容充实，突出了威勒斯令人发指的罪行，所以终于胜诉。大家在阅读这篇演讲词的时候，可以关注一下其中的演绎结构。

元老们，长期以来流行着一种看法。认为在公开的诉讼中，有钱人不论其罪证如何确凿，也总能安然无事。这种危害你们的制度，而且不利于国家的看法，正待你们行使权力给予驳斥。现在有一个富人在你们面前受审，希图以其财富获得无罪开释；但在一切正直的人心目中，此人的生活和行为已足以构成定罪理由。我说的是凯伊乌斯·威勒斯，如果不能对他科以应得的刑罚，那不是由于缺乏罪证或检察官，而是因为司法官们不能履行职责。威勒斯年轻时即行为不轨，十分可耻，后在财务官任上继续犯有种种罪行：浪费国帑，背叛一位执政官并剥夺其财产，抛弃一支军队，使其给养无着，掠夺一个行省，而且蹂躏人民的公民权利与宗教权利。西西里执政官的职务更使他的罪恶勾当达到顶峰，成为永远抹不掉的恶行记录。他所做的各项决定违反了一切法度、一切先例、一切公理。他对劳苦贫民的强取豪夺无法估量。我们最忠实的盟友被他当作仇敌对待。罗马公民被他当作奴隶凌辱处死。最高尚的人被他不经审讯即判为有罪，予以放逐，而最凶残的罪犯则以金钱贿得对其应得惩罚的豁免。

现在我要问威勒斯，对这些指控你还有什么话可说？胆敢在意大利海岸举目可见的西西里，将不幸而无辜的公民帕索里乌斯·加维乌斯·柯薛努斯钉在十字架上，使之受辱而死的暴虐的执政官，难道不是你吗？他究竟犯了什么罪？他曾声明将向国家法官上诉，控告你的残酷迫害。因而在他登船回家时即被抓到你的面前，被指控为奸细，受到鞭笞和毒刑。虽属徒劳，他仍高呼：“我是一个罗马公民！我曾在卢西乌斯·普里蒂乌斯手下服役，他现在在帕诺穆斯，可以证明我的清白！”可是你对一切抗辩充耳不闻，冷漠无情，依旧下令处以这种残酷的刑罚！“我是一个罗马公民！”这话即使在最偏僻的地方也是安全的保障，然而他刚说出这句神圣的话，即被你下令处死，在十字架上钉死！

啊，自由！这本是每一个罗马人喜欢听到的声音，这是罗马公民的神圣权利！曾经是神圣的，如今却横遭践踏！果真已经如此严重？一个地位不高的地方官，一个总督，在一个与意大利近在咫尺的罗马行省里执掌着罗马人民赋予的全部权力。难道就可以任意捆绑、鞭笞，以酷刑折磨一个罗马公民，并使之受辱而死吗？难道清白无辜者痛苦的叫喊，旁观者同情的眼泪，罗马共和国的尊严，以及对国家法制的畏惧都不能制止这个自恃财富而冒犯自由的根基、蔑视全人类的冷酷的恶人吗？能让这个人逃脱惩罚吗？元老们，绝对不能！绝对不能让他逃脱，除非你们愿意毁坏社会安全的根基，扼杀正义，并为共和国招致混乱、屠杀和毁灭！

资料来源：游侠网（www.ali123.net）

在这则控告词中，西塞罗急切地呼吁正义，无情地鞭挞丑恶现象，激情澎湃，一气呵成，感人肺腑。他首先严肃地提出要求对凯伊乌斯·威勒斯判罪，这是结论先行；接着对威勒斯的罪证予以阐述，最后指出不判罪的后果，会扼杀正义，会给共和国招来混乱、杀戮和毁灭。这里包含演绎结构。大前提是：罪证确凿应该判罪，不然会有不良后果。小前提是：威勒斯罪证确凿。结论是：威勒斯应该判罪，不然会有不良后果。其结构图如图8-1所示。

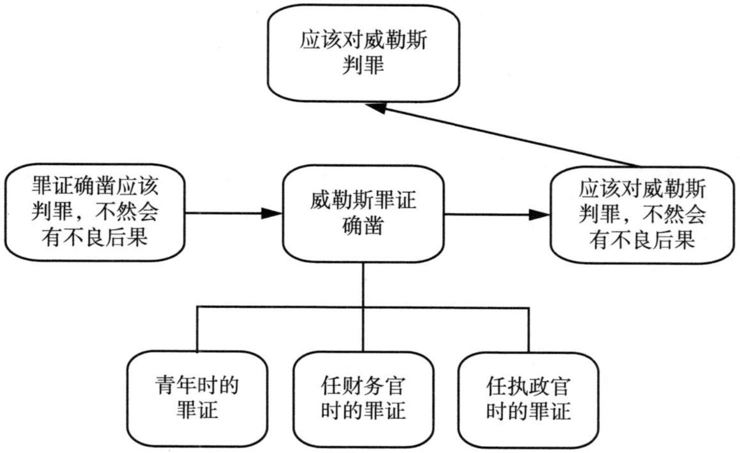

图 8–1 西塞罗演讲的结构图

（二）归纳结构

1941年12月7日，震惊世界的珍珠港事件爆发后，美国总统罗斯福驱车赶赴国会，向参众两院联席会议发表了题为《一个遗臭万年的日子》的著名演说。

下面为摘自这个演说中的部分演说词：

昨天，1941年12月7日——一个遗臭万年的日子——美利坚合众国遭到了日本帝国海军、空军部队突然和蓄谋的进攻。

…………

昨天，日本政府已发动了对马来亚的进攻。

昨夜，日本军队进攻了香港。

昨夜，日本军队进攻了关岛。

昨夜，日本军队进攻了菲律宾群岛。

昨夜，日本人进攻了威克岛。

昨夜，日本人进攻了中途岛。

资料来源：互动百科网（www.baike.com）

从逻辑上讲，这部分演说词所构成的就是一个完全归纳推理。

本书第三章中介绍过完全归纳推理的公式：

S_1是（或不是）P

S_2是（或不是）P

…………

S_n是（或不是）P

（S_1~S_n是S类的全部对象）

所以，所有S都是（或不是）P

这里，“整个太平洋地区”是S，受到日本进攻是P，而遭受日本突然进攻的美国夏威夷群岛以及马来亚、香港、关岛、菲律宾群岛、威克岛、中途岛，这7个地方加起来就代表整个太平洋地区，可以分别用S_1、S_2、S_3、S_4、S_5、S_6、S_7来表示，并且n=7。所以，在演说词中，由这7个有代表性的地方遭到日本进攻，可以推知整个太平洋地区都遭到了日本的进攻。

在此，罗斯福通过对完全归纳推理的运用，理智地达到了促使国会在短短30分钟内，就分别在参众两院通过了美国和日本之间存在战争状态的联合决议的目的，显示出了演说中归纳的力量。

再比如，闻一多在《最后一次的演讲》中说：“历史上没有一个反人民的势力不被人民毁灭的！希特勒、墨索里尼，不都在人民面前倒下去了吗？”这里就运用了科学归纳法中的不完全归纳推理。[①]他从希特勒、墨索里尼在人民面前的倒下，推出了“反人民势力”会“被人民毁灭”这一不可抗拒的历史规律。

第二节　用于说服的标准结构图

一、为什么要使用结构图进行说服

说服别人的技巧是一项终身受益的生存技能。营业员出售商品需要说服别人，求职者应聘工作需要说服别人，律师为当事人辩护需要说服别人，商人或政治家与对手谈判同样需要说服别人。在日常工作和生活中，每个人更是会经常遇到需要说服别人的情况。例如，说服领导采纳你的策划方案，说服朋友跟你一起去某个新餐厅吃饭，说服家人支持你所选择的事业，等等。在多大程度上说服他人按照自己的意愿行事直接体现着一个人的影响力。可以说，一个人能否获得事业的成功，能否赢得朋友的信任，都取决于他说服别人的能力。

说服别人并不是容易的事，有时与别人争论某个问题，明明道理在自己这边，却无法说服对方，反而被对方驳得哑口无言。影响说服力的因素很多，其中很重要的一个就是说服者是否做好了充分的准备。如果没有准备好，说话的时候就可能会出现不合逻辑的现象，一旦被对方抓住把柄，就会很被动。

提到说服，人们最先想到的是运用语言技巧。但是有没有可能把语言和结构性思维标准图结合起来呢？相对来说，语言具有流动性，当你在说后面的

---

① 谭大荣．演讲、论辩与逻辑［M］．北京：北京大学出版社，2007.

理由时，对方也许已经把前面的理由忘记了，而且你在说的过程当中也可能会有遗漏。图像相对稳定，更容易让人记住，不过仅仅靠图像，对方可能还会有一些细节不明白。而如果将语言和图像结合起来说服别人，不仅可以很直观地把所有论据一起呈现在对方面前，又可以通过语言将细节都解释清楚。结构性思维的标准图很适合用于说服，当然还可以在图中加上"→"符号来表现由一系列理由推导出结论的过程。例如，对于下面关于裁员理由的结构图①（如图8–2所示），即使不通过文字和语言进行解释，仍然可以了解到裁员的各个原因及相关证据。但是仍有一些具体问题，需要进行沟通，如能节省多少开支，战略要转移到哪一方面，如何优化团队，等等。

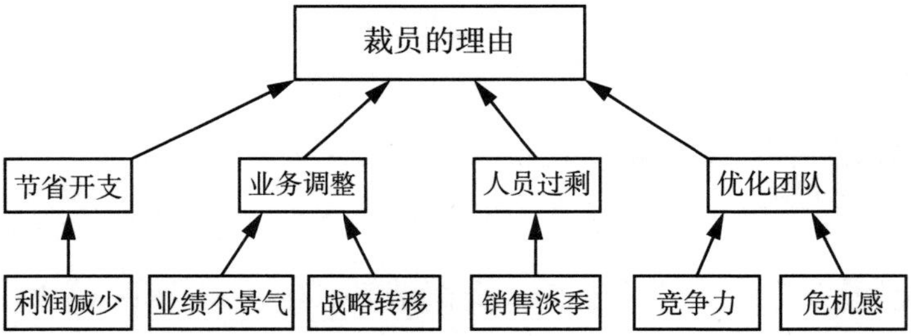

图8–2 裁员的理由说服结构图

说服过程中最忌讳的就是思路不清晰。即使搜集的资料非常充足，准备的论据很有说服力，只要思路不清楚就无法把这些资料和论据合理地组织起来，达不到说服的效果。尤其是在大型谈判中往往包含几十个议题，需要权衡每个议题的重要性和优先顺序才能在更多的议题上达成协议。这时，结构图就是帮助理清思路的好帮手。你要论述的中心论点是什么，有哪几个分论点来支持它，哪个问题需要着重说明，哪个问题需要一带而过，都可以在结构图中表现出来（如图8–3所示）。结构图可以把信息之间的关系清晰地表现出来，如

① 翟文明，楚淑慧．图解思考法［M］．哈尔滨：黑龙江科学技术出版社，2009.

果信息之间存在逻辑错误就不能画出结构图。

总之，恰当运用结构图，既可以让对方一目了然，也可以为说服进行更充分的准备，从而大大提高说服力度。

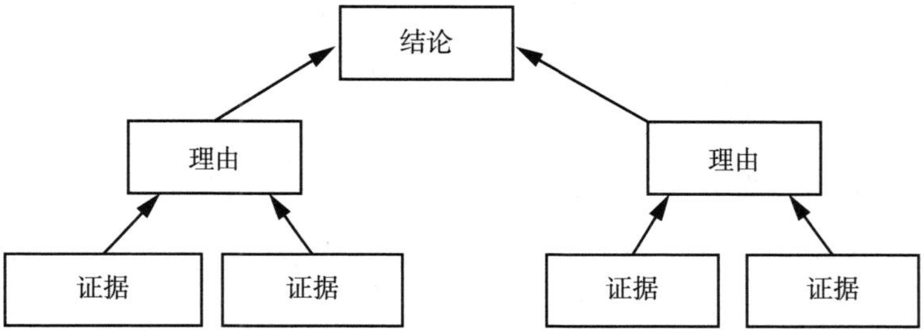

图8-3 说服的标准结构图

二、如何画说服的结构图

（一）收集信息

想要说服别人，首先要明确自己的目标和中心论点，其次必须找到大量支持观点的理由和证据。为说服准备相关信息是组织说服语言、绘制结构图的准备阶段，没有调查就没有发言权，要想让你的观点具有说服力，你的观点就必须建立在大量的调查研究的基础之上。任何人都可以有自己的观点，但是没有充分理由支持的观点很难让别人信服。

在收集信息的时候可能会出现两种情况：一是自己先设定了几个分论点，根据这几个分论点去找相关的信息，这是自上而下的过程；二是在搜集信息的过程中，发现一些在已经设定的分论点以外的信息，而这些内容也足够支撑最后的结论，所以就可以由这些信息概括总结出新的分论点，这是自下而上的过程。不过无论哪一种情况，最后都需要把找到的信息进行分类，放在不同的分论点下，这样可以使信息条理化。

而当你向别人提出你的观点时，别人势必会问你“为什么这样说”，因此你需要考虑对方可能会提出什么疑问，然后针对这些问题寻找答案，这也就是自上而下的询问和回答。例如，你的观点是开发新产品，那么别人可能会问“为什么开发新产品”，你就需要把相关的理由列举出来。

在搜集信息的过程中，你要充分发挥想象力，找到尽可能多的信息。如果你找到的信息不够全面，就会使你的说服出现漏洞，难以让人信服。例如，你想说服领导停止生产A产品，那么你就应该想一想领导可能会针对停止生产A产品这一主题提出哪些问题。假如你认为老板可能会问两个问题“有什么必要”和“有什么好处”，就可以列出这两个方向，这时候箭头是自上而下的，因为是询问和回答的状态。然后再根据这两个问题找到相应的信息，对应的信息的箭头就是自下而上的了，因为这些信息回答了问题，从而证明了观点（如图8–4所示）。

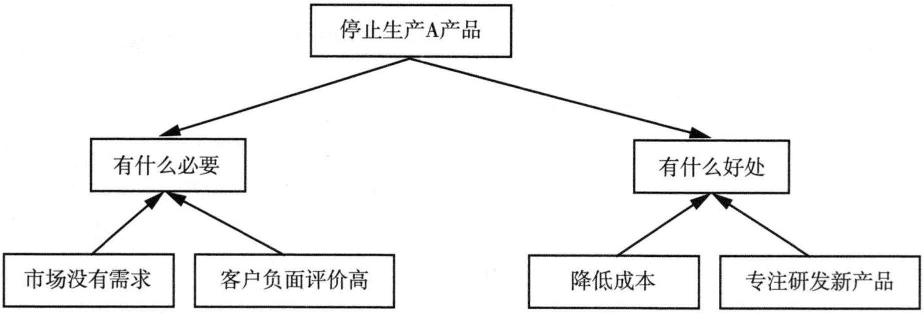

图8–4　说服停止生产的结构图

（二）画结构图

搜集到与问题相关的信息之后，就可以构思说服的结构图了。

画结构图前，要先从大量的信息中抽取出关键词，把关键词写在草稿纸上，然后用箭头把关键词连接起来，构建结构大纲。接下来就可以按照标准图的样子，把关键词填写在标准图中相应的位置。这样的结构图很有说服力，理由与理由之间、理由与结论之间，环环相扣、不可辩驳。

需要注意的是，填写关键词的时候要考虑理由与结论之间的逻辑关系，即需上下对应，只有真正具有因果关系的关键词之间才可以用箭头连接起来。否则，理由与结论之间没有必然的逻辑关系的结构图是不会具有说服力的。

下面来看一个案例，假设你是公司市场部的负责人，公司的新产品马上上市，你希望在B网站上做新产品的广告。如何说服你的领导采纳这个建议呢？

首先，搜集信息，构建结构图大纲（如图8–5所示）。

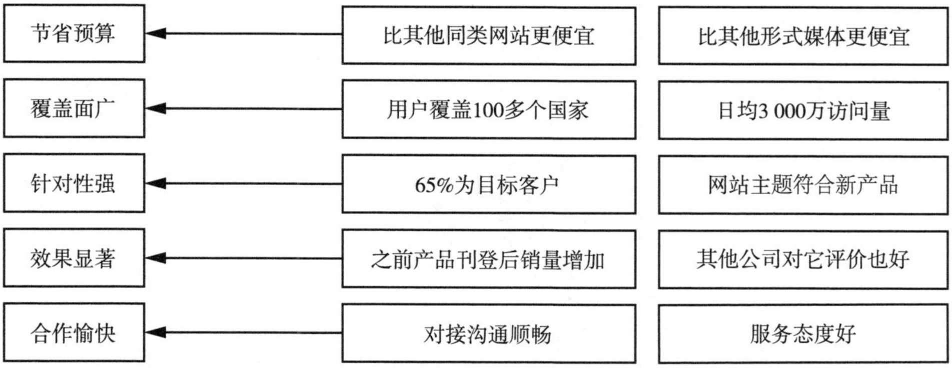

图8–5　结构图大纲

其次，就需要构思结构图的布局了。可以先在纸的顶端写上大标题“为什么在B网站做广告”，留出表述信息的空间，然后绘制空白图形。空白结构图中可以用箭头自下而上指向最终的结论（如图8–6所示）。

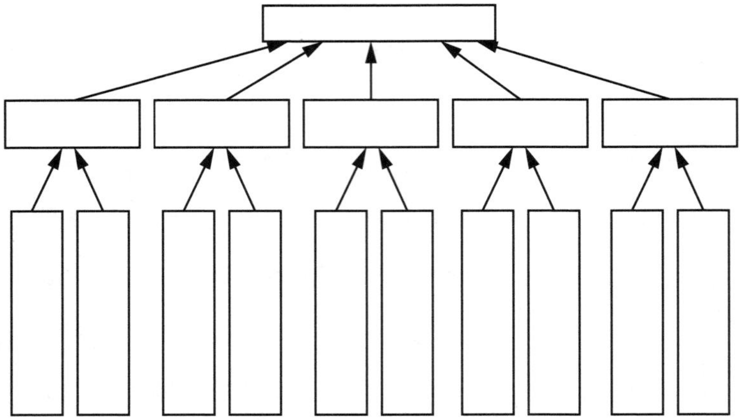

图8-6 空白的结构图

空白图准备好后，接着就可以在其中填写关键词了。

最后，还需要对结构图的信息进行简单描述，即写出结论，放在标题下的空白处。这样，结构图基本上就绘制完成了（如图8-7所示）。为了使结构图更美观，可以根据需要调整图形的大小和位置，给文字和图形增加一些效果。

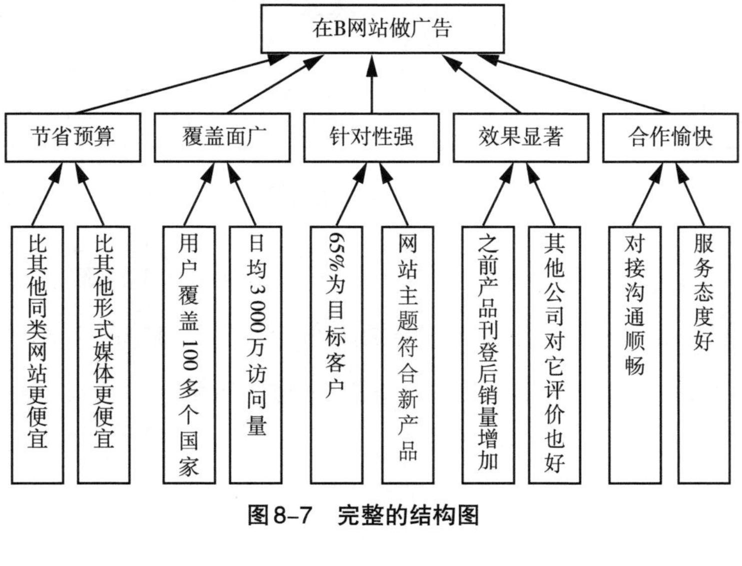

图8-7 完整的结构图

从这个结构图中，可以一目了然地看出信息、分论点与结论之间的关系。借助这个结构图，相信你会有更大把握说服领导采纳你的建议。

（三）优化结构图

在标准结构图画好之后，你还需要在其形式和美观度上下功夫，以增强结构图的说服力。例如，把重要的内容用颜色、图画或特殊符号表示出来，在说服的时候进行重点阐述。

三、说服的其他技巧

（一）考虑自身优劣

在说服或谈判的过程中，要对局势进行全盘考虑，既要看到自己的优势，也要看到自己的劣势。为了使说服更有力度，可以通过结构图描绘你的方案所带来的美好前景，从而使方案的优势具体化。针对方案的不足之处，找到一些对策进行弥补。这样就可以为对方可能会提出的责难和质疑做好准备（如图8–8所示）。

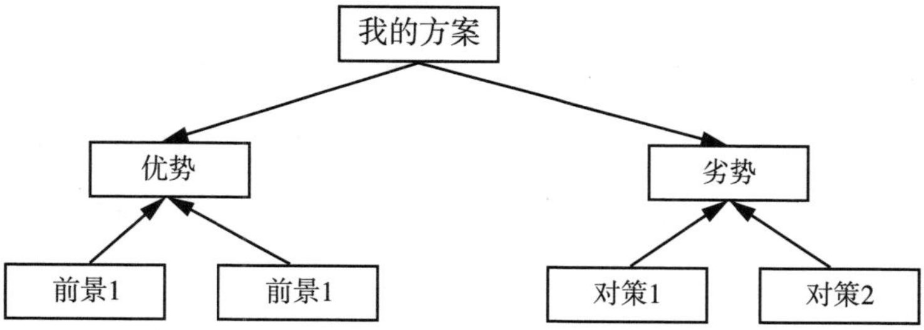

图8–8　方案优劣的结构图

资料来源：翟文明，楚淑慧．图解思考法［M］．哈尔滨：黑龙江科学技术出版社，2009

（二）站在他人立场

如果你站在自己的立场上说服别人，就会给人留下自以为是的印象，说服力大大降低。为了表明自己的观点是客观公正的，你可以引用名人或局外人的观点来佐证，从而增强说服力（如图8–9所示）。

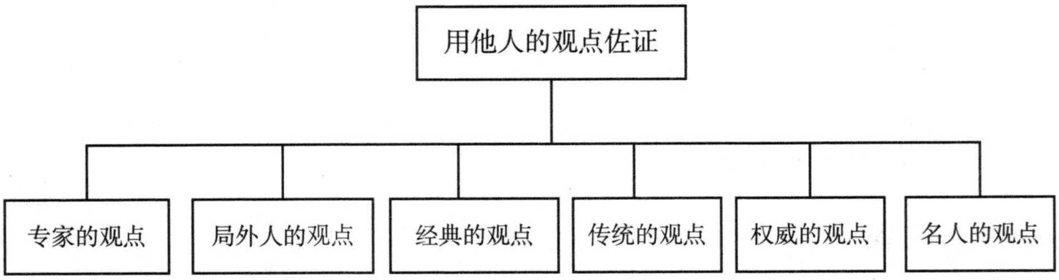

图8–9 站在他人立场的结构图

（三）运用演绎或归纳结构

本书前文中不止一次提到了演绎结构和归纳结构，这两种结构是特别有效的推论论证的结构。上一节中还阐述了这两种结构在演讲中的运用，其中所举的例子都属于用演讲进行说服的情况。常见的说服形式，还有一种就是辩论赛。在辩论赛中，双方讨论某一个问题，其目标都是说服，但不是说服对方，而是说服评委和观众。这里再通过一个辩论赛的例子来说明演绎结构和归纳结构是如何运用在说服之中的。以下是辩论赛中正方一辩的开篇立论，所持立场为“赞成送老人进养老院”。

谢谢主席，在座各位，大家晚上好，“不管今天多么年轻，明天人人都会老”。这是不容置疑的事实。众所周知，我国已经进入老龄化社会，面对老龄化带来的挑战，养老院也在其中担任重要角色。

今天我方判断是否赞成送老人进养老院，其标准就是看在当今多元化的社会，送老人进养老院是否有利于老人安享晚年。我方认为送老人进养老院有利于老人安享晚年，所以我方赞成送老人进养老院。

从家庭的角度看，对于膝下无儿女的老人和家庭非常贫困的老人，政府送他们进养老院是社会养老保障体系的要求。我们能不赞成吗?

对于家中儿女不孝的老人，养老院为老年人提供集体居住条件，并具有相对完整的配套服务设施。老人进入养老院可以与其他老人下棋打牌、喝茶聊天，可以享受到比子女更好的照顾，可以让他们在养老院中找到家的感觉，感受到社会的温暖。我们能不赞成吗?

对于家中儿女孝顺的老人，送进养老院，老人可以享受到更加专业周到的照顾，而且与更多的同龄人在一起，多的是共同语言，少的是代沟。当然儿孙也可以与老人通电话，去养老院与老人欢聚，或把老人接回家中团圆。我们要打破送老人进养老院就是关进养老院，就是抛弃，就是不孝的观念，送进养老院是多了一条养老的途径的选择。我们能不赞成吗?

从社会的角度而言，赡养老人已不仅仅是子女家庭的责任，也是社会的责任。老人不仅为子女做了贡献，也为社会做了巨大的贡献，老龄化已成为当今社会问题之一，所以社会要分担养老的责任。养老院就是社会养老体系中的一分子，我们当然应该赞成。

是否赞成是我们的态度，最终去不去是家庭状况、父母意志等的综合考虑。我们不谈子女没有时间照顾老人而将他们送进养老院，因为那也许只是一个借口。我们不否认现在养老院还存在诸多不足之处，因为任何事物都要不断完善。我们不觉得送老人进养老院就是最优的选择，因为家庭养老、社区养老同样值得肯定。我们之所以赞成送老人进养老院就是因为养老院完善了社会养老保障体系，为老人养老提供了一条新途径，使我们和老人都有更多的选择，让老人能找到一个最合适的地方，安享晚年。

综上所述，我方赞成送老人进养老院。谢谢。

资料来源：厦门大学嘉庚学院第二届校辩论赛决赛

这段开篇立论的第二小节提到："今天我方判断是否赞成送老人进养老院，其标准就是看在当今多元化的社会，送老人进养老院是否有利于老人安享晚年。我方认为，送老人进养老院有利于老人安享晚年，所以我方赞成送老人进养老院。"这个判断标准中就隐藏了一个演绎结构的三段论：大前提，赞成送老人去可以安享晚年的地方；小前提，养老院可以让老人安享晚年；结论，赞成送老人进养老院。

那么为什么小前提——养老院可以让老人安享晚年是成立的呢？这里就用到了两个归纳结构推论。第一个归纳结构是在分析时把论证范围确定在了两个角度，一是家庭角度，二是社会角度，应当说这是一个完全归纳推理，虽然看似少了个人角度，但实际上个人角度在家庭角度中体现了。所以在家庭角度中又有一个完全归纳推理：一是家中无儿女的情况，二是家中儿女不孝的情况，三是家中儿女孝顺的情况。针对这三种情况，加上另一个社会角度，辩手一共从四个不同角度做了归纳论证（如图8-10所示），最终说服了评委和观众，赢得了冠军。

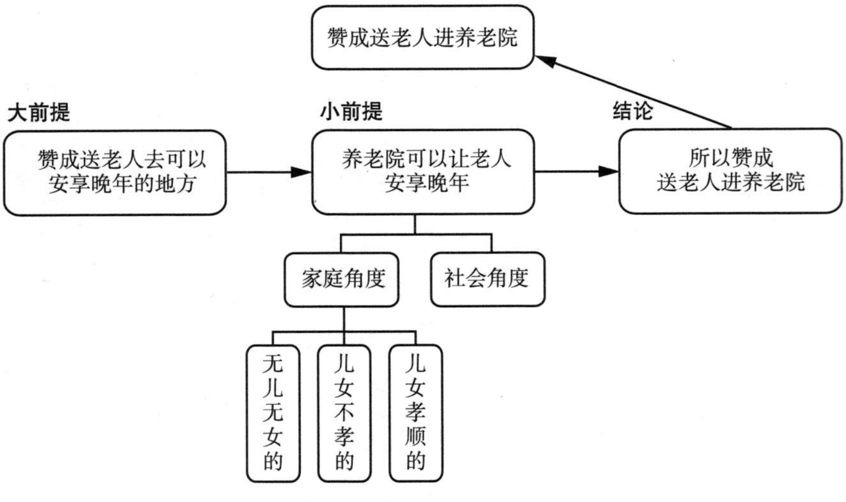

图8-10 赞成送老人进养老院的结构图

演绎结构和归纳结构是最具有说服力的结构，所以在遇到需要说服的情况时，可以多考虑使用这两种横向结构。

（四）心理战术

说服是一个与别人打交道的过程，要得到赞同，除了观点正确之外，还需要掌握微妙的心理战术。这里也简单列举一下心理学家所总结的掌握主动权的3个说服技巧：

1. 居家优势：选择自己熟悉的环境进行说服或谈判。

2. 修饰仪表：衣冠楚楚、仪表堂堂的人更有说服力。

3. 瓦解敌对：反映对方的感受，瓦解对方的敌对心理，让对方有自己人的感觉。

第三节　芈月演讲中的结构性思维

在本书的引言中就提到“要给大家介绍芈月的一场公众演讲，以及其中的结构性思维”，现在终于等到这一刻了。

这场公众演讲出现在《芈月传》的第70集。首先介绍一下演讲的背景：秦昭襄王嬴稷，也就是芈月的儿子上台后不久，有人刺杀芈月。芈月知道刺杀行动的幕后指使者是惠文后芈姝和公子嬴华，并抓到了参与刺杀的蒙骜等人。于是芈月下令召集咸阳的禁军将士，到宣室殿前训诫。一番演讲后，将士们被芈月所鼓舞，在蒙骜的带领下请求上沙场将功折罪，这一幕也征服了樗里疾等重臣。

这番演讲不仅让剧中人折服，也让追剧的人深有感触。这一集电视剧播出后不久，朋友圈就被这场演讲刷屏了。很多人把这场演讲看作老板激励员工的经典教程，其实运用结构性思维进行深入研究，就会发现，这场演讲有的不仅仅是芈月表达时的气势磅礴、抑扬顿挫，更有强有力的结构做支撑，这可以通过结构性思维的相关知识予以解读。

在正式的讲话前，芈月首先让跪在地上的将士站起来，并为那些参与刺杀行动的将士松绑。在本书第四章第五节介绍序言的部分中曾提到，不能让受众带着抵触情绪去听你的内容。一旦有抵触情绪，即便说得再好，效果也是要大打折扣的。而且在上面说服的技巧中也提到，要瓦解敌对。所以芈月在正式开讲前的这个动作是非常重要的，一定程度上缓解了将士的抵触情绪。

接着芈月问道："诸位将士，我问你们，你们为何从军？"

魏冉回答："当兵吃粮领饷，在秦国当兵有前途！"随后众将士附和。

芈月说："魏冉将军，你不必代他们回答，听声音明明都是口不对心。"

这两句话的作用和先前的动作一样，也是为了缓解抵触情绪，让将士们觉得，芈月没有逼他们回答，甚至是站在他们的立场上知道他们不愿意这么回答。

随后芈月又问参与刺杀的将士首领蒙骜："你们为什么要造反？"

蒙骜回答："让你还位于大王，请回甘相，与诸公子罢兵。"

芈月反问道："朕当政，就真的有违天意？嬴华、甘茂等人的主张，就真的这么受人拥戴吗？"

接着，芈月正式进入了演讲，下面可以通过文字回顾这六分钟的精彩演讲，这里可以先做一个小提示，整段演讲中包含了之前反复提到两种横向结构，即演绎和归纳，阅读演讲内容的时候可以尝试去找一找。

你们当初当兵必定不是为了造反。

你们沙场浴血、卧冰尝雪、千里奔波、赴汤蹈火，

为的不仅仅是效忠君王，保家卫国，

更是为了让自己活得更好；

让自己在沙场上挣来的功劳，能够荫及家人；

为了能让自己建功立业，人前显贵。

是耶（还是）不是？

今日站在这里的，都是大秦的佼佼者，你们是大秦的荣光，是大秦的依仗。

是耶不是？

我大秦曾经被人称为虎狼之师，令列国闻风丧胆。

可就在前不久，五国陈兵函谷关外，可我们却束手无策，任人勒索宰割。

这是为什么？

我们的虎狼之师呢？我们的王军将士呢？都去哪儿了？

大秦的将士，曾经是大秦的荣光，可如今却是大秦的耻辱！

当敌人兵临城下的时候，你们不曾迎敌为国而战，却在王位相争中自相残杀。

这就是你们的作为！

曾经，商君之法约定：只有军功才可受爵，无军功者不得受爵；

有功者显荣，无功者虽富无所荣华；

可有些人就是不愿意尊商法，要恢复旧制，所以才派人来杀我。

你们也不情愿？也不想实行新法是吗？

为何你们站在了靠祖上余荫吃饭的旧族那边。

自愿成为他们的鹰犬，助纣为虐，使得他们随心所欲，胡作非为！

使得商君之法不能推行，兄弟相残，私斗成风。

你们的忠诚，不献给能够为你们提供公平、军功、荣耀的君王，

却给了那些对你们作威作福，只能赏给你们残渣剩饭的旧族们，是吗？！

将士们，我承诺你们！

从今以后，你们所付出的一切血汗，都能够得到回报。

任何人触犯秦法都将受到惩处！

秦国的一切，将是属于你们和你们儿女的！

今日我们在秦国推行这样的律例，他日，天下就有可能去推行这样的律例。

你们有多少努力就有多少回报，

你们可以称为公士、为上造、为不更、为左庶长、为右庶长、为少上造、为大上造、为关内侯，甚至为彻侯，食邑万户！

你们敢不敢去争取？能不能做到？！

资料来源：电视剧《芈月传》第70集

芈月在演讲开始时一连用了四个问句：为何从军？为何造反？我有违天意？他们真的受爱戴？除了消除将士们的敌意外，其实还与他们建立了一个心照不宣的共识，就是："为了让自己活得更好；让自己在沙场上挣来的功劳，能够荫及家人；为了能让自己建功立业，人前显贵。"这也可以算作本次演讲的主题。在这个主题之下，芈月隐藏了一个常见式三段论，即现象、原因和解决方案。

现象是：大秦的将士，曾经是大秦的荣光，可如今却是大秦的耻辱！

原因是：你们的忠诚，不献给能够为你们提供公平、军功、荣耀的君王，反而站在了靠祖上余荫吃饭的旧族那边。

解决方案是：你们要效忠于我（芈月），我推行商法，并承诺你们达成目标。

这一常见式三段论，画成结构图，即如图8–11所示。

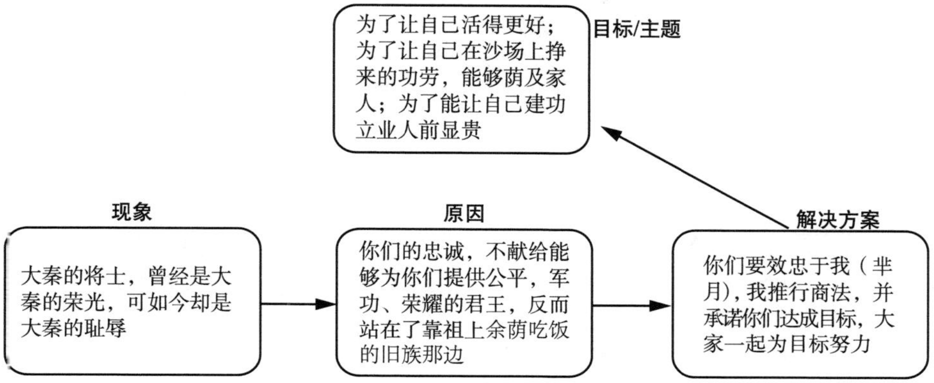

图8–11　芈月演讲的大逻辑

如果上面的目标是芈月为了和将士们达成一致的显性目标，那么，下面解决方案中“要效忠于我”就是芈月这次演讲的实际的隐性目标。

结构性思维要求上下对应，给结论就要有证明，在这个现象、原因和解决方案之下，芈月也一一进行了论证。

芈月所说的现象从时间顺序上看可以分为两点：曾经是荣光，如今是耻辱。针对这两点，她也做了说明。之所以说曾经是荣光，是因为“被人称为虎狼之师，令列国闻风丧胆”。这里，芈月还用了上一节讲到的站在他人立场的方法，引用别人的观点：别人称为虎狼之师，列国都闻风丧胆。现在被认为是耻辱，也是因为两点：兵临城下不曾迎敌为国而战，在王位相争中自相残杀。画出结构图来，如图8–12所示。

在“你们的忠诚，不献给……君王，却给了……旧族们”这个原因中，芈月也从三个方面进行了论证：

第一，支持商法是正确的，在这之下又有一个三段论，你们的目标是建功立业、人前显贵、荫及家人，商法的规定能达成这些目标，所以要支持商法（如图8–13所示）。

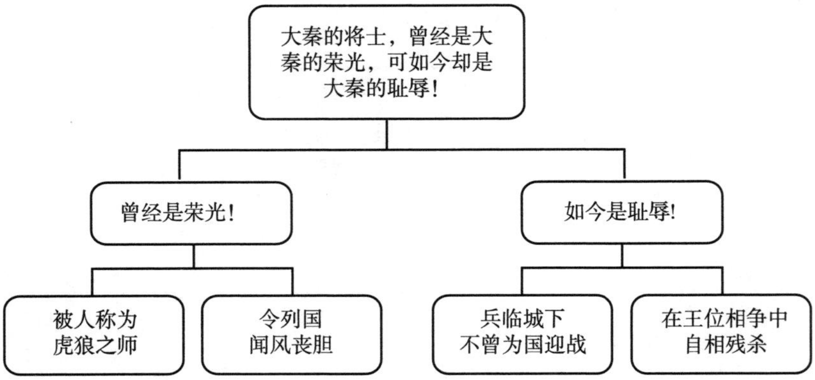

图8–12 现象部分的结构图

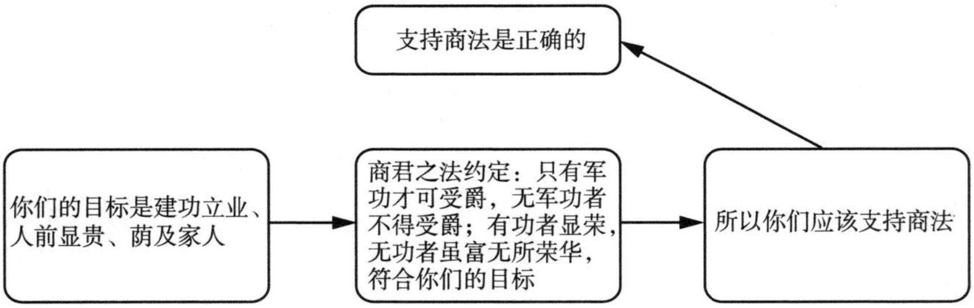

图8–13 “支持商法是正确的”的演绎结构图

第二，支持旧族是错误的，在这之下隐含了一个归纳推理，因为支持旧族只能靠祖上余荫吃饭，他们还对你们作威作福，只能赏给你们残渣剩饭，所以支持旧族是错误的（如图8–14所示）。

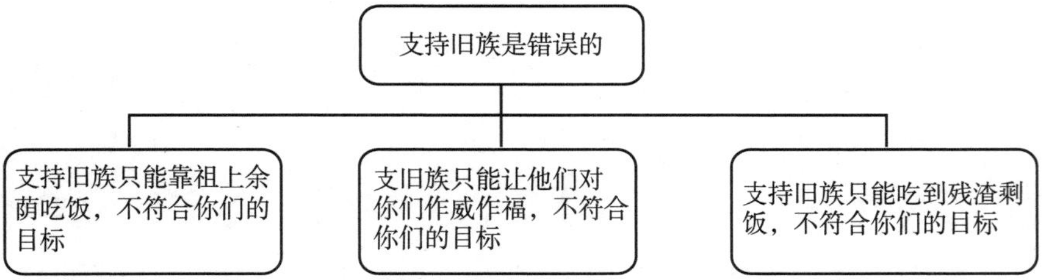

图8–14 “支持旧族是错误的”的归纳结构图

第三，你们没有支持正确的，反而支持了错误的，自愿成为他们的鹰犬。能证明这点的证据有，派人来杀我（芈月），商君之法不能推行，兄弟相残，私斗成风……（如图8–15所示）。这里要说明的是，没有支持正确的，却支持了错误的，是芈月的观点，要靠事实来证明，所以助纣为虐、随心所欲、胡作非为这样的词不是事实，而是观点，无法当作事实证据。

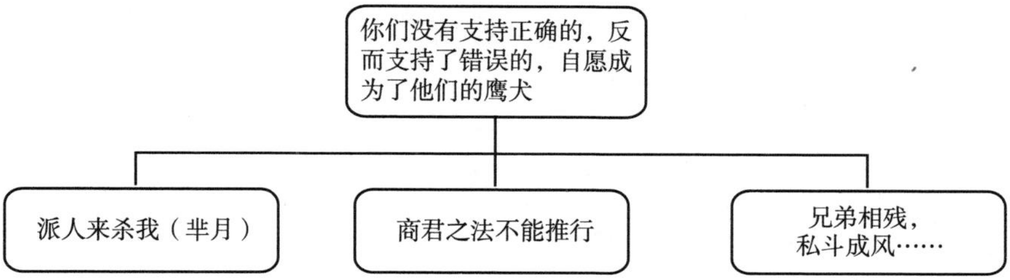

图8–15　“支持了错误一方”的结构图

把原因这部分的三张结构图归为一张，即如图8–16所示。

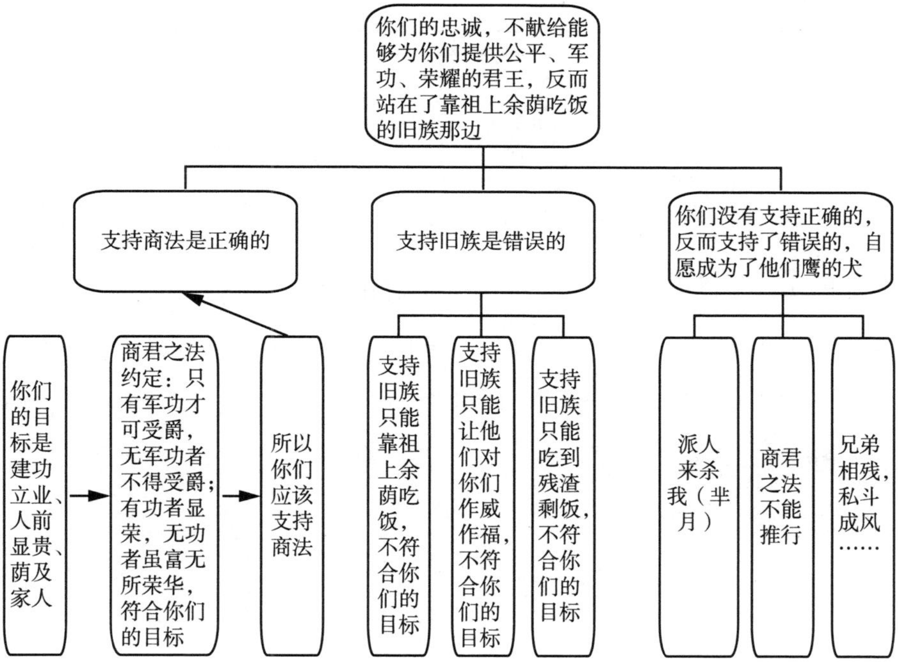

图8–16　原因部分的结构图

最后的解决方案是："你们要效忠于我（芈月），我推行商法，并承诺你们达成目标。"其中也包含了一个三段论的演绎推理。大前提是：你们要支持能达成你们目标的君王。小前提是：我承诺达成你们的目标。结论是：所以你们要支持我。小前提中，又有一个完全归纳的横向结构，"我承诺你们达成目标""你们要荫及家人，我承诺秦国的一切属于你们和你们的儿女；你们要建功立业，我承诺你们付出的一切都有回报；你们要人前显贵，我承诺你们有多努力就能当多大官"。上述内容如图8–17所示。

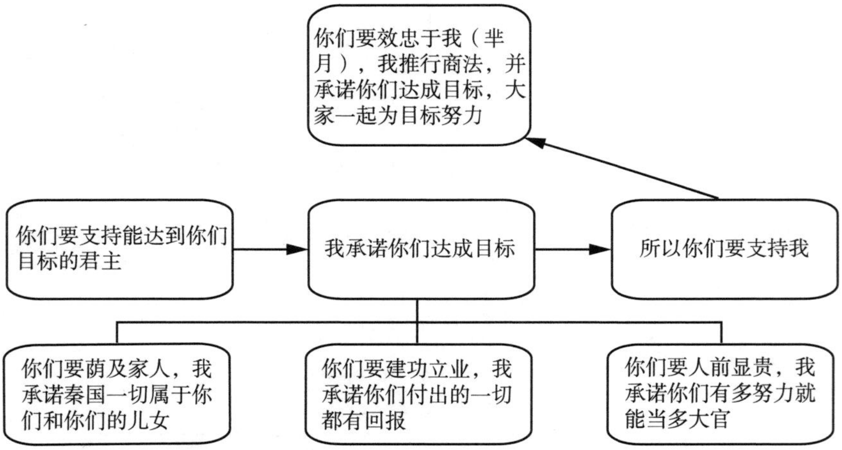

图8–17　解决方案部分的结构图

运用结构性思维的方法进行分析，并画出结构图可以看到，芈月的演讲有理有据，使用了演绎和归纳推理，逻辑清晰，论证有力，环环相扣，再加上芈月运用了诸多演讲和说服技巧，使得整场演讲气势磅礴，说服力极强，难怪众将士和樗里疾等重臣听后甘为人臣，听命于她。把以上各部分的结构图合并成一张，即如图8–18所示。

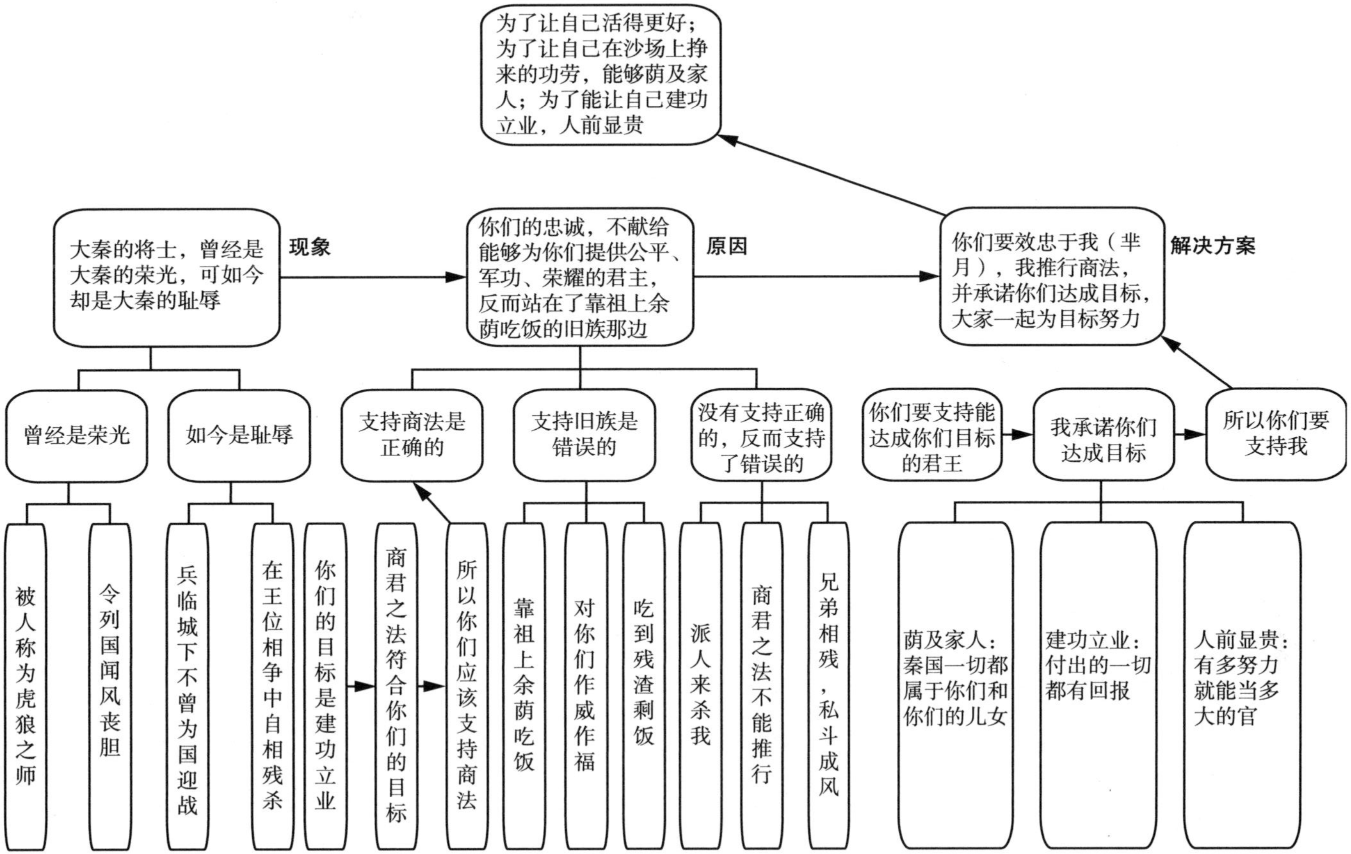

图8–18　芈月演讲的整体结构图

这段演讲火了之后，网上还出现了对这段演讲内容的各种改编版本，有公务员版、学生版、企业版等，然而这些版本大都不如芈月的原版。这是因为只是生搬硬套里面的词句，而没有深刻地认识到内在的逻辑和结构。因此在未来准备演讲的过程中，一定要关注自己讲稿的内在结构是否有理有据。

本章小结

第八章主要介绍了结构性思维与说：

第一节从介绍词的结构和演讲内容的结构两方面详细介绍了与演讲结构有关的内容。

第二节主要从画标准结构图的角度阐述了如何运用结构图进行说服工作。

第三节以电视剧《芈月传》中的一篇演讲为例，具体说明了结构性思维在演讲和说服中是如何运用的。

这一章的目的是希望大家在演讲和说服的过程中，尽量运用结构性思维，把演讲和说服的内容准备得更有逻辑、更加完善、更具说服力。

第九章
结构性思维与读

第一节　阅读的意义

读的类型有很多种，如发声的朗读、不发声的阅读等，这一章主要介绍的是与阅读有关的内容。

阅读是从视觉材料中获取信息的过程。视觉材料主要是文字和图片，也包括符号、公式、图表等。首先把视觉材料变成声音，然后达到对视觉材料的理解。阅读是一种主动的过程，由阅读者根据不同的目的加以调节，如陶冶人们的情操，提升自我修养。阅读是一种理解、领悟、吸收、鉴赏、评价和探究文章的思维过程。

第一，阅读可以丰富读者的知识，提升读者的技能。好的作品都能客观地反映自然、社会和思维中的丰富现象和深刻规律。读者通过大量的阅读间接地认识了世界，学会了生活，掌握了知识。与此同时，一些技能类的书籍还有助于读者提升技能。

第二，阅读可以提高读者的语言能力。通过大量阅读，读者会在不知不觉中得以丰富词汇，并掌握语法。

第三，阅读可以提高读者的思维水平。很多优秀的作品都反映了作者严密乃至近乎完美的思维过程，所以阅读过程也是学习别人如何思维的过程，读者在阅读过程中也不知不觉地就吸收了他人思维的精华，包括怎样的思维才是正确的，怎样的思维才是严密的。其实，这也是一个学习如何表达的过程，如何谋篇布局，如何遣词达义，都在阅读过程中潜移默化地学会了。

第四，阅读可以提高读者的思想品德素质和人文素质。优秀文章的主题或中心思想都反映了作者对生活、社会和世界的深刻看法，优秀的文章通过其雄辩的说服力和形象的感染力使读者在折服其艺术性的同时也吸收了他的思想。

第五，阅读可以培养和提高学生的创造力。好的作品都是作者创造的结果，所以阅读过程也是一个学习创造的过程。前文已谈了阅读与写作的关系，这里需要特别强调的是阅读可以让读者在大脑里积累各学科、各种自然现象和人生百态的丰富素材，这是实现联想、培养想象力的必要前提，而具有丰富想象力的人才有可能进行创造，这是毋庸置疑的。

第六，阅读让读者学会学习。小时候，人们只有在老师的指导下才能进行阅读，掌握作品中的各种要义；随着阅读量的不断增加，阅读能力也慢慢提高，老师的指导逐渐减少；当阅读量积累到一定程度，就可以独立读懂一些难度较小的作品，进而读懂一些难度较大的作品。当知识系统和思想系统足以支持人们以旧词释新词，以熟悉的概念明确新概念，并形成最基本的判断和推理能力时，人们就能够利用已掌握的知识学习新知识，再加上对阅读辅助工具如词典、电脑等的使用，最终可以完全摆脱老师，自己进行自主阅读，从而形成自学能力，学会学习。

以上分析说明了这样一个道理，即阅读是学习的最基本的行为，不会阅读就不会学习。因此，阅读最重要的目的，也是它最重要的任务，就是培养读者最基本的学习能力。教会读者怎样阅读等于教会了读者怎样学习。

第二节 理解和概括文章中心思想

本书的第三章第三节中介绍了概括总结的步骤和方法，本节则要着重介绍概括文章中心思想的方法。既然阅读能够提升读者的知识、思维和素质，那么读者就应当能从阅读中总结出相关内容，这种总结出的内容就是文章的中心思想。

阅读不同于机械的打字，很多时候打字员把一整部小说都打完了，也没办法说出小说的主要内容、相关人物的关系等关键信息。但是阅读不一样，即便是以消遣为目的的阅读，在读完一部小说后，依然可以和别人分享这部小说中的喜怒哀乐。有时，在阅读前可能没有想到与别人交流，却在某些场合不经意间被朋友问道“最近读了什么”“主要讲什么内容”等。因此，在阅读完一篇文字内容后，能有意无意地整理出它的中心思想，是一件必不可少的事情，也是结构性思维中自下而上概括和总结的体现。

在本书第三章第三节自下而上的概括和总结这部分内容中提到，中心思想是全文的主要内容加写作目的。所以，概括中心思想，可以分两部分完成，也就是分别概括主要内容和中心思想。这里先看如何概括主要内容。

一、根据不同的描写对象有不同概括方法

（一）写人和事的文章

阅读这类文章要抓住先前所说的5W2H：Who、What、When、Where、Why、How和How much。简单来说就是要抓住事情发生的时间、地点、人物，事情的起因、经过、结果。然后把这些信息串起来，就可以概括出主要内容。

例如，下面这篇题为“桥”的文章：

黎明的时候，雨突然大了。像泼。像倒。山洪咆哮着，像一群受惊的野马，从山谷里狂奔而来，势不可当。村庄惊醒了。人们翻身下床，却一脚踩进水里。是谁惊慌地喊了一嗓子，一百多号人你拥我挤地往南跑。近一米高的洪水已经在路面上跳舞了。人们又疯了似的折回来。东面、西面没有路。只有北面有座窄窄的木桥。死亡在洪水的狞笑声中逼近。人们跌跌撞撞地向那座木桥涌去。

木桥前，没腿深的水里，站着他们的党支部书记，那个全村人都拥戴的老汉。老汉清瘦的脸上淌着雨水。他不说话，盯着乱哄哄的人们。他像一座山。人们停住脚，望着老汉。老汉沙哑地喊话："桥窄！排成一队，不要挤！党员排在后边！"有人喊了一声："党员也是人。"老汉冷冷地说："可以退党，到我这儿报名。"竟没人再喊。一百多号人很快排成，依次从老汉身边奔上木桥。

水渐渐蹿上来，放肆地舔着人们的腰。老汉突然冲上前，从队伍里揪出一个小伙子，吼道："你还算是个党员吗？排到后面去！"老汉凶得像只豹子。小伙子瞪了老汉一眼，站到了后面。木桥开始发抖，开始痛苦地呻吟。

水，爬上了老汉的胸膛。最后，只剩下了他和小伙子。小伙子推了老汉一把，说："你先走。"老汉吼道："少废话，快走！"他用力把小伙子推上木桥。突然，那木桥轰的一声塌了。小伙子被洪水吞没了。老汉似乎要喊什么，猛然间，一个浪头也吞没了他。一片白茫茫的世界。

五天以后，洪水退了。一个老太太，被人搀扶着，来这里祭奠。她来祭奠两个人。她丈夫和她儿子。

资料来源：学优网（www.gkstk.com）

从上面这段文字中提取出"谁、干什么、怎么样"这类问题的答案，串联起来就是：一位普通的老共产党员，面对狂奔而来的洪水，他以自己的威信和沉稳、高风亮节、果决的指挥，挽救了全村人的性命，而他和自己的儿子却被洪水吞没了。

又如大家都知道的一则历史故事《晏子使楚》，其主要内容可以概括为：春秋末期，齐国大夫晏子出使楚国，楚王三次侮辱晏子，想显示楚国的威风，晏子巧妙回击，维护了自己和国家的尊严。

（二）写景和物的文章

阅读这类文章要抓住“写的是什么景，什么物？它有什么特点？从几个方面写了它的特点？按什么顺序写的？怎样写的？”然后再进行概括。例如，描写鲸鱼的一篇文章：

不少人看过大象，都说大象是很大的动物。其实还有比大象大得多的动物，那就是鲸。目前已知最大的鲸约有十六万公斤重，最小的也有两千公斤。我国发现过一头四万公斤重的鲸，约十七米长，一条舌头就有十几头大肥猪那么重。它要是张开嘴，人站在它嘴里，举起手来还摸不到它的上腭，四个人围着桌子坐在它的嘴里看书，还显得很宽敞。

鲸生活在海洋里，因为体形像鱼，许多人管它叫鲸鱼。其实它不属于鱼类，而是哺乳动物。在很远的古代，鲸的祖先跟牛羊的祖先一样，生活在陆地上。后来环境发生了变化，鲸的祖先生活在靠近陆地的浅海里。又经过了很长很长的年代，它们的前肢和尾巴渐渐变成了鳍，后肢完全退化了，整个身子成了鱼的样子，适应了海洋的生活。

鲸的种类很多，总的来说可以分为两大类：一类是须鲸，没有牙齿；一类是齿鲸，有锋利的牙齿。

鲸的身子这么大，它们吃什么呢？须鲸主要吃虾和小鱼。它们在海洋里游的时候，张着大嘴，把许多小鱼小虾连同海水一齐吸进嘴里，然后闭上嘴，把海水从须板中间滤出来，把小鱼小虾吞进肚子里，一顿就可以吃两千多公斤。齿鲸主要吃大鱼和海兽。它们遇到大鱼和海兽，就凶猛地扑上去，用锋利的牙齿咬住，很快就吃掉。有一种号称“海中之虎”的虎鲸，常常好几十头结成一群，围住一头三十多吨重的长须鲸，几个小时就能把它吃光。

鲸跟牛羊一样用肺呼吸，这也说明它不属于鱼类。鲸的鼻孔长在脑袋顶上，呼气的时候浮出海面，从鼻孔喷出来的气形成一股水柱，就像花园里的喷泉一样；等肺里吸足了气，再潜入水中。鲸隔一定的时间必须呼吸一次。不同种类的鲸，喷出的气形成的水柱也不一样：须鲸的水柱是垂直的，又细又高；齿鲸的水柱是倾斜的，又粗又矮。有经验的人根据水柱的形状，就可以判断鲸的种类和大小。

鲸每天都要睡觉。睡觉的时候，总是几头聚在一起，它们通常会找一个比较安全的地方，头朝里，尾巴向外，围成一圈，静静地浮在海面上。如果听到什么声响，它们立即四散游开。

鲸是胎生的，幼鲸靠吃母鲸的奶长大。这些特征也说明鲸是哺乳动物。长须鲸刚生下来就有十多米长，七千公斤重，一天能长三十公斤到五十公斤，两三年就可以长成大鲸。鲸的寿命很长，一般可以活几十年到一百年。

资料来源：学优网（www.gkstk.com）

这个文章的主要内容很明显：从鲸的形体特点、进化过程、种类和生活习性等方面介绍了鲸的有关知识。这个主要内容中没有体现出“按什么顺序写的”和“怎么写的”这两方面。

二、概括写作目的的方法

（一）分析题目概括法

标题是文眼，很多时候标题就是文章中心思想的体现，从而起到统领全文的作用。而且有些作者也往往把中心思想体现在标题上，使读者一眼便可看到。这类文章的中心思想容易概括。例如，对于题为“伟大的友谊”的文章，即便不看其具体内容，也可以运用分析题目的方法，概括出其为了体现“伟大的友谊”的写作目的。

（二）利用文章的开头或结尾概括

很多文章的总体结构都是“总一分一总”，所以文章的开头和结尾往往是全篇的点睛之处。有的作者会把中心思想放在文章的开头，使读者一开始读文章便知作者的写作目的，从而加深对文章的理解。针对这一特点，要学会从文章的开头和结尾找中心句。例如，《再见了，亲人》一文中，就能根据其最后一句“我们的心跟你们永远在一起”的内容概括出写作目的是体现中朝两国人民的深厚友谊。

（三）找关键词概括

因为写作目的是作者的观点，之前提到过很多词是用来表达观点的，所以也可以从关键词中找到作者的写作目的。例如，《一夜的工作》写了作者亲眼见到的周总理一夜工作的情况，赞颂周总理劳苦的工作精神、简朴的生活作风，表达了热爱、敬佩、学习周总理的思想感情，在这篇文章中，如果仔细品味文中“劳苦”“简朴”两个关键词，就不难领悟作者的写作目的。

（四）找重点句概括

除了关键词，文章中的重点句往往也可以反映作者的写作目的。一般文章中，总有一些重点句，通过研读、分析突出表现写作目的的重点语句，也可以概括出写作目的。例如，《我的伯父鲁迅先生》中“伯父就是这样一个人，他为自己想得少，为别人想得多”，就表明了作者夸赞自己伯父鲁迅，并鼓励大家向他学习的目的。

在一些以描写人物为主的记叙文中，人物的语言是其内心世界的外在表现，所以作者可能把写作目的放在人物的语言中表达。因此，要注意分析描写人物语言的句子，从中概括写作目的。例如，在《登山》一文中，列宁有一句话说的是："我们应该每时每刻处处锻炼自己的意志。"这一句话就能概括出作者的写作目的是提醒读者时时刻刻处处锻炼自己的意志。

在议论文或抒情性的文章中，关于作者观点或直接抒发情感的句子可以直接视作写作目的。例如，根据老舍先生的《养花》最后一句"有喜有忧，有笑有泪，有花有实，有香有色，既须劳动，又长见识，这就是养花的乐趣"，就能看出作者的写作目的。

很多文章中为了表示强调，往往会使某个句子反复出现，而这个句子可能就是作者的写作目的。在《小英雄雨来》一文中，"我们是中国人，我们爱自己的祖国！"这句话在文中反复出现了三次，而它正好反映出了作者的写作目的。

（五）找过渡句、段概括

有些文章，特别是介绍科学常识性的课文，内容涉及事件或项目较多，这类文章中起承上启下作用的过渡句、段往往是写作目的出现的地方。例如，在一篇名为"太阳"的文章中，过渡句"太阳虽然离我们很远很远，但是它和我们的关系非常密切"表明了写作目的是为了体现太阳和我们的密切关系。而一篇题为"灰尘的旅行"的文章中有这样一句："灰尘的旅行，对于人类的生活有什么危害性呢？"从这句过渡性的疑问句就能概括出，作者的写作目的是为了说明灰尘对人类生活的危害性。

三、备受争议的中心思想

在了解了主要内容和写作目的的概括方法后，把主要内容和写作目的合并起来就是中心思想了。通常描述中心思想的句子结构是：通过……（主要内容），表达了……（写作目的）。

概括中心思想本是小学语文就开始学习的内容，但是随着教育的改革，概括中心思想引起了越来越多的争议。例如，以前有一则广泛流传在互联网上的案例：中国老师给学生讲灰姑娘的故事，就要学生从中得出“通过讲述饱受继母虐待的姑娘，因为心地善良，受到仙女帮忙，最终和王子过上幸福生活的故事，表达了要做一个孝顺、善良、有爱心的好孩子”这样的中心思想。但是美国老师讲这段故事的方法完全不同，他们并不要求学生得出什么统一的结论，而是会问学生各种开放性的问题，如“你们喜欢故事里面的哪一个？不喜欢哪一个？为什么？”“如果你是灰姑娘的后妈，你会不会阻止灰姑娘去参加王子的舞会？”“如果灰姑娘因为后妈不愿意她参加舞会就放弃了机会，她可能成为王子的新娘吗？”“这个故事有什么不合理的地方？”从这些问题就可以看出，美国的教育并不限制学生的思维，不希望学生受到故事和所谓教育意义的局限，而是让学生有更多思考和想象的空间。

由于这个案例，越来越多的人认为让学生在阅读一篇文章后，有一个标准答案式的中心思想，实际上束缚了学生思维。其实，这里错的并不是概括中心思想，而是与之匹配的有标准答案的考试。因为通过概括中心思想来训练概括总结的能力并没有错，作者在写文章时也一定有他的写作目的和主要内容存在，只是有些文章随着时间的流逝，可能作者最初的意图已经无法考证，只能通过了解作者的背景、身处的环境，以及所写内容去概括中心思想。

第三节 阅读时要画结构图

一、为什么阅读时要画结构图

通过运用结构性思维，可以把一本书的内容绘制到一张纸上。也许有人会怀疑：一本书几十万字，它的内容怎么能够在一张纸上体现出来呢？实际上，结构图的表现力远远超过文字，它有助于运用想象力把信息之间的关系梳理出来。一张纸就可以展现一本书的全景图。

不少学生对历史知识和政治理论感到很头痛，那么多的内容死记硬背确实很困难，就算一时记住了，也很容易遗忘。如果对课本的内容进行重新结构化，把知识用图形和关键词的方式展现出来，就会有助于对课本内容的理解和记忆。本书前面一些内容已经介绍过结构图相对于单一文字的种种优势，这里可以再简单叙述一下。

结构图可以展现书本内容的全局和关键。书本上的文字，包括先前阅读笔记的文字都是按照一定的顺序一行一行写下来的，从中看不出哪里是重点，也很难统观全局。

结构图展示内容的方式与大脑的工作方式一致，能够把文字内容更有系统地整理出来。通过结构图很容易理解各个知识点之间的联系，在理解的基础上记忆就容易多了。因此，结构图可以使信息更容易理解和记忆。

在听的过程中，可以用结构图来做笔记，在阅读时也可以绘制一篇文章或者一本书的结构图。采用结构性思维的标准结构图，可以在绘制结构图的过程中就让你了解主要内容是什么，段落之间、各章节之间的逻辑关系是什么，从而有助于记忆。

二、如何画阅读的结构图

如果你想画一本书的结构图，首先要浏览全书，通过书的题目和章节标题掌握书的主要结构和内容。书的题目可以作为结构图的主题，章标题可以作为结构图的第二层级。节标题可以作为第三层级。将大体框架绘制出来之后，就可以自由添加细节内容。这时，不必按照书本内容的先后顺序来阅读，而可以从任意一点入手补充信息，最后都能展现出书本的全景图。当结构图绘制完成之后，就可以像看一本相册一样，使每一个关键词都能引起一连串与之相关的书籍内容的联想和记忆。

除了按照章节标题来制作结构图，还可以从书籍内容本身固有的结构入手。例如，把小说绘制成结构图，使用小说的三要素，即人物、环境和情节，就能够更清楚明了地展现小说的内容。从人物、环境和情节三方面入手来画结构图，主题依然可以写上小说的题目，下一层级分别写上人物、环境、情节。人物可以分为主要人物和次要人物，环境可以分为社会环境和自然环境（如图9–1所示）。一些大部头小说中往往有上百个人物，人物之间的关系错综复杂。这时，可以针对小说中的人物画结构图，就像一些警匪片里警察画人物关系图那样。

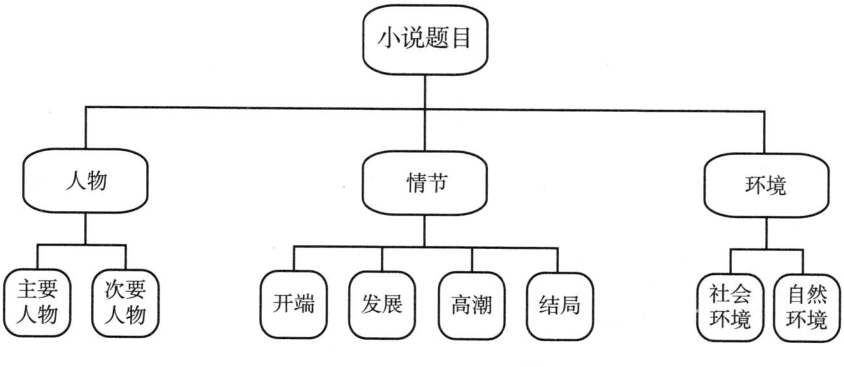

图9–1　小说的标准结构图

当你对小说的内容有了整体了解之后，就可以从更深的层次对小说进行分析。例如，小说属于政治类、历史类，还是武侠类、言情类？小说的主题是关于爱情、金钱，还是权力、宗教？在小说中，作者提出了哪些独特的观点和新颖的思想？结合这种分析，也可以画出结构图。仔细分析之后，你就能够更全面、更深入地理解和欣赏小说的中心思想了。

三、本书引言的结构图

本书的引言中留下了两个悬念，一是关于芈月的演讲，二是关于引言的结构。相信读者看到这里，已经很容易找出引言的结构并画出引言的结构图了。

引言的主题是了解《芈月传》的剧情，用本书第八章中介绍的句子结构，可以用一句话来概括引言：在介绍了芈月所处历史背景的基础上，从芈月是政治陪嫁品、秦国公关技能最强和千古主政太后第一人三个方面，说明了《芈月传》的主要剧情。引言的结构图，如图9-2所示。

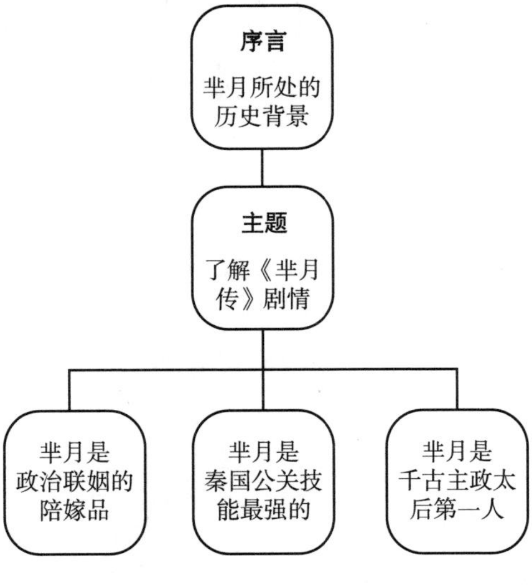

图9-2　本书引言的结构图

本章小结

第九章主要介绍了结构性思维与读：

第一节主要讲了阅读的意义，说明了阅读对丰富知识、提升能力、促进学习等方面的作用。

第二节重点介绍了在阅读中自下而上的从主要内容和写作目的两方面概括中心思想的方法。

第三节说明了画结构图可以帮助读者更好地理解和记忆文章或书籍内容以及中间的逻辑关系，并通过一般书籍和小说的例子描述了如何边阅读边画结构图。

这一章的目的是希望大家能多阅读，通过阅读进行学习；也能在阅读的过程中训练自下而上概括和总结的能力，并且能够利用画结构图的方法来帮助理解和记忆。

本章可以说是全书中内容最少的一个章节，这并不是说结构性思维与读的关联性不大，其实恰恰相反，关联性很大，篇幅短只是因为与阅读有关的很多内容都在之前的章节中都已经阐述过了。例如，本书的第七章是结构性思维与听，实际上听和读都是接收信息的方法，所以与听有关的内容放在这一章也同样适用。

第十章
结构性思维与写

第一节　常见文体的横向结构

一般情况下，写作的纵向结构包括“总—分—总”“总—分”或“分—总”等形式。在“总—分—总”这种纵向结构中，文章一开始就提出主题，确立全文论述的中心，接着对主题进行详细阐述，最后再一次回归主题，前后照应。

与纵向结构相比，文章的横向结构更为复杂。横向结构一般被称作“层次”，又叫“意义段”“逻辑段”“结构段”“大段”或“部分”，表现了文章内容的编排次序。它是作者在文章中进行思路展开的步骤，是事物发展的阶段性、客观矛盾的各个侧面、人们认识和表达文体的思考进程在文章中的反映。它常由若干自然段组成。一般来说，结构在文章中是隐蔽的，读者从外在形式上看不到任何标志，但可以通过对文章内容的准确理解发现它。但也有一些文章，对层次的处理设有一些醒目的外在标志，如每个层次或以空行为标志，或以小标题为标志，或以序码为标志。①

文章体裁不一，它所反映生活的角度、容量、表现形式等特点，是不尽

① 叶晗．大学写作［M］，杭州：浙江大学出版社，2014.

相同的，所以横向结构也会不同。例如，诗歌的特长在于抒情（用来说理较困难），其横向结构表现为分行分节，音乐性和节奏感都非常强烈；而戏剧的特长在于以对话展开情节、塑造人物，其横向结构表现为分幕分场，必须有贯穿全剧始末的戏剧冲突；电影是立体的表演艺术，其特长在于真实地再现生活，有着直接诉诸人们视觉的生动形象，其横向结构特点是以技术手段连接画面，剪辑巧妙，跳动自如，不受时空制约。就一般文章而论，文体不同，其横向结构也会有所区别。下面分别介绍记叙文、议论文、说明文安排横向结构的方法。

一、记叙文

（一）以时间推移为序

以时间推移为序即按照时间的先后顺序和事件的发生、发展的顺序安排结构，这样会显得脉络清楚、条理分明、内容连贯。例如，叶圣陶先生的《多收了三五斗》按照事件发生、发展的顺序组织材料，写得井井有条；奥斯特洛夫斯基的散文《我的一天》，则按清晨、上午、晚上、深夜这样的时间顺序来写。

（二）以空间变换为序

以空间变换为序即按照事物空间方位的转换变化来安排横向结构，也可以根据观察者立足点的转移，依次把所见所闻写出来，也就是所谓“移步换形法”。随着空间位置转移变换，便出现一个又一个层次，行踪清晰，条理井然。[①]李健吾的《雨中登泰山》、叶圣陶的《记金华的两个岩洞》，就是随着作者足迹的移动转换所叙述的景物，写得层次分明、有条不紊。

---

① 袁一锋 . 实用写作基础［M］. 上海：上海人民出版社，2004.

（三）以时空交错为序

按照时间的推移和空间位置的转换相结合的方式安排横向结构，通常用于头绪纷繁、场面较大的复杂事件。这种方式把时间的推移和空间的转换自然地进行交织，既照顾到时间的先后，又照顾到地点的变化，有经有纬，经纬交错，杂而不乱。例如，刘白羽的散文《长江三日》，就是随着时间的推移和轮船的行驶，按次序写出了三天从重庆到武汉的航行中看到的长江沿途的壮丽风光，时空结合的结构方式，使作者笔下的景物更具立体感和真实感。

（四）以材料性质为序

把表现主题的材料，根据它们的不同性质进行归类，每一类就是一个横向模块，然后一类一类地写下去。例如，李庄的《任弼时同志二三事》，写了任弼时生前许多事迹，这些事迹通过作者的精心分类，组成了完整的篇章。

（五）以心理意识流动为序

以心理意识流动为序即按照人物心理意识的流动来展开叙事的结构方式。例如，美国作家福克纳的《喧哗与骚动》、英国作家乔伊斯的《尤里西斯》、法国作家普鲁斯特的《追忆似水年华》、王蒙的《蝴蝶》等都是意识流小说的杰作。《蝴蝶》就是通过张思远（张副部长）在乘吉普车返“乡”路上种种回忆的意识流动来展开小说的。以心理意识流动为序的结构方式，可以深刻地透视人物的心理历程。

二、议论文

议论文，或阐发事理，或发表看法，都要以充足的理由让读者信服。议论文的正文部分一般先提出观点，再用典型的事实和理论论据，通过严密的逻辑推理来论证观点，最后上升到理性的高度，得出一个结论。议论文通常特别符合结论先行的要求。

由于议论文体的重心在于论证，为了使论点得到充分证明，在写作的过程中，往往会安排一些结构。常见的有以下三种：

（一）并列式

并列式即各个论点之间的关系是并列的，基本上没有先后、主次之分。例如，老舍的《怎样学习语言》，一共有两部分，第一部分阐述了开始学习用白话写文章时出的两个错误，第二部分阐述了如何发现这两个错误并慢慢去矫正它们。这两层意思是并列的。第一部分在总说以后分别说明两个错误，第二部分分三点来说明，用的也是并列式结构。

（二）递进式

递进式是指论点之间有先后主次之分，而且这种划分也是按照步步深入即递进的关系来安排的。由于各论点之间有先后主次之分，必须严格按逻辑关系排列顺序，不能任意颠倒各个层次的前后顺序，否则就会使论述混乱。例如，《墨子·非攻》就是从“窃其桃李”—“攘人犬豕鸡豚”—“取人马牛”—“杀一人”—“杀百人”—“攻国”，由小到大，逐层发展和深入。

（三）结合式

这是并列式和递进式的结合。结合方式又分为两种，一种是大部分分论点之间呈递进（或并列）关系，其中少部分呈并列（或递进）关系；另一种是由于论述的问题较为复杂，分论点之下需要设小分论点，大分论点之间呈递进（或并列）关系，小分论点之间呈并列（或递进）关系。例如，写一篇议论国外某地区人民生活得到改善的文章，大论点就可以说当地人民的收入和消费两方面都有了提升，小论点可以按照递进顺序，从某个个体的变化写到当地群体的变化，这样一来，全文的布局就形成了结合式。

三、说明文

说明文体重在解说事物或事理，只有结构清晰，才能使人们准确地了解被说明的事物；否则，颠三倒四，就难以达到说明的目的。说明文体的横向结构一般采用以下几种方式：

（一）按事物发生的先后顺序

事物的产生、发展和变化，都会有一个前后紧密联系、条理连贯的自然时序。例如，历史沿革、生产工艺流程、事物发展变化等，一般都要按其自然时序来安排结构；产品说明书则会以使用的程序来安排横向结构。

（二）以空间位置的变换为序

有些说明对象是由许多部分组成的。它们分处在不同的空间位置上，要说明这些事物，就必须先取一个观察点，然后条理分明地展现它们的空间格局，或由里到外，或由上到下，或由左到右，或由前到后，或由整体到部分等。例如，叶圣陶的《苏州园林》开头先概括苏州园林共同的特点，然后从其不讲究对称布局、假山和池沼的设置、树木的栽种和修剪、花墙和廊子的层次、小角落的图画美、门窗的图案美，以及漆色的和谐等几个方面进行具体说明。文章的层次随作者的视野而转移，使读者有身临其境之感。

又如明代魏学洢的《核舟记》，首先介绍核舟的中间部分的船舱，其次介绍船头三个人的形貌、神态、动作，然后介绍船尾的布局及两位舟子的神态动作，最后还介绍了船顶的题刻。主次分明，顺序清楚，使读者对核舟有了一个完整的印象。

（三）以事物的逻辑顺序为序

这种顺序主要用来说明事理，如事物属性、功能、特征的不同方面。例如，科普说明文《死海不死》一文主要是向人们揭示死海里为什么生物难以存活，为什么人到死海里即使不会游泳也淹不死。这样一追问，就问到了事物的根本，把根本解释明白了，事理也就清楚了。

文章的横向结构不但涉及形式的问题，而且涉及内容的问题，因为搭建横向结构的方法就是按照结构性思维的分类清楚和排序逻辑两大原则总结出来的。为方便大家记忆，这里也可以画出这三种文体安排横向结构的结构图，即如图10–1所示。

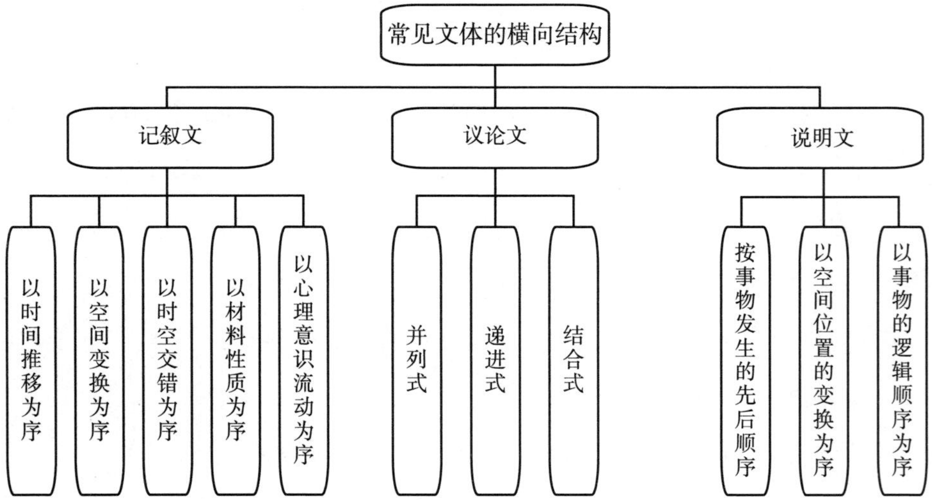

图10–1　常见文体的横向结构

第二节　结构性思维在PPT制作中的体现

关于PPT的制作，已有很多书籍既专业又很生动形象地介绍了如何让PPT

写得美观而实用，这里主要从结构性思维的角度介绍与PPT有关的内容。

一、PPT整体符合标准结构

其实做PPT和写文章类似，只是把文章的内容以另一种形式呈现出来。既然文章可以按结构性思维的标准结构——金字塔排序，那么PPT的内容部分同样可以按照标准结构来排序。

一般，PPT的页面中大致包含了五种类型：主题页、目录页、标题页、内容页和结束页。利用标准结构，可以对这五部分进行排序（如图10-2所示）。

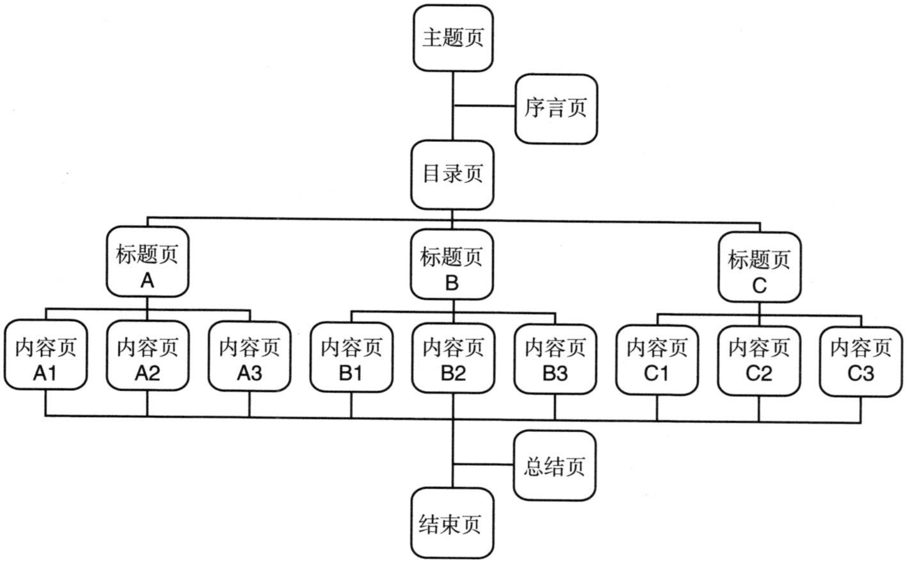

图10-2　一般PPT的整体结构图

主题页，一般也是欢迎页，或者是封面页，通常以标题和主题句来呈现。以结构性思维课程PPT为例，如图10-3所示的主题就包含了课程的标题，同时以本次课程最后达到的效果作为主题句。主题页让人一目了然——PPT的主要内容是结构性思维，能让思考更清晰，表达更准确。

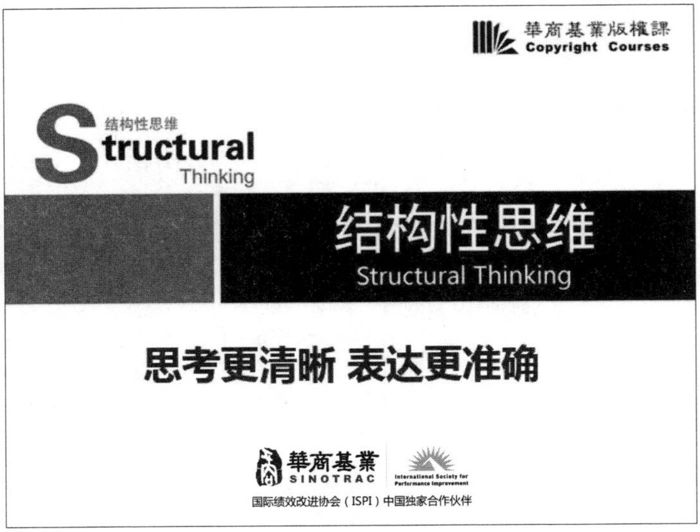

图10–3 主题页示例

目录页的内容比较简单，就是后面所有标题页的组合，即把标题页的标题按照先后顺序组成目录。目录页主要是为了引出后面的内容，让大家在看到具体内容之前，对整篇PPT的内容有一个大致的了解，建立全面的、系统性的认识。以结构性思维课程PPT为例，通过如图10–4所示的目录页，可以看

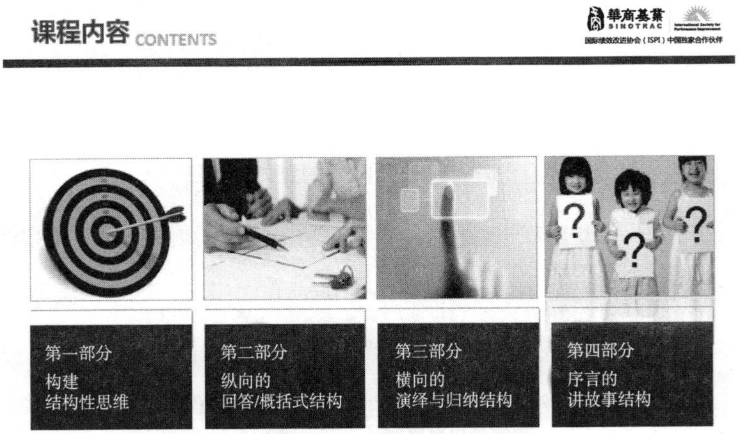

图10–4 目录页示例

出，这个课程包含四大部分，分别是：构建结构性思维、纵向的回答/概括式结构、横向的演绎与归纳结构、序言的讲故事结构。

标题页，也可以看作过渡页，介绍了后面内容的标题，以概括并引出相关的具体内容。以结构性思维课程PPT为例，通过第二部分内容的标题页（如图10-5所示），可知下面将要讲述的是第二部分纵向的回答/概括式结构，同时还可以知道这一部分会具体讲述两方面的内容：自上而下的疑问/回答式和自下而上的概括总结式。

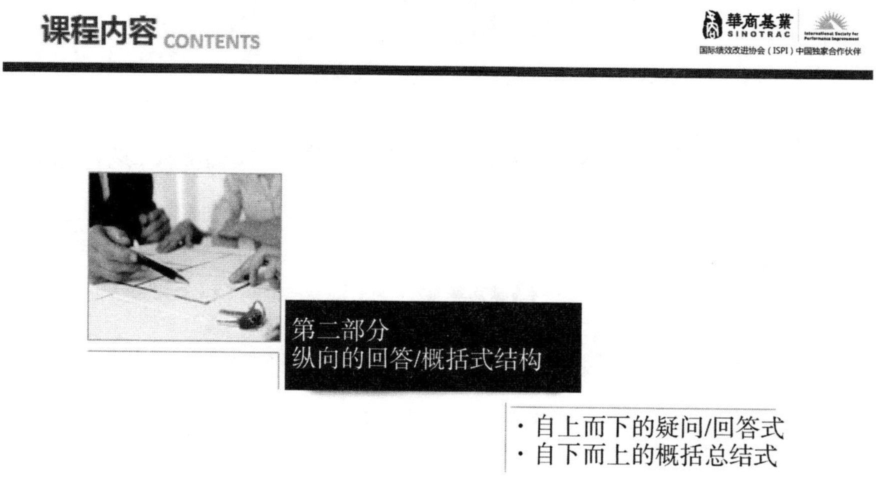

图10-5　标题页示例

内容页，即在PPT主题和对应标题下的具体内容。它是整篇PPT中最关键的部分，后面会具体阐述。

结束页是和主题页（欢迎页）相应而生的，有开头就应该有结尾，通常结束页是对阅读或观摩这篇PPT的人表示感谢。以结构性思维课程PPT为例，结束页（如图10-6所示）就以“THANKS（谢谢）”结尾，对所有学员表示感谢。与此同时，也写了“思考更清晰、表达更准确”，与主题页遥相呼应，再次说明课程所要达到的目标。

图10-6　结束页示例

除了以上所述的五类页面，为了结合结构性思维的标准结构，这里还增加了两类页面，它们分别是序言页和总结页。

序言页的作用和文章序言一样，可以是向受众说明制作整篇PPT的意图；也可以是概述受众已知的信息，并将这些信息和未来表达的主要内容建立联系；抑或是通过一些内容引发受众对整篇PPT的兴趣。以结构性思维课程PPT为例，序言页如图10-7所示。在全部课程开始前，通过序言页与学员进行互动，旨在说明运用结构性思维更容易记住相关内容。这一序言页既和学员进行了互动，又紧扣结构性思维的主题将序言信息与未来要表达的主要内容相联系，引起了学员对课程的重视，并激发了兴趣。

实际上，序言页不仅可以放在主题页和目录页的中间，还可以放在目录页之后，标题页之前，这需要根据PPT演示的实际情况进行调整。同文章的序言一样，序言页的内容也不宜过长过多，以免反客为主。

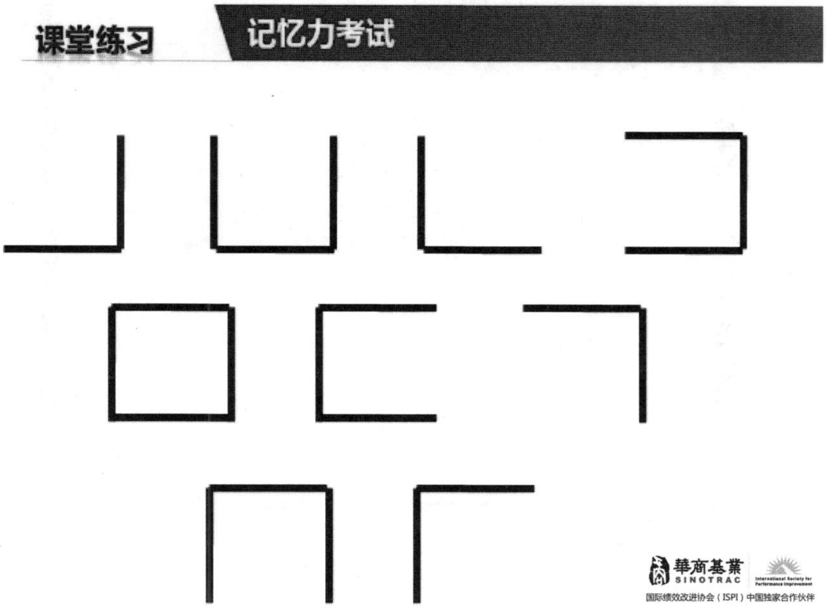

图10–7　序言页示例

总结页，不仅可以在整篇PPT的内容页之后，结束页之前出现，总结全篇PPT的内容，也可以在每一个标题下的内容结束之前出现，总结该标题下的内容。总结页的目的是让受众对先前的内容进行回忆，这样一方面可以加深记忆，另一方面也可以对先前内容，以及彼此之前的关系有更加系统的认识。图10–8所示的是某公司课程中的一页总结页，尽管没有前面的内容页，也可以知道之前提到了三个分析问题的工具，分别是头脑风暴、Why–Why法则和鱼骨图。

总结

分析问题工具小结

头脑风暴

数量重于质量	鼓励更多的想法出现，哪怕存在缺欠
鼓励不受约束的意见	所有意见都是可以接受的
力求创造性	激发尽可能数多量大的意见
搭便车	在意见上构建，增加和合并意见
列出所有意见	记录员不得进行任何编辑和解释
酝酿	花些时间思考列出的意见，经常激励新想法

鱼骨图

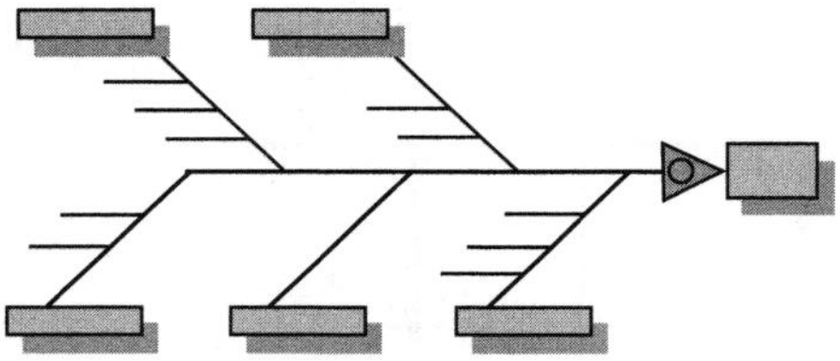

Why-Why法则

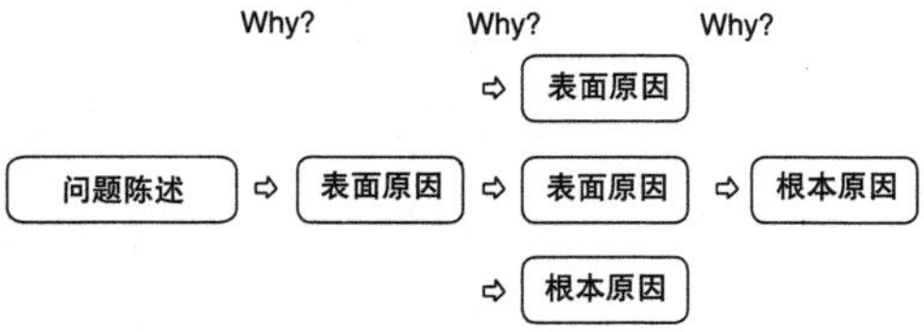

图10-8 总结页示例

这里介绍了整篇PPT的大致结构，读者以后再做PPT的时候就可以依照此结构进行整体排序和制作了。其实不仅仅是整体结构可以这么排序，每一个标题下面都可以按照这样的顺序进行排列，即标题页—序言页—内容页—总结页。

二、具体内容页的结构

相比整篇PPT的结构，读者可能对具体内容的结构更感兴趣。如果把一页PPT看作一页纸，它一定包含页眉、页脚和主页面三个部分。那么，这三个部分分别写什么，又该怎么写？下面为大家一一阐述。

（一）页眉要写结论句

在本书第一章中讲述麦肯锡公司的时候提到，它们的产品就是咨询报告，而咨询报告通常以PPT的形式提交。因此，麦肯锡公司的PPT一定做得很好。在为客户提交或演示PPT的时候，麦肯锡的咨询顾问通常会非常自信地表示："如果你有时间，你把整个PPT从头到尾都看一遍；如果你没有时间，我能保证你只看每张PPT的第一句话，就能把这个报告看完，也能把这个报告看懂。"这就意味着其PPT页眉的第一句话并不是这一页的小标题，而是这一页内容的结论，是一个句子。这个句子包含了制作者要表达的主要信息和观点，不用读者去猜。这既是结论先行的具体表现，又是麦肯锡公司对于PPT制作的明确要求。

如图10–9和图10–10所示的两页PPT都是从麦肯锡公司的咨询报告中节选出来的，从图中我们可以明显看出这两页的页眉位置写的是结论句，这样即使不看PPT中的具体内容，仍然可以从这个结论句得知这一页具体说的是什么。

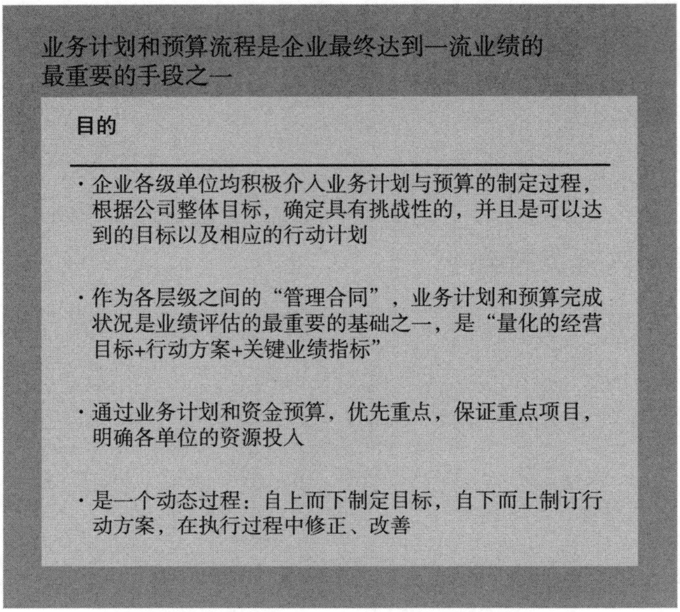

图10-9　麦肯锡公司的PPT样稿1

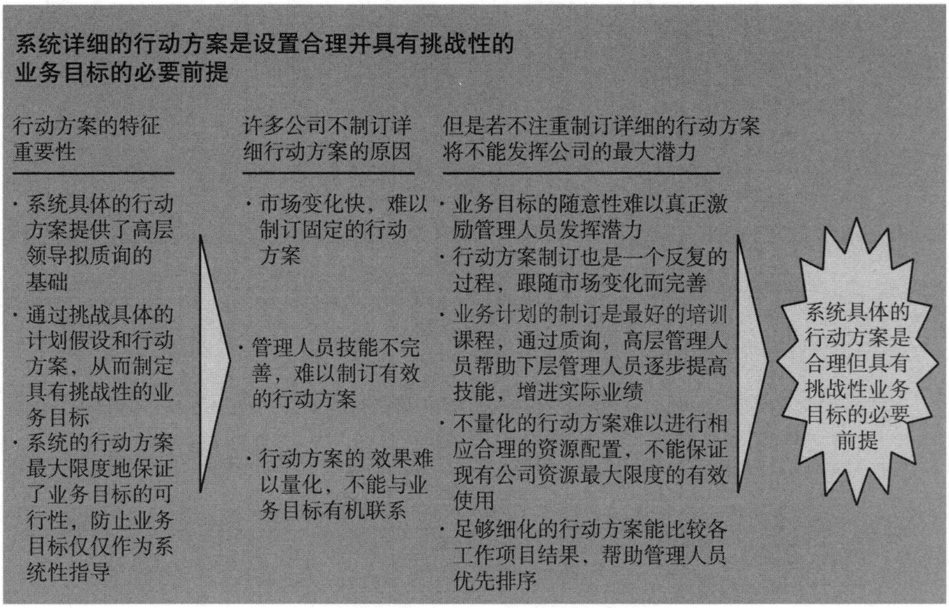

图10-10　麦肯锡公司PPT样稿2

PPT的页眉就如同一本书的封面一样，是相当重要的位置，所以在制作PPT的时候不要再在此处只写几个字，如“一、业务目标的前提”，而应像图10-10这样把前提是什么用一句总结性的话描述一下。至于概括和总结的方法，在第三章和第九章的相关内容中都已经介绍过了，这里不再赘述。

（二）运用FAB结构撰写具体内容

华为公司也非常擅长制作PPT，在具体内容页使用了FAB结构来对产品进行介绍。（因为针对主题的不同，具体内容页很难给出一个通用的结构，这里仅以产品介绍的PPT为例。）

FAB对应的是Feature（属性）、Advantage（作用）和Benefit（益处）这三个英文单词。

属性（Feature）即事物所包含的客观现实，也可以说是特征，如事物的形状、颜色、气味、材料、大小、产地等都是事物的属性。

作用（Advantage）是某个属性对人或事物产生的影响，或其功能、效果，也可以简单理解为特点。

益处（Benefit）指的是有益的地方或好处，也就是优势。

例如，对于一套真皮沙发，在介绍它的时候如果按照FAB的顺序，就需要先介绍它是真皮的，真皮就是它的属性。真皮的作用就是更加柔软。益处就是让人坐着感觉更舒服。

很多人常常会混淆作用和益处。实际上，作用是物品本身所固有的，无论谁拿到这个物品，它的作用都是一样的；但是益处却是特定的，对于同一件物品，不同的人所获得的益处可能不一样。在介绍产品的时候，益处往往更能打动对方，因此需要有针对性地说明益处。例如，在介绍一张又便宜又漂亮的木头桌子时，其属性是木头的，其作用是用来吃饭，而益处则需要根据不同的场合予以不同的阐述。在向普通餐馆介绍时，就要强调，它很便宜，能帮助餐馆节省成本支出；而介绍给女性客户家用，则应该强调它的漂亮，如其放在家里就是一个装饰、一道风景。

华为公司正是通过这样的结构来介绍其产品，并且把给客户带来的利益做了重点说明。图10–11是华为公司一张横版的PPT，页眉部分像麦肯锡公司一样，使用的是结论句；主页面部分介绍了产品的属性和作用的相关内容；页脚部分用一句话介绍了益处。因为在PPT的整个页面中，页脚也是很重要的位置。“总一分一总”的结构已经深入人心，如果页脚部分出现文字内容，往往会被认为这部分内容是总结性的，人们就会不由自主地去看一下。所以这里一定要放很重要的内容，而对于FAB结构来说，B——益处当然是最重要的。

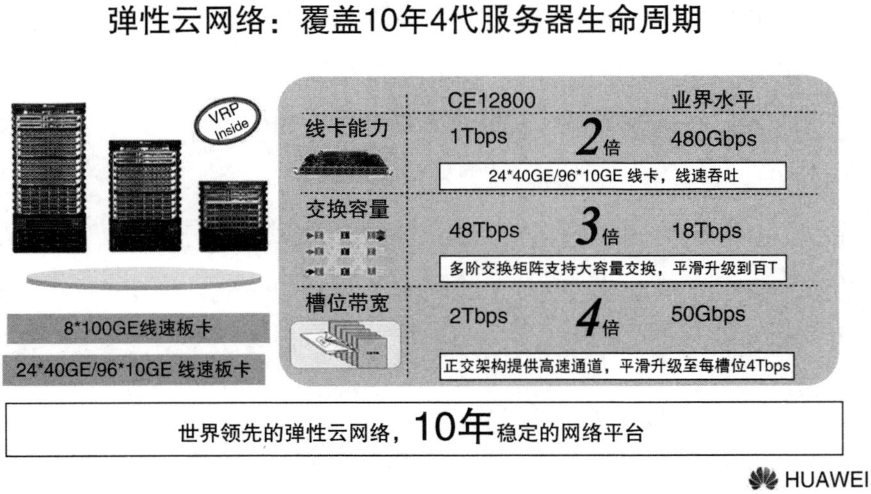

图10–11　华为PPT样稿

（三）多用逻辑和结构明显的图示

当然，PPT毕竟不同于文章，它常常配合着演示和讲解一起呈现给受众，如果整页整页的都是文字，又何必再演示呢？很多场合使用PPT，也往往因为它图文并茂，比一般书面材料更加生动美观、简单清晰。

本书的第六章中曾提到，视觉记忆往往比其他几种记忆更容易被记住，所以要让PPT更容易被记忆和理解，就应该多用一些形象的图示来代替枯燥的文字。

为了准确地表达图示中信息之间的相互关系，还应当注意使用的图示所表现的逻辑或结构是否正确。例如，图10–12表现的是内容之间的前后关系；图10–13表现的则是循环关系。如果信息之间没有循环关系，就不应该使用表现循环关系的图示；如果有循环关系，却只用了表达前后关系的图，那么表现的逻辑也不对。

图10–12　前后关系图

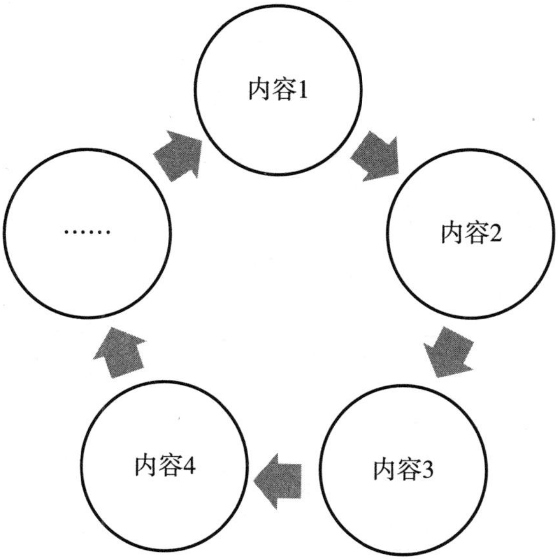

图10–13　循环关系图

第三节 结构性思维在投标文件制作中的应用

除了写文章、做PPT，制作投标文件恐怕是工作中“写”的一种较为常见的形式了。本节将为大家阐述结构性思维在投标文件制作中的具体应用，以下为详细内容。

一、投标文件符合结构性思维的四大原则

何谓投标？投标是与招标相对应的概念，它是指投标人应招标人特定或不特定的邀请，按照招标文件规定的要求，在规定的时间和地点主动向招标人递交投标文件并以中标为目的的行为。

当前招投标工作中，由于投标文件的制作问题而导致最终未中标的情况主要存在以下两种：

一是找不到页码，评审时发现投标文件未按招标文件要求的顺序一一对应制作；

二是找到内容但不知道如何打分，投标文件列出的各项指标或参数没有分类汇总或排列有序。

对于这两个问题，运用结构性思维即可以有效解决，从而大大减少投标文件在制作过程中出现问题的可能，增加中标的概率。

（一）投标文件中的评标索引表符合“结论先行”

同一件事，对于不同时期、不同角色的人，所要达成的目标都不一样，也就是结论会不一样。对于评标专家来说，在评标的一开始，找到评分点在哪里是他们的目标，因此就需要有一个结论告诉他们评分点在哪里，这就涉及评标索引表。

投标文件里最重要的部分就是评标索引表，表格应放在标书正文及目录

前面，即投标文件的最开始。评标索引表和标书目录不是一回事，不可以相互替代。标书目录是整个商务或者技术标书的章节页码的指引，而评标索引表则是针对评分标准整理出的内容及相应页码，这个索引可以帮助评委迅速找到相关评分点，提高评审效率。

评标索引表是投标文件中的重中之重，符合结构性思维中的“结论先行”原则，可以解决评标专家“找不到页码”的问题。

（二）投标文件中的内容、格式编排符合“上下对应”

投标文件制作过程中必须严格符合招标文件的要求，招标文件中有关于招标项目的价格、招标项目的商务、技术规范方面的要求和条件、合同的主要条款等内容。因为有了招标文件的这些要求，投标文件的内容格式也就需要按照招标文件要求来一一对应编制。招标项目价格中应当是关于价格的内容，招标项目商务的标题下就应该是关于商务的内容，严格做到上下对应，才不会遗漏某一个要求甚至出现错误。

投标文件需要在招标文件要求的方面做出回答，行话称之为“响应”，响应的方式是投标人按照招标文件进行填报，不得遗漏或回避招标文件中提出的问题。这里也突出体现了结构性思维中自上而下的询问和回答。

（三）投标文件中的价格、技术和商务分类符合“分类清楚”

投标文件一般包括价格、技术和商务部分三大块。价格部分主要指投标报价，技术部分主要包括施工组织设计方面的内容，商务部分就是公司的资质、执照、获奖证书、业绩等方面的东西。

首先，这三大块的分类几乎包含了一个标的相关的所有内容，同时相互之间没有重复，符合MECE分析法的相互独立，完全穷尽的原则。

其次，技术和商务部分中的小项也要分类清楚。技术部分包括图纸设计说明、技术方案、工期计划、人员、仪表、车辆等资源配置，有时可能涉及五大员（施工员、质检员、安全员、材料员、预算员）资格证以及相关的人员资格证书。商务部分则包括企业资质、营业执照、相关获奖证书、证明公司业绩的相关文件等。根据招标文件要求的不同，有的还需要安全生产许可证、企业简介等。由此可以看出，这些内容之间也是不重叠的，在所在大项之下几乎是没有遗漏的。

最后，再往下一层级，商务部分的业绩以及技术部分的人员、仪表、车辆等各类资源配置，都需要进行合理的分类并汇总。业绩及资源的配置如何安排也需要满足“分类清楚”的原则，做到相互独立、完全穷尽。

一旦投标文件能够做到这样分类清楚，就解决了评标时因为没有分类，评委不知道如何打分的问题。

（四）投标文件中的技术、价格部分符合“排序逻辑”

技术部分是指施工组织设计等为完成招标文件规定的工程所采取的各种技术措施，投标人应当认真按照规定填写标书文件中的技术部分，包括技术方案、技术资料、质量、进度、安全控制措施等，这些内容的排序必须符合施工组织设计的逻辑。

企业能否入围，30%~40%取决于价格部分，其中需要依次考虑的问题有：利润的高低、工程量的差异、项目风险的控制、项目中材料成本。根据项目不同，这些问题对于项目报价的影响也不同，项目的决策层应当针对不同项目的实际情况，依次考虑以上问题，综合得出合理的投标报价。

二、制作投标文件的过程也是有结构的

投标文件的制作过程一般分为三个阶段，可以用三个字简明地概括出来，那就是总（起）、分（头）、总（结）。

（一）总起，通读招标文件进行任务分解

这个阶段可以分为三个步骤进行，分别是阅读招标文件、工作任务分解、疑问澄清及核实。

在阅读招标文件阶段，需要对招标文件中各个重要信息进行识别，确定招标文件重点考察的内容是什么。在充分掌握考察重点，且已具备条件的前提下，就可以将已有资源与招标文件的要求一一对应；并根据对应关系进行详细的任务分解，任务分解在内容上应逐项对应招标文件目录。实际上，这就是在做上下对应的工作。

在工作任务分解这一步，需要特别注意MECE，也就是分类清楚。在这个过程中，可以将各项任务根据类别进行划分，如商务文件制作、技术文件制作、报价分册制作等，这样做的目的是在分类清楚的前提下让各环节负责人有更明确的方向，做到术业有专攻，避免将来源不同的信息汇总到一起时出现重复，这就提高了标书制作的效率。

第三步就是疑问澄清及核实了。任务分解后要保证每个领到任务的人都能清楚地知道自己要干什么，重点是什么等。如果有疑问，就要澄清并核实。这个阶段最基本的要求就是要明确地提出疑问，具体而言，就是要求相关负责人能用尽量简短的语言描述当前的疑惑，并让被提问者能在最短的时间内听懂这个陈述，并给予准确的回应。在这个过程中，如果采取换位思考的方式可能更容易理解。

（二）分头去完成自己的工作

在第一阶段任务分解的基础上，接下来的工作就像是流水线上的N个模块，大家需要分头寻找这N个模块并将其凑齐。

这一阶段又可以分为两大类。一类是基础条件的汇总与整理，如公司基

本信息、施工能力与资源配备等。在完成这项工作时，要将目录与内容进行严格的上下对应，杜绝答非所问的现象。另一类就是施工组织设计的撰写。该项作为占据投标文件篇幅相对较大的内容，是投标方对已有资源及施工力量的呈现。这就不得不再次提到结构性思维的四大原则了，首先在结构上要能直观地突出结论先行，让评标专家在大篇幅的文字中一眼就能识别出满足要求的条件；其次要上下对应，所有分列条件之下均是可以满足要求的有力证明；最后，在这个过程还应做到具体内容的分类清楚、排序逻辑。这样的一套方案在结构上就是一个完美的呈现，在印象分上会有很大优势。

（三）总结，汇总各个任务的可交付成果

本阶段主要是对第二阶段中所寻找到的各模块进行汇总，其中包括内容插入、格式调整与统一、打印胶装、电子版制作和封装。这个环节看似没有任何规律可循，实则有条主线贯穿始终，那就是结构性思维中的上下对应。索引表中的所有招标方要求，均应在投标文件正文内容中得到详尽明确的证明，正文与目录内容保持一致，正文各分项内容又是各分项标题的强有力证明。

这里再展示一下我们在投标文件制作过程中的具体步骤，以供大家在实际应用中参考。

（1）通读招标文件，工作任务分解

· 阅读招标文件

· 工作任务分解

· 提交澄清文件

· 召开投标会议

· 核实澄清回复

（2）制作商务分册

· 申领资质

· 编制授权书
· 准备财务资料
· 制作商务投标文件框架
· 更新投标人基本情况表
· 列出类似工程业绩
· 投入本项目资源情况

（3）制作技术分册

· 制作技术投标文件框架
· 投入本项目人力资源情况
· 投入本项目车辆资源情况
· 投入本项目机具仪表资源情况
· 编制施工组织设计
· 编写对本项目的建议、意见
· 公司信誉

（4）制作报价分册

· 投标一览表
· 报价清单
· 投标保证金

（5）汇总出版标书

· 打印前检查标书
· 打印标书正本
· 复印标书副本
· 出版其他标段标书
· 胶装标书

（6）制作投标文件电子档

· 制作商务分册电子档

· 制作技术分册电子档

· 制作报价分册电子档

（7）封装标书

· 打印密封条

· 封装前检查

· 封装标书

· 授权人签字

· 密封盖章

结构性思维在投标文件制作工作中发挥了重大的作用，这不仅仅体现在投标文件的内容编制上，而且体现在组织管理投标文件制作的过程中。结构性思维的原则提升了组织思考能力，使投标文件编制人员学会思考、善于思考，进而获得思考所带来的成就感，最终形成严谨的结构性思维习惯；运用结构性思维也使得标书表达的观点更明确，结构更严密，思路更清晰，说服力更强。

第十一章
结构性思维的其他应用

为了让读者加深对结构性思维的了解，本章选取了3位学员撰写的案例，这些案例都涉及结构性思维的其他应用，丰富了其应用实践。

第一节　问题解决过程中的结构性思维

“你能解决多少问题，就能拿到多少薪水”是社会上比较流行的一句话。在工作中，会有各种各样的问题需要解决，有时可以从容解决，有时却一筹莫展或只解决了问题的一部分。为什么不能全面解决问题？有没有系统的方法可以更好地解决问题呢？答案是肯定的，结构性思维就是这样一个系统的好方法。

在运用结构性思维解决问题之前，需要先了解一下什么是“问题解决”。所谓“问题解决”就是在问题空间中进行搜索，以便使问题的初始状态达到目标状态的思维过程。尽管“问题解决”途径很多，有各种各样的模型。但究其核心，无非发现问题、解析要因、选择方案、执行方案这四个阶段。

发现问题涉及企业使命和战略等方面，这里暂且不进行详细的探讨。先假设问题是正确的，那么最重要的阶段就是解析要因，用“解析”而不用“分析”这个词，是因为常常需要分解问题、层别问题，才能更好地找到要因。要因解析常常与方案的选择紧密相关。当原因很明显时，方案往往也会很明显，在这个阶段通常会形成解决问题的初步思路。而在这个过程中，应用结构性思维可以起到事半功倍的作用。一般而言，图形更利于整理思维，就像在寻找去体育场最快捷的路线时，有一张城市地图放在面前是最方便的，而结构图就是这样的图形。下面就通过一个案例来说明一下结构性思维在问题解决之中的实际应用。

某家上市制药企业，销售某处方药，2014年要求其销量增加61%。然而由于此前连续3年增长60%~90%，而管理水平并没有随着业绩同步增长，业务增长已经开始出现瓶颈。

为了实现这个目标，首先要确定讨论的主题和方向，这就是结论先行。结论先行体现的是以终为始的思维。在汇报结果时，“结论”代表最终的结论；在讨论问题时，“结论”代表开始的主题。主题应是可以用一句话能够说清楚的，这样才会便于大家理解。

在讨论如何实现目标时，通常的做法是先看制约达成目标的因素都是什么，而解除了这些制约因素就可以达成目标。“销量增长的制约因素”就是要讨论的主题或者说是结构性思维的“结论”。当然，这里的一个假设就是：在现有业务中，不管是用主观赋权法还是客观赋权法制定的目标，其都是可以达成的，同时组织具备相应的成功因素。

在确定了主题之后，就进入解析要因阶段，这里首先运用的就是“分类”技术。因为在寻找制约因素的过程中，通常采用的形式是头脑风暴——集合销售、培训、市场、财务、管理、人力、商务等部门的不同层级的同事，组成一个临时团队，把自己想到的因素都写下来。这时，问题来了，尽管得到的答案很丰富，却非常凌乱。因此，必须运用分类的方法。

在分类的过程中要遵循MECE分析：相互独立，完全穷尽。当然，做到完全穷尽是很困难的，一个非常实用的方法是先划定界限，这取决于对行业和市场的理解。在上述案例中，首先，按照组织内外进行划分，可以把制约因素分成两大类——内部因素和外部因素。其次，把每一领域内的因素继续进行分类，如将外部因素划分为人的因素和非人的因素，而人的因素可分为医生、患者、竞品销售代表等，非人的因素可分为政策、法规、行业指南等。

最重要的是对内部因素进行分类，其实分类也有一些相应的工具，能够简化思维活动，如BEM（行为工程模型），在组织内部把影响因素分为信息、设备、激励、知识、能力、动机六类。把之前讨论的内容分别放入到这六个领域，此时可能就会发现，对于信息、设备两个领域的讨论过少，而这两个领域对于绩效提升而言，非常关键。于是，就应该针对这两个领域继续进行讨论，直至得出较为满意的结果。

在这个过程中，结构性思维发挥着重大作用。第一，在分类的过程中，自然会进行合并同类项的工作，如果原因重合，就会无法厘清真正的原因。与此同时，合并同类项还会减少解析的工作量。第二，把整体进行解构，拆解成具体的可操作的组成部分，针对每个组成部分进行相应的工作，避免了以偏概全的错误，拓宽了解决问题的思路。

分类之后，就要辨别问题与原因是否存在逻辑关系，这就是上下对应。在此过程中，即使达不到“符合论”的标准，至少也要做到“融贯说”的要求，否则，就可以果断删除了。例如，“销量太少”显然不是制约销量提升的原因，否则就会落入循环论证的陷阱，因此这条原因必须删除。通过这一步，可以删去一些无关因素和伪命题，提高工作效率。

进行到这里，如果待解决事项依然很多，就需要进行排序了。先使用“影响—难度”矩阵图，把找到的原因按照影响程度和操作难度逐一放入矩阵中，影响程度大而操作难度小的是最值得考虑的，其次是影响程度大而操作难度大的。

四步完成之后就可以画一个结构图，把讨论出来的结果呈现出来。只有问题解析清楚了，方案才会相对容易选择。这时就可自信地对各分管部门负责人说："如果资源足够，就逐一做出解决方案；如果资源有限，就做第三层级每一模块下的第一条。"这样，在资源不足的情况下就能够抓住问题的主要矛盾，而通常情况下资源都不是足够充足的。就上述举例来说，信息类，建立该处方药具体资源匹配标准；设备类，设计电子系统；激励类，设计基于该处方药增长的绩效考核方案；知识类，建立文档以便随时学习；能力类，设计相关培训课程；动机类，上级主管约谈。

问题解决的最后一步当然就是执行了，此处不再赘述。在执行之前也可以再做一次假设检验，确认其是否符合结构性思维的四大原则。

综上所述，结构性思维可以在问题解决的过程中发挥巨大的作用，如拓宽思路、减少无效的工作量等。同样，作为一种可迁移能力，结构性思维还可以在汇报、述职、沟通等各个领域内使用，这需要进一步进行研究和实践。

第二节　当结构性思维遇上职业生涯规划

许多人会问职业规划师："我现在很迷茫，有没有方法，能让我在梦想和现实之间得到平衡呢？有没有方法能让职业生涯设计成为一种技能呢？"一直以来，职业规划师都没有停止探索，也在实践中积累了越来越多的方法。

在近十年的生涯规划探索咨询实践中，作为结构性思维的应用者及认证讲师，我发现，如果把结构性思维作为一项技能植入职业生涯规划，就有机会在理想和现实的开放式对接中，给迷茫的职场人士提供一种思考方式的技术支持，同时辅助开放式的各项评估咨询方法，通过持续使用结构性思维的方法可以帮助来询者或学员，观察世界、思考问题、实践规划。经过反复的训练强化，这种方法可以使职场人士的生涯发展呈现出思考更清晰、表达更有力、规划更系统、探索更丰富的特点。

这种技能的应用，可以总结为以下几种类型。

一、系统思考型

职场人士在自己的发展中会经常陷入一种以点带面的思考中，在“在北京挤写字楼电梯好还是在丽江晒太阳好”“我是应该选择做销售还是选择做行政呢”等问题之间犹豫，其实用一个结构性模型就可以豁然开朗，5W1H可以从6个方面来展开对一个问题的系统和创新式思考：What，做什么，做成什么，是目标；Where，在哪儿做，是地点；When，什么时候做，是时间；Who，谁来做，是执行对象；Why，为什么要做，是原因；How，怎么做，是方法。

针对这6个方面的问题进行思考，并分类、排列以后（如图11–1所示），就可以得出创造性的答案。

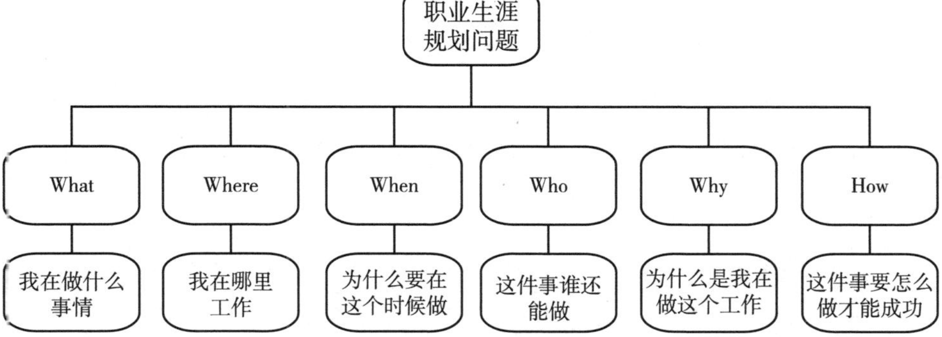

图11–1　5W1H职业生涯规划问题

二、问题探索型

在本质上，人们所产生的大多数问题可以概括为三个："我是谁？""从哪里来？""到哪里去？"如今在我国，人口流动性日益加大，人们从这个城市迁移到那个城市，有人要"逃离北上广"，有人却要去大城市寻梦。当准备出发的时候，如果能够结合图11–2，运用结构性思维来进行自己的选择，应该是一个明智的决定。

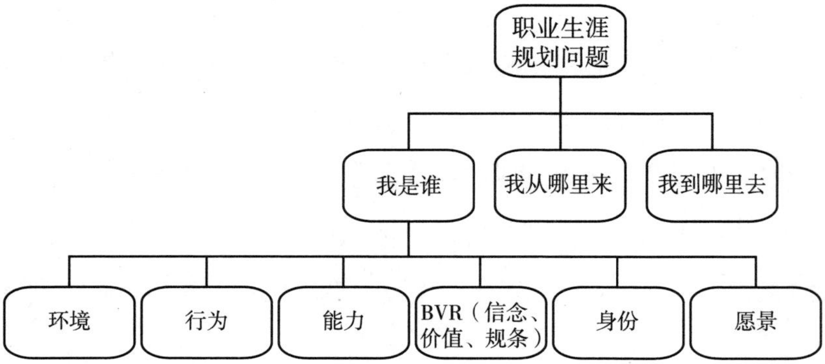

图11–2 关于"我是谁"的职业生涯规划问题

三、阶段递进型

人一生中的各个阶段，有不同的特点，职业发展也应有相应的目标和任务。中国的先贤早在《齐民要术》中就说明了"顺天时，量地利，则用力少而成功多，任情返道，劳而无获"的道理。要想在恰当的时候做恰当的事情，就应对生涯发展阶段有正确的认知和理解。

人的一般性职业发展可以分为这样的几个阶段，如图11–3所示。这个结构图，有助于明确职业发展的阶梯性任务，以及进行职场定位。

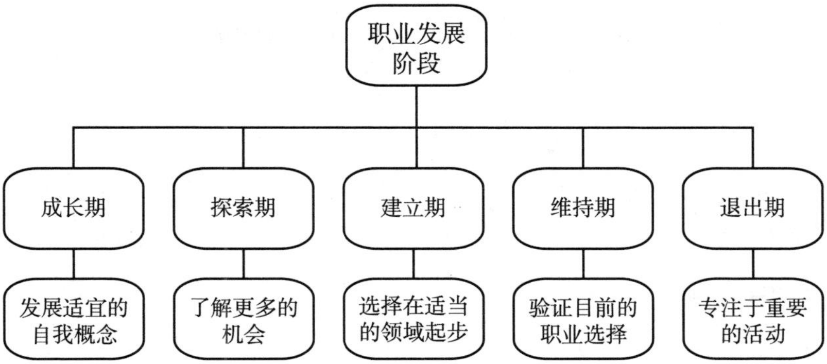

图11-3　职业发展阶段结构图

四、换位思考型

2014年9月3日，百度公司发表了《"90后"洞察报告》，报告中指出，随着时代的进步，"90后"享受着父辈之前的人们从没享受过的自由度，就业观是"认得清现实，择业兴趣为上"；对于职场跳槽，有96.15%的人会在条件允许的情况下另谋他就，在选择就职单位时，个人兴趣明显优先于薪资水平和发展空间。对于企业的HR（人力资源工作人员）而言，如何让新一代员工平衡理想和现实，就成了核心任务。借助于如图11-4所示的结构，可以帮助他们

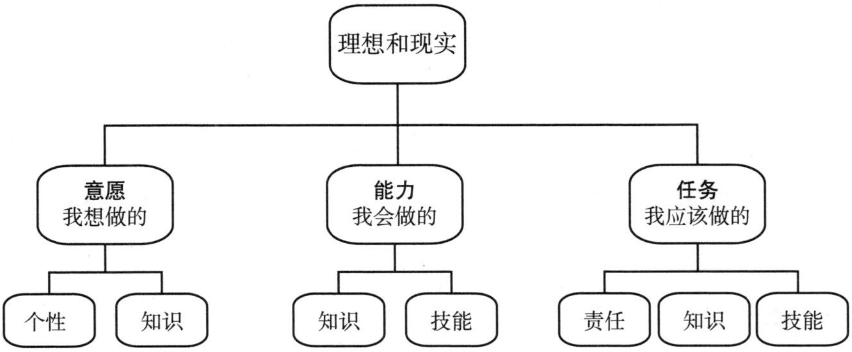

图11-4　"意愿—能力—任务"结构图

进行换位思考，在个人意愿（我想做的事）、能力（我会做的事）、任务（我应该做的事）之间形成重合区，尝试喜欢现实任务，不断实现能力突破，最终找到自己的兴趣点。

成功者往往是那些善于思考、勇于行动的人。在使用以上工具的时候，职业生涯仍难以避免不确定性，所以运用这些结构性思维的前提是职场人士能够保持积极进取的心态。

第三节　结构性思维与销售

随着产品日益趋向同质化，各行各业的销售竞争已经越来越激烈，如何在市场中占据一定的份额？如何比对手获得更多的商机？如何让自己成为客户“唯一”的选择？对这三个问题的解答已经成为销售培训中的关键。

作为销售教练，我的工作就是帮助销售人员去提高销售的绩效，面对纷繁复杂的种种变化，如何拨云见日，一剑封喉？我们需要一种透过现象看本质的思维能力，还需要一种从隐性到显性的结构能力，接下来我将借助于结构性思维去拆解销售流程，重点剖析客户的需求本质，然后再用结构的方式去推动销售进程，以让销售动作更有效。总之，结构更清晰，销售更有力。

一、透过结构看销售

（一）深入理解客户和产品的关系

销售行业按照产品类型划分，可以分为快速消费品、耐用消费品、工业品以及解决方案，这种划分更多是从产品提供商的角度所做的划分，举例如下：

快速消费品：烟酒、粮油、香皂、牛奶、零食等。

耐用消费品：服装、手机、车、家居品、家电、住房等。

工业品：办公用品、工业原料、机械设备等。

解决方案：通信、物流、能源、金融、ERP（企业资源计划）、咨询等。

如果从客户视角来看，销售行业又可分为个人简单、个人复杂、企业简单、企业复杂四种类型，举例如下：

个人简单：决策快，决策影响者单一，周期短流程快。

个人复杂：决策慢，决策影响者少，周期较长。

企业简单：决策快，决策影响者少，周期短流程快。

企业复杂：决策慢，决策影响者多，周期长流程慢。

不同的产品类型、不同的客户采购方式所对应的策略和方法肯定是不一样的，运用结构性思维横向结构归纳的方法对上述内容做一个“扫描”，可以更加全面地理解产品和客户之间的关系。例如，早教产品属于“个人复杂”的销售行业，对早教品牌进行销售定位，需要关注甲方（销售提供方）和乙方（产品及服务购买方）的复合视角，这里可以用关键词来划分横向结构（如图11-5所示）。

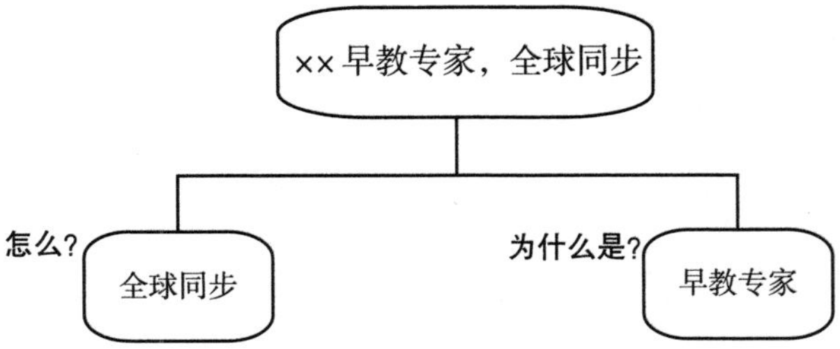

图11-5　通过关键词划分早教品牌结构

为了更好地理解产品和客户的关系，需要对上面的结构进行更详细的剖析，这就用到结构性思维中的提问方法：

基于全球同步的自上而下的问题有：

全球同步是指什么？

如何做到全球同步？

全球同步对客户（家长和孩子）意味着什么？

基于早教专家的自上而下的问题有：

为什么我们是早教专家？

我们与传统早教都有哪些区别？

早教专家能给客户（家长和孩子）带来什么？

通过上面的练习，可以发现高明的顾问其实就是善于去“扫描”现状，并在客户和产品之间建立有效逻辑关系，从而在销售互动中能够更好地把握客户的需求（想法及问题）。

（二）产品类型与客户视角的对应关系决定销售策略的差异

销售策略是指销售人员根据销售过程中对销售局面的分析，以及对整体流程的规划，所采取的有针对性的销售方法。

快速消费品行业因为更多地集中在个人简单的对应关系中，其销售策略强调稳、准、狠三个方面。

稳：为潜在客户提供安全稳定的沟通氛围，关键在于舒服。

准：用话术重点处理客户拥有产品后的感觉问题。

狠：不给竞品留下余地，快速推动成交。

耐用消费品行业因为更多地存在于个人复杂的销售情景，其销售策略强调信、益、佳三个方面。

信：获得意向客户对销售的信任和认可。

益：突出产品对意向客户的收益和好处。

佳：建立长期有效的沟通渠道，成为朋友。

工业品行业一般都是B2B（从企业到企业）的业务模式，并且都处于复杂型的销售业态，其销售策略的确定也是一个相对复杂的过程。

很多销售人员都认为复杂销售的应对策略就是“做关系”，诚然关系对于工业品销售来说很重要，但是有关系并不等于一定成交，其背后的逻辑更像是“博弈”，即厂家和客户之间存在博弈，客户内部之间存在博弈，厂家和厂家之间存在博弈。

解决方案销售主要存在于个人复杂和企业复杂的销售情景中，由于其“复杂性”，所以它的策略更强调“说服性逻辑”。

通过应用结构性思维可知，在复杂销售模式中，核心G就是“买我”，产品类型与客户视角的关系可以通过矩阵的方式予以呈现（如图11-6所示）。

	个人简单	个人复杂	企业简单	企业复杂
快速消费品	☆	△	○	△
耐用消费品	○	☆	○	△
工业品	△	△	△	☆
解决方案	△	○	△	☆

图11-6　产品类型与客户视角关系图

其销售逻辑必须运用演绎的方式呈现，仍以早教为例：

1. 孩子需要充分挖掘创新和运动潜能—早教可以激发潜能—让孩子不输在起跑线上；

2. 寓教于乐才是好的早教—××早教寓教于乐—××早教是好的早教。

二、透过结构看流程

（一）简单销售模式中的流程结构

无论是个人简单销售模式，还是企业简单销售模式，其销售流程都遵循以下程序：

发现问题—找寻产品—比较差异—处理异议—成交。

运用结构性思维将该流程重新梳理一下（如图11–7所示）。

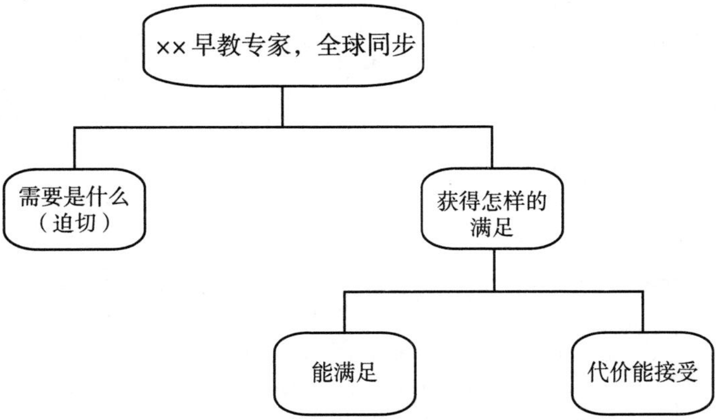

图11–7　销售流程结构图

从这个结构（归纳论证）里，可以清楚地看到，客户的需求越迫切，对产品的信心越强，只要客户所投入的成本在他的期望范围内就越容易成交。这也验证了简单销售中的关键点是需求的紧急程度、对产品的信心、成本与投入的接受度。换言之，如果客户不愿意成交，那么一定与这些关键点中的一个或多个有关联。

（二）复杂销售模式中的流程结构

解决方案销售遵循客户导向的销售流程，与简单销售模式相比，它更关注前后的逻辑顺序。如果销售人员不清楚客户的明确需求，其解决方案的价值主张就很难被客户认可，而且客户的异议（反作用力）就会很大，因此在解决方案销售的流程中，需要关注每个阶段的结果验证，我们会把这种验证称为“里程碑事件”，其程序如图11-8所示。

<table>
<tr><th colspan="7">客户购买流程</th></tr>
<tr><td colspan="2">发展业务策略
确认采取行动</td><td>确定需求</td><td>评估可选方案</td><td>选择方案</td><td>正式签约</td><td>执行与评估成果</td></tr>
<tr><th colspan="7">销售流程步骤</th></tr>
<tr><td>区域</td><td>合格的潜在客户</td><td>合格的支持人</td><td>合格的决策支持人</td><td>决策定案</td><td>等候结案</td><td>成交</td></tr>
<tr><th colspan="7">销售流程里程碑和可验证的结果</th></tr>
<tr><td>分派区域</td><td>满足市场标准；建立初步联系</td><td>经手人承认需求；经手人同意协商；经手人同意引荐决策人</td><td>与决策人会面；决策人承认需求；决策人支持构想；提出行动计划</td><td>行动计划谈判；提案评审；商讨提案；参加招投标</td><td>合同谈判</td><td>书面签约</td></tr>
<tr><td>制定区域发展目标</td><td>发现潜在支持者</td><td>与经手人口头或邮件沟通</td><td>行动计划达成一致</td><td>收到口头支持</td><td>合同谈判</td><td>书面签约</td></tr>
</table>

图11-8　销售里程碑结构图

这个流程结构中的“里程碑”就是销售人员晋级的信号，而从客户的角度来看，从明确需求到评估方案的整个过程，销售人员一定要运用一种强逻辑，这种强逻辑就像结构性思维中的“现象—原因—解决方案”的常见式三段论一样。

（三）复杂销售模式中的流程结构

前面已经交代了复杂销售由于其错综复杂的人员关系结构，难以捉摸的各方利益需求，不同阶段不一样的商务程序，很难进行概括。我曾从事过工业品销售，也做过ERP软件销售，由此总结出一个“做局”的概念，直到看了夏凯老师的《赢单九问》，终于把这个“做局”的结构画了出来（如图11–9所示）。

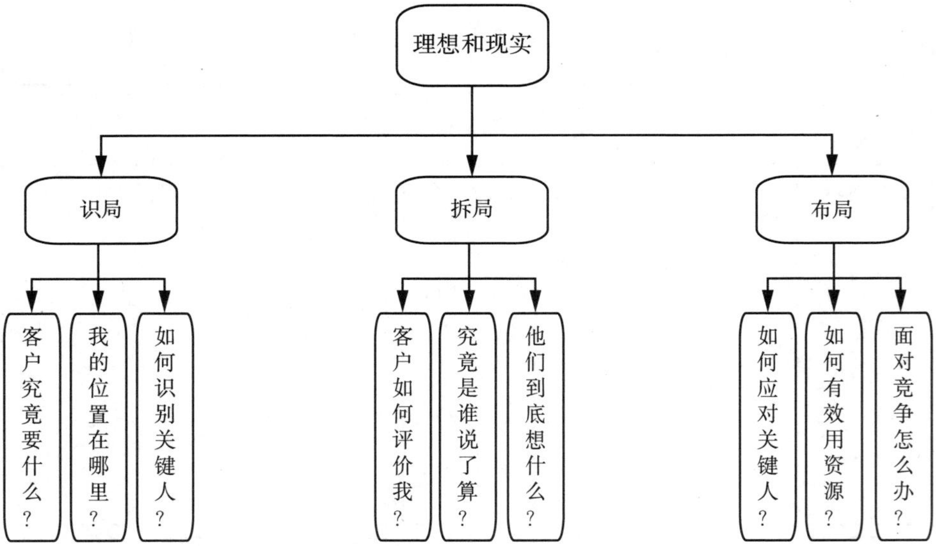

图11–9 “做局”的结构图

三、结构性思维在销售实务中的应用

（一）SCQA在需求探寻阶段的运用

无论哪种销售模式都离不开与客户就需求进行的交流，需求探寻的目标就是找到客户需求背后的情景，从而能够正确识别客户真正的需求。

在客户需求探寻过程中我们首先运用接收信息的四步骤：识别—对应—结构—概括。

识别：倾听客户表达内容中的事实和观点。

对应：将事实和观点之间建立逻辑对应的关系。

结构：可以将对应关系用结构图的方式整理。

概括：能够将结构内容关键点总结提炼出来。

例如，客户有这样一段表述："我们的项目售楼处最近遇到了一些问题，我们是做旅游地产的，每次从游客下车到上车回程一共就90分钟的时间。在这个时间里，我们必须完成订金的提交，否则客户就很难转换为成交客户，所以对我们的导购销售来说，时间紧任务重。原来我们的导购人员总是先试图带领客户去看样板房，看完房子就谈我们的项目特点和优势，可是谈来谈去客户就是不松口，然后销售就是逼单，但是效果不是特别好，这是不是因为销售人员说得还不够好？"

从识别和对应中，去发掘客户可能存在的疑问，这个疑问我把它称作"可能的结论"，详见表11-1。

表11-1 发掘客户疑问

客户描述的事实	观点	可能的结论
销售与客户接触的时间短	销售说得不够充分	话术要求高
看样板房，谈项目特点和优势	沟通效果不好	方法是否合理
不松口就逼单	还是没效果	是不是做得不对

有了这个表，就很容易分辨出客户需求问题出现的情景（事实背景），接下来用结构性思维序言的结构SCQA来做一个需求的定位：S（背景情况）与

上表的事实有关；C（冲突状况）与上表的观点有关。

可以如此回应："您刚刚向我们描述了正在遇到的一些问题，您认为我们的导购和客户因为沟通时间短，所以表述不够充分；同时先看样板房，然后谈项目优劣势的沟通效果也不是很明显；另外如果客户不松口，导购人员就逼单，但还是没效果。"

Q（产生问题），即可能的结论对应需求的确认。

可以如此回应："您是否认为：这些问题和我们的销售话术有关，是否存在销售推进流程不合理的问题？"

A（解决方案），即概括解决方案的出发点。

可以如此回应："我想接下来我们的解决方案是否应该从销售话术的改善和提高出发，并结合对现有业务推进流程的优化设计？"

通过这样一套结构性的设计，大大提高了在需求探寻阶段的工作效率，不仅强化了与客户的有效互动，同时为达成共识提供了很好的方法论支撑。

（二）价值主张中的结构性思维

这里的价值主张是销售流程中的一个重要环节，它是指解决方案销售中在进行客户拜访前，产品和服务提供商通过规划和设计对自己所提供解决方案价值的一个主张性概括，如："若您使用我们这套先进的软件，将能帮助咱们公司运营更有效率，并节省大量的资金。"

价值主张的作用是为了激发客户的好奇心与兴趣，让潜在客户从对我们的产品缺乏兴趣开始产生好奇，现实中价值主张往往被销售业界滥用，这主要表现在以下3个方面：

1. 无论客户是谁，套路和内容都一样，根本不能引起兴趣；
2. 价值"毫无价值"找不到任何可以量化的数字和标准；

3. 价值并不能让客户感到新奇和独特。

以上3个问题恰恰说明了销售人员在设计价值主张的过程中，没有遵循结构性思维所说的“利他性”原则。如果运用结构性思维来设计价值主张，可以做下面这几件事情：基于场景定目标、基于目标定主题、依据主题找问题、回答问题得数据。

1. 基于场景定目标

沟通对象、沟通时机、沟通地点不同，沟通目标也是不一样的。

以培训产品销售为例，由于客户的培训专员、培训经理、HRM（人事经理）、HRD（人事总监），甚至分管总经理的位置、经历不同，他们接受的方式也是不同的，因此各种不同关注点交织的价值陈述的目标也应该不一样。

另一方面，销售与客户初次沟通的价值主张和熟悉以后的价值主张的利益点也是不同的，而且不同的沟通地点，沟通的氛围也不一样，这些都将决定价值主张的核心诉求是什么。

2. 基于目标定主题

价值主张是一段陈述的内容（它不是向客户保证什么），它想要说明的是通过我们所提供的能力或产品，能够让潜在客户获得怎样的潜在量化利益（价值），因此当我们清楚地知道（和谁，什么时机，什么氛围）诉求之后，就要归纳出我们价值主张的核心观点，这个观点就是主题，没有主题的价值主张就是对客户的不负责任，正如结构性思维中的概括主题句一样，我们要找到明确的观点。这里再强调一下，不同的客户沟通对象所关注的主题是不一样的，所以销售人员应该准备多个主题。

3. 依据主题找问题

根据主题观点，可以用分类的方式对不同角色的客户进行归纳，如培训经理往往比较关注课堂的授课氛围，HRM更想知道学习的成果是如何转换的，

HRD可能更想了解培训项目如何让组织绩效获得提高等，这里可以用What和Why两个问题对不同角色的需求进行向下的提问和回答。要创造一份好的价值主张，销售人员必须知道其他客户通过使用产品而获得的价值，这也正是我们所要找的问题。

4. 回答问题得数据

我们经常说价值，但是往往很难把价值说清楚，在销售流程中，价值是客户（角色）认为的总利益与付出的总投资（经济成本+机会成本）之间的差额，因此客户（角色）可感知的利益越多，其所认为的价值也就越大。

价值的描述与具体的数值结合起来表述会更有吸引力，“本公司是汽车行业的电子零件龙头供应商，因此我们是最安全、最可靠的选择。”这种价值主张缺乏数据支持，因此毫无价值。

只要对潜在客户稍加研究，就可以找到包括年度经营收入、员工人数、成本获利状况等在内的数据。在回答了各个主题的问题之后，就可以结合之前的问题准备，用具体的数据去陈述价值（隐含成功案例）。

总结一下，价值主张的标准格式为：我们相信，如果（客户名称）能够选择使用（产品、技术、服务或解决方案），便能够拥有怎样（问题背后的关键）能力，从而让（目标）增加/减少（具体多少）。

经过这样的一个结构化过程，如果场景是正确的，目标是合适的，而且问题和背后答案估算也没有问题，那么提出的预测结果将会非常具有吸引力，潜在客户没有理由不接纳。当然，即使对方对数据提出质疑，我们也已经达到吸引注意力，使其产生兴趣的目的了。